高等职业教育经管类专业平台课精品教材
“互联网+”新形态立体化教学资源特色教材

基础会计

主　编　王　超　姜志松
副主编　王美佳　孙　涛　李文魁
　　　　李　秋　金志平　咸苏娜
参　编　曲　珅　许　可　王冬雪
　　　　程亚玲　张海鹰　戴　莹
　　　　秦　爽

中国轻工业出版社

图书在版编目（CIP）数据

基础会计 / 王超，姜志松主编. —北京：中国轻工业出版社，2025.7
高等职业教育经管类专业平台课精品教材
ISBN 978-7-5184-4993-4

Ⅰ. ①基… Ⅱ. ①王… ②姜… Ⅲ. ①会计学—高等职业教育—教材 Ⅳ. ①F230

中国国家版本馆CIP数据核字（2024）第111407号

责任编辑：李金慧
策划编辑：张文佳 李金慧 责任终审：李建华 封面设计：锋尚设计
版式设计：砚祥志远 责任校对：刘小透 晋 洁 责任监印：张 可

出版发行：中国轻工业出版社（北京鲁谷东街5号，邮编：100040）
印 刷：三河市万龙印装有限公司
经 销：各地新华书店
版 次：2025年7月第1版第1次印刷
开 本：787×1092 1/16 印张：16.25
字 数：400千字
书 号：ISBN 978-7-5184-4993-4 定价：49.80元
邮购电话：010-85119873
发行电话：010-85119832 010-85119912
网 址：http://www.chlip.com.cn
Email：club@chlip.com.cn

232285J2X101ZBW

前言

“基础会计”是高等职业教育（成人高校和应用型本科）大数据与会计、大数据与审计等财经商贸类专业的职业基础课程，也是经济类和管理类专业的平台课之一。

本书适应党的二十大报告要求，落实习近平总书记关于高校教材建设的重要指示，根据高等职业教育技术技能人才培养目标和财政部管理会计人才培养规划，紧扣初级会计专业技术资格考试大纲，依据工业企业创建运营管理流程、企业会计岗位工作内容和工作流程调研结果，坚持“岗课赛证”融合的育人导向，遵循“以工作过程为导向，以学生为主体”的教育教学理念编写而成。

本书的特色主要体现在以下五个方面。

1. 内容选择上体现职业导向。本书在内容的选择上，按照企业会计岗位工作内容标准，以岗位的职业能力培养为重点，以岗位工作任务为驱动，按照“了解会计、学习会计、应用会计”的递进模式，营造成本会计岗位职业氛围，每个任务均是模拟真实企业的实际业务设计的学习内容，全面培养学习者的会计岗位职业能力。

2. 结构安排上体现工作导向。本书共分为“会计小白入职场”“岗位技能初养成”“职场实战锻飞鹰”“编制报表技能精”四篇，对应按照“认知会计职业，会计核算方法，填制与审核会计凭证，登记会计账簿，核算企业基本业务，财产清查，编制财务报表”的递进模式设置相应的学习任务。每个学习任务对应财务工作的不同环节，层层递进，环环相扣。

3. 体例设计上体现学生主体。遵循学生的认知规律和公司运营管理流程，按自研堂、学研堂、习研堂三个模块设计学习任务。自研堂按从公司创建开始、到编制报表结束，引导学习者自主创办公司、管理公司和业绩分析，设计的研讨任务与学研堂的知识点契合；习研堂按初级考点设计相应简答题和实务题，促使学生巩固理论知识，养成职场技能。

4. 目标设计上强调素质教育。本书充分体现了强化素质教育的职教理念，在以培养学生会计岗位职业基本工作能力的基础上，更加注重学生综合素质的培养，强调课程思政，每个知识点对应安排了阅读案例，开阔学生视野，提升学生格局，实现了职业素养、创新创业与专业教育的一体化设计。

5. 教材形式上体现了融媒体。本书按知识点录制了相应的讲解视频，设计了配套的理论测试题、实训案例，设计配套课程思政拓展知识、拓展阅读等，通过二维码形式进行呈现，提高教材的趣味性，既有助于提高学习者对知识的理解，也有助于学习者舒缓紧张的学习节奏。本书与“学银在线”平台上线的精品在线开放课程“基础会计”配套，配有课程整体设计、课程标准、PPT 课件、实训案例、教学视频、题库等数字化资源，可以作为教学资源提供给教师使用，欢迎索取（149743563@ qq.com）。

本书由黑龙江农垦职业学院王超、姜志松担任主编，由黑龙江农垦职业学院王美佳、黑龙江生态科技职业学院孙涛、瀚蓝（哈尔滨）生物科技有限公司李文魁、黑龙江农垦职业学院李秋、金志平、咸苏娜担任副主编，由黑龙江农垦职业学院曲珅、许可、王冬雪、程亚玲、张海鹰、戴莹、秦爽担任参编。其中，王超负责全书的整体设计、全书的统稿和修改；姜志松负责编写 3.1 和 3.6.1 以及教材知识点视频脚本的整体设计；王美佳负责编写 2.1；孙涛负责编写 4.3；李文魁负责编写 1.1 和企业生产案例素材的整理和提供；李秋负责编写 3.3；金志平负责编写 3.2；咸苏娜负责编写 2.2；曲珅负责编写 4.1 和 4.2；许可负责编写 3.4 和 3.6.2；王冬雪负责编写 3.5；程亚玲负责编写 2.3；张海鹰负责编写 2.4；戴莹负责编写 1.2.5~1.2.8；秦爽负责编写 1.2.1~1.2.4。

由于时间和编者水平有限，可能存在一些疏漏之处，恳请读者批评、指正！

编者

目录

第一篇

会计小白入职场

自研堂

业财融合——创建公司

自研任务	以自己家乡的特色农产品、非物质文化遗产，或自己熟悉的经营领域等为蓝本，以小组为单位，同学们共同研究创建一家公司
任务依据	为了鼓励大学生创业，培养大学生的创新精神，教育部、共青团中央和各省教育厅每年都会举行多种多样的大学生创新创业大赛，通过不同层级的创新创业大赛活动不仅培养了大学生的创新思维，提升了大学生的创业能力，也培育出了一系列的新型经营主体和特色企业，有效提高了大学生的就业率，也让有理想有志愿创办企业的大学生实现了人生梦想。还有一部分大学生通过回乡创业，带动当地农民共同致富，有效助力了“三农”发展，为乡村振兴提供了支持
任务解读	会计是为公司财务管理服务的。一名优秀的会计不仅要懂财务知识，还要熟悉公司的各项业务和运营管理流程，实现业财融合，这样才能更好地发挥核算和监督的基本职能，更好地参与管理、履行服务决策 为了培养同学们的创新创业素质和业财融合能力，本任务要求同学们在老师的指导下，自行研究公司创建的流程和公司创建、运营需要考虑的法律规定、组织机构设置、资金来源、目标客户、SWOT 分析、资产构成、收入和利润、风险等因素，最后撰写一份公司创建的可行性分析报告，培养同学们的方案设计、撰写和排版能力 报告的内容应包括标题、公司名称、公司主要经营业务、公司组织机构、公司职员、职务与职责、公司资金来源与金额、公司创立需要采购的资产、公司经营可能存在的风险分析、公司经营的主要优势分析、公司主要的客户群体、公司年计划销售额、净利润估算及依据等
任务成果	按小组提交一份公司创建的可行性分析报告

学研堂

1.1 会计职业基础知识

学习目标

素质目标

- 培养严谨细致的职业态度，养成诚信自律的会计精神。
- 培养科学探究的学习习惯，强化持续学习的进取意识。
- 塑造清晰表达的沟通素养，树立团队协作的职业品格。

知识目标

- 了解会计发展历程与职业岗位体系。
- 熟悉会计基本假设内涵与计量属性类型。
- 掌握会计职能核心、核算基础及信息质量要求。

能力目标

- 会辨析会计职能范畴，能够区分不同计量属性应用场景。
- 会判断会计核算基础适用情况，能够依据信息质量要求分析会计实务。
- 会解释会计基本假设意义，能够结合职业场景阐述会计基础知识。

知识导图

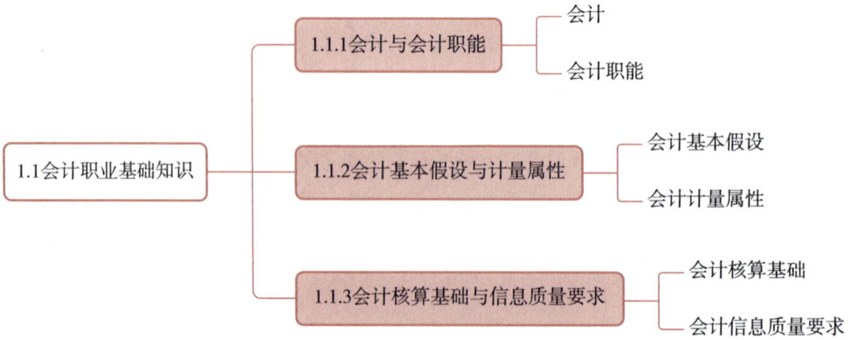

1.1.1　会计与会计职能

【岗位任务】

职场情景	小白是刚毕业的大数据与会计专业大学生，在校学习期间，他认真学习，积极实践，掌握了扎实的会计岗位工作技能。但对会计理论知识掌握得还不透彻，毕业了会计初级职称也没考下来。上学时，老师总强调，理论知识是根，专业技能是本，只有二者有机结合，才是造就一名优秀的财务管理者的基础。但是小白觉得理论知识没有什么用，只要会操作就行了，所以也没当回事。现在他到一家代理记账公司进行面试，公司经理问了他三个简单的会计知识常识问题，他回答的都不是很好。 如果是你，学习后能回答好以下三个问题吗
岗位任务	1. 什么是会计 2. 会计的职能是什么 3. 如何才能成长为一名优秀的财务管理者

【知识准备】

一、会计

会计是以货币为主要计量单位，以会计凭证为依据，采用专门的方法和程序，对企业、事业、行政等单位的经济活动进行完整、连续、系统的核算和监督，以提供经济信息和反映受托责任履行为主要目的的经济管理活动。

经济越发展，会计越重要。会计作为一项记录、计算和汇总工作，它产生于管理的需要，并且一开始就以管理的形式出现。随着经济的发展，生产日益社会化，生产规模日趋扩大，更需要由会计从价值量上来全面、完整、系统地反映和监督生产经营的全过程。

会计是一种经济计算。它要对经济过程利用货币为主要计量尺度进行连续、系统、全面、综合的计算。经济计算是指人们对经济资源（人力、物力、财力）、经济关系（等价交换、所有权、分配、信贷、结算等）和经济过程（投入、产出、收入、成本、效率等）所进行的数量计算的总称。会计是一种典型的经济计算，经济计算除包括会计计算外，还包括统计计算和业务计算等。

会计是一个经济信息系统。它将一个公司分散的经营活动转化成一组客观的数据，提供有关公司的业绩、问题以及企业资金、劳动、所有权、收入、成本、利润、债权、债务等信息。向有关方面提供有关信息咨询服务，任何人都可以通过会计提供的信息了解企业的基本情况，并作为其决策的依据。可见，会计是提供财务信息为主的经济信息系统，是企业经营的计分牌，因而会计又被人称为“企业语言”。

会计是一项经济管理工作。在非商品的经济条件下，会计直接对财产物资进行管理；在商品经济条件下，由于存在商品生产和商品交换，经济活动中的财产物资都是以价值形式表现的，会计是利用价值形式对财产物资进行管理的。如果说会计是一个信息系统，主要是对企业外部的有关信息使用者而言的，那么说会计是一个经济管理活动，则主要是对企业内部来说的。

随着经济的发展和企业对管理会计的重视，会计的内容和形式也在不断地完善和变化，由单纯的记账、算账，主要办理账务业务、对外报送会计报表，发展为参与事前经营预测、决策，对经济活动进行事中控制、监督，开展事后分析、检查。可见，会计是人们对经济进行管理的活动。

二、会计职能

会计的基本职能是核算和监督。

1.会计核算

会计核算是会计的首要职能，它是以货币为主要计量单位，对各种单位经济业务活动或者预算执行情况及其结果进行连续、系统、全面的记录和计量，并据以编制会计报表。它要求各单位必须根据实际发生的经济业务事项进行会计核算，其特点表现在以下三个方面。

（1）会计核算主要是从价值量上反映各经济主体的经济活动状况。会计核算是对各单位的一切经济业务，以货币计量为主，进行记录、计算，以保证会计记录和反映的完整性。

（2）会计核算具有连续性、系统性和完整性。各单位必须对客观发生的所有经济业务，即涉及资金运动或资金增减变化的事项，采用系统的核算方法体系，按时间顺序，无一遗漏地进行记录。

（3）会计核算应对各单位经济活动的全过程进行反映。随着商品经济的发展，市场竞争日趋激烈，会计在对已经发生的经济活动进行事中、事后的记录、核算、分析，反映经济活动的现实状况及历史状况的同时，发展到事前核算、分析和预测经济前景。

2.会计监督

会计监督是指会计具有按照一定的目的和要求，利用会计核算职能所提供的经济信息，对企业和行政事业单位的经济活动进行控制，使之达到预期目标的功能。会计监督同样包括事前、事中和事后的全过程的监督。会计监督的依据是国家的各项法令、法规及企业自身在经营管理方面的要求。

会计核算与会计监督是相互作用、相辅相成的。核算是监督的基础，没有核算，监督就无从谈起；而监督是会计核算质量的保证。

除了两项基本职能外，会计的职能还包括预测经济前景、参与经济决策、评价经营业绩等。随着经济的发展和管理要求的提高，企业对管理会计的作用越来越重视，会计职能也是不断变化并且彼此联系的。

小思考：如果你是一家企业的老板，你觉得会计都应该做哪些工作才能让你满意？

【任务实施】

岗位任务	任务解析
1. 什么是会计	具体见会计的定义
2. 会计的职能是什么	核算和监督；还包括预测经济前景、参与经济决策、评价经营业绩等
3. 如何才能成长为一名优秀的财务管理者	具备丰富的会计理论知识；扎实的会计专业技能；优秀的沟通表达和写作能力；高超的团队协作管理能力等

会计基础知识

会计与会计职能：知识点测试

1.1.2　会计基本假设与计量属性

【岗位任务】

职场情景	1. A 公司销售一批原材料给 B 公司，A 公司已经把货物发送给 B 公司仓库，B 公司尚未支付货款 2. 一个制造企业，为了生产产品，花 10 万元购买了一台生产机器 3. 如果你是 A 企业的股东，你想了解企业的财务状况和经营成果，那你希望 A 企业在整个持续经营期间，是停止经营时提供一次相关会计信息给你，还是每年一次，或每月一次 4. 在会计报表中，如果资产有两种反映方式：A 方式是 500 根灯管，2 台机器设备，3 项专利，3 项长期投资；B 方式是灯管 3 000 元，机器设备 200 000 元，专利 100 000 元，长期投资 60 000 元
岗位任务	1. 第一笔业务，是记录应收账款，还是应付账款 2. 第二笔业务，购入的设备如果用于抵债，应如何计量价值 3. 第三笔业务，哪一种方式，更容易满足你及时做出相关决策 4. 第四笔业务，你认为哪种计量方式更有利于综合反映企业财务状况，更有利于满足企业间对比

【知识准备】

一、会计基本假设

会计基本假设又称会计基本前提，是对会计核算所处的时间、空间环境所作的合理设定，包括会计主体、持续经营、会计分期和货币计量。会计核算的基本假设，是为了保证会计工作的正常进行和会计信息的质量，对会计核算的范围、内容、基本程序和方法所作的假定，并在此基础上建立会计原则。

（一）会计主体

会计主体是指会计信息所反映的特定单位，也称为会计实体、会计个体。会计所要反映的总是特定的对象，只有明确规定会计核算的对象，将会计所要反映的对象与其他经济实体区别开来，才能保证会计核算工作的正常开展，实现会计的目标。

会计主体作为会计工作的基本前提之一，为日常的会计处理提供了空间依据。

第一，明确会计主体，才能划定会计所要处理的经济业务事项的范围和立场。如职场情景中的第一笔业务。把A公司作为会计主体的话，只有那些影响A公司经济利益的经济业务事项才能加以确认和计量。因此，对于A公司来说，一方面增加一笔收入，同时增加一笔应收账款资产。同时，对于B公司来说，原材料资产增加，同时应付账款负债增加。

第二，明确会计主体，将会计主体的经济活动与会计主体所有者的经济活动区分开来。无论是会计主体的经济活动，还是会计主体所有者的经济活动，都最终影响所有者的经济利益，但是，为了真实反映会计主体的财务状况、经营成果和现金流量，必须将会计主体的经济活动与会计主体所有者的经济活动区别开来。

会计主体不同于法律主体。一般来说，法律主体往往是一个会计主体，例如，一个企业作为一个法律主体，应当建立会计核算体系，独立反映其财务状况、经营成果和现金流量。但是，会计主体不一定是法律主体，比如在企业集团里，一个母公司拥有若干个子公司，在企业集团母公司的统一领导下开展经营活动。为了全面反映这个企业集团的财务状况、经营成果和现金流量，就有必要将这个企业集团的财务状况、经营成果和现金流量予以综合反映。有时，为了内部管理需要，也对企业内部的部门单独加以核算，并编制出内部会计报表，企业内部划出的核算单位也可以视为一个会计主体，但它不是一个法律主体。

（二）持续经营

持续经营是指会计主体的生产经营活动将无限期地延续下去，在可以预见的将来，企业不会面临清算、解散、倒闭而不复存在。

企业是否持续经营对会计政策的选择、正确确定和计量财产计价、收益影响很大。例如，采用历史成本计价，是设定企业在正常的情况下运用它所拥有的各种经济资源和依照原来的偿还条件偿付其所负担的各种债务，否则，就不能继续采用历史成本计价。以职场情景中的第二笔业务为例，在持续经营的前提下，企业取得机器设备的时候，能够确定这项资产在未来的生产加工活动中可以给企业带来经济利益，因此可以按支付的所有价款10万元作为固定资产的账面成本，其磨损的价值，在5年内按一定折旧方法计提折旧，并将其磨损的价值计入成本费用。如果企业面临清算，这项固定资产就只能按当时的公允价值进行债务抵偿了。

由于持续经营是根据企业发展的一般情况所作的设定，企业在生产经营过程中缩减经营规模乃至停业的可能性总是存在的。为此，往往要求定期对企业持续经营这一前提作出分析和判断。一旦判定企业不符合持续经营前提，就应当改变会计核算的方法。

（三）会计分期

会计分期这一假设是从第二个基本假设引申出来的，可以说是持续经营的客观要求。会计分期是指将一个企业持续经营的生产经营活动划分为连续、相等的期间，又称为会计期间。

会计分期的目的是将持续经营的生产活动划分为连续、相等的期间，据以结算盈亏，按期编报财务报告，从而及时地向各方面提供有关企业财务状况、经营成果和现金流量的信息。

根据持续经营假设，一个企业将要按当前的规模和状况继续经营下去。要最终确定企业的经营成果，只能等到一个企业在若干年后歇业的时候核算一次盈亏。但是，经营活动和财务经营决策要求及时得到有关信息，不能等到歇业时一次性地核算盈亏。为此，就要将持续不断的经营活动划分为一个个相等的期间，分期核算和反映。会计分期对会计原则和会计政策的选择有着重要影响。由于会计分期，产生了当期与其他期间的差别，从而出现权责发生制和收付实现制的区别，进而出现了应收、应付、递延、预提、待摊这样的会计方法。

我国《企业会计准则》规定，企业的会计期间分为年度、半年度、季度和月度，半年度、季度和月度均称为会计中期。我国的会计年度为自公历每年的1月1日起到12月31日止。年度、半年度、季度和月度均按公历起讫日期确定。会计分期示意图如图1–1–1所示。

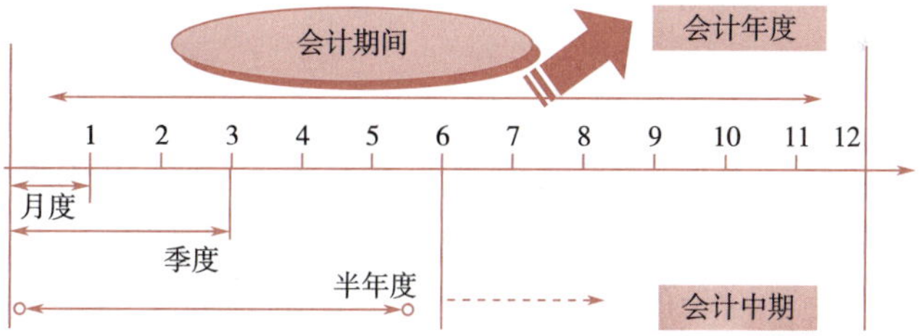

图1–1–1　会计分期示意图

（四）货币计量

货币计量是指采用货币作为计量单位，记录和反映企业的生产经营活动。

企业资产、负债和所有者权益，尤其是资产可以采取不同的计量属性，如数量计量（个、张、根等）、人工计量（工时等），货币计量。而会计是对企业财务状况和经营成果全面系统的反映，为此，需要货币这样一个统一的量度。企业经济活动中凡是能够用货币这一尺度计量的，就可以进行会计反映，凡是不能用这一尺度计量的，则不必进行会计反映。当然，统一采用货币尺度，也有不利之处，许多影响企业财务状况和经营成果的一些因素，并不是都能用货币计量的，比如，企业的经营战略、在消费者当中的信誉度、企业的地理位置、企业的技术开发能力等。为了弥补货币量度的局限性，要求企业采用一些非货币指标作为会计报表的补充。

在我国，要求采用人民币作为记账本位币，是对货币计量这一会计前提的具体化。考虑到一些企业的经营活动更多地涉及外币，因此规定业务收支以人民币以外的货币为主的单位，可以选定其中一种货币为记账本位币。当然，提供给境内的财务会计报告使用者的应当折算为人民币。

小思考：如果没有这四种假设，会计会发展成什么样子？你有没有创建一种会计理论的想法？

二、会计计量属性

会计计量是为了将符合确认条件的会计要素登记入账并列报于财务报表而确定其金额的过程。

企业应当按照规定的会计计量属性进行计量，确定相关金额。从会计角度，计量属性反映的是会计要素金额的确定基础，主要包括历史成本、重置成本、可变现净值、现值和公允价值等。不同的计量属性，会使相同的会计要素表现为不同的货币数量。

在各种会计要素计量属性中，历史成本通常反映的是资产或者负债过去的价值，而重置成本、可变现净值、现值以及公允价值是与历史成本相对应的计量属性，通常反映的是资产或者负债的现时成本或者现时价值。

新会计准则规定，企业在对会计要素进行计量时，一般应当采用历史成本，采用重置成本、可变现净值、现值、公允价值计量的，应当保证所确定的会计要素金额能够取得并可靠计量。

1. 历史成本

历史成本，又称为实际成本，就是取得或制造某项财产物资时所实际支付的现金或其他等价物。在历史成本计量下，资产按照其购置时支付的现金或者现金等价物的金额，或者按照购置资产时所付出的对价的公允价值计量。负债按照其因承担现时义务而实际收到的款项或者资产的金额，或者承担现时义务的合同金额，或者按照日常活动中为偿还负债预期需要支付的现金或者现金等价物的金额计量。

2. 重置成本

重置成本，又称现行成本，是指按照当前市场条件，重新取得同样一项资产所需支付的现金或现金等价物金额。在重置成本计量下，资产按照现在购买相同或者相似资产所需支付的现金或者现金等价物的金额计量。负债按照偿付该项债务所需支付的现金或者现金等价物的金额计量。在实务中，重置成本多应用于盘盈固定资产的计量等。

3. 可变现净值

可变现净值是指在正常生产经营过程中，以预计售价减去进一步加工成本和预计销售费用以及相关税费后的净值。在可变现净值计量下，资产按照其正常对外销售所能收到现金或者现金等价物的金额扣减该资产至完工时估计将要发生的成本、估计的销售费用以及相关税费后的金额计量。可变现净值通常应用于存货资产减值情况下的后续计量。

4. 现值

现值是指对未来现金流量以恰当的折现率进行折现后的价值，是考虑货币时间价值的一种计量属性。在现值计量下，资产按照预计从其持续使用和最终处置中所产生的未来净现金流入量的折现金额计量。负债按照预计期限内需要偿还的未来净现金流出量的折现金额计量。现值通常用于非流动资产可收回金额和以摊余成本计量的金融资产价值的确定等。例如，在确定固定资产、无形资产等可收回金额时，通常需要计算资产预计未来现金流量的现值;对于以摊余成本计量的金融资产，通常需要使用实际利率法将这些资产在预期存续期间或适用的更短期间内的未来现金流量折现，再通过相应的调整确定其摊余成本。

5. 公允价值

公允价值是指在公平交易中，熟悉情况的交易双方自愿进行资产交换或者债务清偿的金额。在公允价值计量下，资产和负债按照在公平交易中熟悉情况的交易双方自愿进行资产交换或者债务清偿的金额计量。公允价值主要应用于交易性金融资产的计量等。

【任务实施】

岗位任务	任务解析
1. 第一笔业务，是记录应收账款，还是应付账款	根据会计主体假设，站在 A 公司角度记账，记应收账款，站在 B 公司角度记账，记应付账款
2. 第二笔业务，购入的设备如果用于抵债，应如何计量价值	根据持续经营假设，固定资产如果用于抵债，则需要按公允价值重新计量
3. 第三笔业务，哪一种方式，更容易满足你及时做出相关决策	根据会计分期假设，应每年一次或每月一次
4. 第四笔业务，你认为哪种计量方式更有利于综合反映企业财务状况，更有利于满足企业间对比	根据货币计量假设，采用货币计量方式可以更好地体现资产的价值，也便于对比

会计基本假设
与计量属性

会计基本假设
与计量属性：知识点测试

1.1.3 会计核算基础与信息质量要求

【岗位任务】

职场情景	益农智创生物科技有限公司在经营过程中出现了以下几种业务。 1. 在12月30日与某公司签订了销售合同，约定销售甲产品100万元，产品在下一年1月5日发出，货到付款 2. 在12月30日向网络公司支付下年度网络费用12万元 3. 在12月31日收到大发公司10月份销售商品的欠款5万元 4. 在12月31日与某租赁公司签订了一份融资租赁合同，租赁一台机床，年租金10万元，租期10年，租赁到期后机床以0.5万元转让给益农智创生物科技有限公司
岗位任务	1. 业务1的销售收入应确认为当年还是下一年 2. 业务2的网络费用应确认为当年还是下一年 3. 业务3收到的欠款是否应确认为当月的收入 4. 业务4租赁的机床应如何入账核算

【知识准备】

一、会计核算基础

会计核算基础是指会计确认、计量和报告的基础，包括权责发生制和收付实现制。

在某一会计期间，企业销售一批商品，通常会出现两种情况：当期收到了现金；当期未收到现金，但随着产品的出售，已取得向购货方收取货款的权利。由于会计核算是分期进行的，那么该批售出的产品是否应确认为当期的收入呢？

同样，对于费用的发生，有实际支出现金和暂未支出而待以后支出两种情况，此时，也有一个是否在当期确认费用的问题。

如何确认收入或费用，一般有两种标准：一种是以是否收到或支出现金为标准，称之为收付实现制或现收现付制；另一种是以收入或费用应归属的期限为标准，称之为权责发生制或应收应付制。

（一）权责发生制

权责发生制，也称应计制或应收应付制，是指收入、费用的确认应当以收入和费用的实际发生作为确认的标准，合理确认当期损益的一种会计基础。在我国，企业会计核算采用权责发生制。

在权责发生制下，收入和费用是否计入某会计期间，不是以是否在该期间内收到或付出现金为标志，而是依据收入是否归属该期间的成果、费用是否由该期负担来确定。具体来说，凡在当期取得的收入或者应当负担的费用，不论款项是否已经收付，都应当作为当期的收入或费用；凡不属于当期的收入或费用，即使款项已经在当期收到或已经当期支付，都不能作为当期的收入或费用。因此，权责发生制原则，也称为应收应付原则。如在此原则下，职场情景业务1的销售行为是在12月发生，收入应由12份取得的，即使没有收到，也是属于12月份的收入。而下一年1月即使收到款项，由于没有发生销售行为，也不能作为当月收入确认。

（二）收付实现制

收付实现制，也称现收现付制、现金制，是以实际收到或付出款项作为确认收入或费用的依据，是与权责发生制相对应的一种会计基础。如在此原则下，上述问题只要是在1月10日收到货款，不论这笔款项是不是由本月业务实际发生的，都作为1月份收入。

事业单位会计核算一般采用收付实现制；事业单位部分经济业务或者事项，以及部分行业事业单位的会计核算采用权责发生制核算的，由财政部在相关会计制度中具体规定。

权责发生制与收付实现制都是会计核算的记账基础。由于会计分期前提，产生了本期与非本期的区别，因此在确认收入或费用时，就产生了上述两种不同的记账基础，而采用不同的记账基础会影响各期的损益。建立在权责发生制基础之上的会计处理可以正确地将收入与费用相配合，正确计算损益。因此，企业即营利组织一般采用权责发生制为记账基础，而预算单位则常采用收付实现制。

权责发生制与收付实现制的记账方法比较，如表1-1-1所示。

表1-1-1　权责发生制与收付实现制的记账方法比较

主要业务	权责发生制			收付实现制		
	确认收入	确认费用	解析	确认收入	确认费用	解析
1. 收到上月产品销售货款5 000元	0		已作为上月收入	5 000		本月收到现金而作为本月收入
2. 销售产品8 000元并收到货款	8 000		已实现销售作为本月收入	8 000		已收到现金，应作为收入
3. 销售产品3 000元，货款暂未收到	3 000		已实现销售作为本月收入			未收到现金，不作为收入
4. 预付下月房租1 000元		0	应作为下月费用		1 000	已付出现金，作为本月费用
5. 支付本月有关办公费500元		500	本月费用应由本月承担		500	已付出现金，应作为本月费用
6. 负担上月已付的保险费800元		800	应由本月承担		0	未付出现金，不作为本月费用
合计	11 000	1 300		13 000	1 500	

二、会计信息质量要求

会计信息质量是指会计信息反映真实、准确、完整、可比、及时、清晰的程度。

会计信息质量要求是对企业财务会计报告中所提供高质量会计信息的基本规范，是使财务会计报告中所提供会计信息对投资者等使用者决策有用应具备的基本特征，为了统一企业会计标准，规范会计行为，保证会计信息质量，我国《企业会计准则》规定了会计信息的八条质量要求，包括可靠性、相关性、可理解性、可比性、实质重于形式、重要性、谨慎性和及时性。

1. 可靠性

可靠性要求企业应当以实际发生的交易或者事项为依据进行会计确认、计量、记录和报告，如实反映符合确认和计量要求的各项会计要素及其他相关信息，保证会计信息真实可靠，内容完整。

具体包括以下要求：一是企业应当以实际发生的交易或事项为依据进行会计确认、计量、记录和报告；二是企业应当如实反映其所反映的交易或者事项，将符合会计要素定义及其确认条件的资产、负债、所有者权益、收入、费用和利润等如实反映在财务报表中，准确反映企业的财务情况；三是企业应当在符合重要性和成本效益原则的前提下，保证会计信息的完整性，其中包括编报的报表及其附注内容等应当保持完整，与使用者决策相关的有用信息都应当充分披露。

2. 相关性

相关性要求企业提供的会计信息应当与财务报告使用者的经济决策需要相关，有助于财务报告使用者对企业过去、现在或者未来的情况做出评价或者预测。

会计信息的价值，关键是看其与使用者的决策需要是否相关，是否有助于决策或者提高决策水平。相关的会计信息应当有助于使用者评价企业过去的决策，证实或者修正过去的有关预测，因而具有反馈价值。相关的会计信息还应当具有预测价值，有助于使用者根据财务报表所提供的会计信息预测企业本来的财务状况、经营成果和现金流量。

3. 可理解性

可理解性要求企业提供的会计信息应当清晰明了，便于财务报告使用者理解和使用。

企业编制财务报告、提供财务信息的目的在于让使用者有效地使用会计信息，应当让其了解会计信息的内涵，弄懂会计信息的内容。这就要求财务报告所提供的会计信息应当清晰明了，易于理解，只有这样，才能提高会计信息的有用性，实现财务报告目标，满足使用者提供决策有用信息的要求。

4. 可比性

可比性要求企业提供的会计信息应当具有可比性，主要包括两层含义。

（1）同一企业不同时期可比。为了便于投资者等财务报告使用者了解企业财务状况、经营成果和现金流量的变化趋势，比较企业在不同时期的财务报告信息，全面、客观地评价过去、预测未来，从而做出决策，会计信息质量的可比性要求同一企业对于不同时期发生的相同或者相似的交易或者事项，应当采用一致的会计政策，不得随意变更。

（2）不同企业相同会计期间可比。为了便于财务报告使用者评价不同企业的财务状况、经营成果和现金流量及其变动情况，可比性要求不同企业发生的相同或者相似的交易或者事项，应当采用规定的会计政策，确保会计信息口径一致、相互可比。即对于相同或者相似的交易或者事项，不同企业应当采用一致的会计政策，以使不同企业按照一致的确认、计量、记录和报告基础提供有关会计信息。

5. 实质重于形式

实质重于形式要求企业应当按照交易或者事项的经济实质进行会计确认、计量、记录和报告，不应仅以交易或者事项的法律形式为依据。

实质是指业务的经济实质，形式是指业务的法律形式，有时，经济业务的外在法律形式并不能真实反映其实质内容，为了真实反映企业的财务状况和经营结果，就不能仅仅根据经济业务的外在形式来进行核算，而要反映其经济实质。实质重于形式原则实际上强调的是经济实质重于法律形式，是指企业应当按照交易的经济实质进行会计核算，而不应当仅仅按照它们的法律形式作为会计核算的依据，遵循实质重于形式原则，体现了对经济实质的尊重，能够保证会计核算信息与客观经济事实相符。

6. 重要性

重要性要求企业提供的会计信息应当反映与企业财务状况、经营成果和现金流量等有关的所有重要交易或者事项。

重要性是指如果财务报表某项目的省略或错报会影响使用者据此做出经济决策，则该项目具有重要性。重要性要求是要求企业的会计人员在具体的实务中，应当根据企业所处环境，从项目的性质和所处环境两方面加以判断，来选择合适的会计方法和程序。重要性的应用需要依赖职业判断。

对重要的项目要单独反映，不重要的项目可以简化。在会计核算中有些问题，如买笔墨纸张这些办公用品，虽然其使用期限不限于一个会计期间，但根据重要性要求可允许将这些项目的成本在发生时即作为费用处理。

7. 谨慎性

谨慎性要求企业对交易或者事项进行会计确认、计量、记录和报告应当保持应有的谨慎，不应高估资产或者收益、低估负债或者费用。

谨慎性要求又称稳健要求，它是随着企业外部经济环境的剧烈变化和复杂化而出现的必然产物。会计核算中对会计要素的确认、计量都是基于谨慎性的要求，如对资产计提减值准备或跌价准备等。但谨慎性要求并不意味着企业可以设置秘密准备，如本年全额计提坏账准备计入当期损益，下一年收回应收账款时作为收益就属于一个典型的设置秘密准备的例子。企业应当合理地计提各项资产减值准备，但是不得计提秘密准备，也就是说不得滥用谨慎性的要求。若有确凿证据表明企业不恰当地运用了谨慎性原则计提秘密准备的，应当作为重大会计差错予以更正，并在会计报表附注中说明事项的性质、调整金额，以及对企业财务状况、经营成果的影响。

8. 及时性

及时性要求企业对于已经发生的交易或者事项，应当及时进行会计确认、计量、记录和报告，不得提前或者延后。

在会计核算中坚持及时性要求，一是要求及时收集会计信息；二是要求及时对会计信息进行加工处理；三是要求及时传递会计信息，将编制出的会计报表传递给会计报表的使用者。

小思考：如果企业的会计信息质量不符合上述要求，可能会产生哪些影响？

【任务实施】

岗位任务	任务解析
1. 业务 1 的销售收入应确认为当年还是下一年	应确认为下一年的收入。根据权责发生制，企业之间虽然签订了销售合同，但产品尚未发出，还未产生收款的权利，所以不能在当期确认收入
2. 业务 2 的网络费用应确认为当年还是下一年	应确认为下一年的费用，根据权责发生制，该费用属于下一年度的费用，不属于当期费用
3. 业务 3 收到的欠款是否应确认为当月的收入	不应确认为当月收入。根据权责发生制，该欠款是属于销售时产生的债权，在销售时企业应确认为收入，该款项应冲减应收账款
4. 业务 4 租赁的机床应如何入账核算	应视同为自有固定资产进行入账核算。根据实质重于形式原则，该机床未来所产生的收益和风险均由承租方承担了

会计基础和会计
信息质量要求

会计核算基础和会计
信息质量要求：
知识点测试

习研堂

一、固化理论提素质（初级考点简答题）

1. 什么是会计？
2. 会计的职能有哪些？
3. 会计的基本假设包括哪些？
4. 会计的计量属性有哪些？具体含义是什么？
5. 会计核算基础是什么？
6. 会计信息质量要求有哪些？具体含义是什么？

二、职场技能早养成（初级考点实务题）

1. 会计核算基础与计量属性

A企业12月20日销售商品25万元，货款在第二年的1月10日收到，请问应确认为12月收入？还是1月份收入？

如果11月5日预收了货款，12月20日才发货，那应什么时候确认收入？

2. 某企业5月份发生如下经济业务

（1）销售产品56 000元，其中36 000元已收到并存入银行；另外20 000元货款尚未收到（假定不考虑应交税金）。

（2）收到上月提供劳务收入560元，已存入银行。

（3）用银行存款支付本月管理部门用水电费680元。

（4）用银行存款预付下半年行政管理部门办公用房屋租赁费1 800元。

（5）用银行存款支付上季度银行借款利息340元。

（6）提供劳务产生应收劳务收入890元，款项未收到（假定不考虑应交税金）。

（7）预收购货款24 000元，已存入银行，将于6月初发货。

（8）负担年初已支付的保险费210元。

（9）上月预收的货款本月提供产品18 900元（假定不考虑应交税金）。

（10）预提应于下月支付的借款利息150元。

要求：请运用权责发生制原理计算该企业5月份的收入、费用和利润。

【专业能力测评】

1.1 会计职业基础知识

考核项目		权重	考核内容及评分标准	考核得分		
				自我评价（50%）	小组评价（50%）	综合得分
专业技能	会计的概念和基本职能	10	能够解析会计的职能			
	会计基本假设	10	能够解读四个会计基本假设的内涵			
	会计计量属性	15	能够区分历史成本、重置成本、可变现净值、现值、公允价值5种计量属性			
	会计核算基础	10	能够区分权责发生制和收付实现制			
	会计信息质量要求	15	能够解读会计信息质量要求的内涵			
	小计	60	—			
职业素养	组织纪律	20	服从组长安排，不做与项目无关的事情			
	沟通协作	10	按规定流程进行操作，进行有效沟通			
	工作态度	5	实训积极主动，认真负责			
	工作效率	5	有效利用工具，按时完成布置的工作任务			
	小计	40	—			
合计		100				

自研堂

目标管理——编制全面预算

自研任务	以大家已经创建好的公司为单位，编制公司运营第一年的预算报告
任务依据	党的二十大报告中，数字中国再次被习近平总书记提及。近年来，习近平总书记高度重视数字化发展，在多个重要场合谈及数字经济，并将其视为把握新一轮科技革命和产业变革新机遇的战略选择，事关国家发展大局。2021年3月，国务院发布《中华人民共和国国民经济和社会发展第十四个五年规划和2035年远景目标纲要》（简称“十四五”规划），提出实施“上云用数赋智”行动，以数字化转型整体驱动生产方式、生活方式以及治理方式的变革。2022年1月12日，国务院发布《“十四五”数字经济发展规划》，明确将大力推进产业数字化转型和加快推动数字产业化列为重要任务。在数字经济大潮下，数字化转型已成为中国企业的必答题 数字化时代会计的最大价值就是通过对数据的挖掘分析，找到数据背后的逻辑和规律，从而赋能企业业务发展。全面预算管理在多变的市场环境和数字化时代，预算定位从管控型向赋能型发展，从静态目标管理向动态运营指导转变。从预算内容来讲，年度预算模型和滚动预算模型向轻量化转变，从追求预算体系的整体化到追求经营预算的精细化，预算控制从“零散型”向“集约型”转变。数据、场景、智能成为预算的主旋律，数据驱动成为预算的新主线，场景化预算赋能业务发展，智能预测使预算更有力量 为了培养适应“大智移云”背景下既掌握信息技术、又懂得会计专业知识的大学生，国家、各省市积极举办大数据背景下学生技能大赛，全面预算管理作为会计专业技能竞赛主要内容之一，通过以赛促学培养学生的信息化能力和专业技能，为学生日后走向工作岗位打下了坚固基础
任务解读	在信息化、数字化的浪潮推动下，企业的业务模式、管理模式和服务模式正在发生深刻变革。在“大智移云”背景下，会计工作也在发生着改变，尤其是财务会计向管理会计的转型 为了培养同学们的管理思维和业财融合能力，本任务要求同学们在老师的指导下，为已成立的公司编制第一年的预算报告，培养同学们的预算编制能力、管理能力和办公软件使用能力 预算报告的内容包括销售预算、生产预算、直接材料预算、直接人工预算、制造费用预算、产品成本预算、材料采购预算、期间费用预算、专项预算、预计利润表、预计现金流量表、预计资产负债表等
任务成果	各小组根据自己公司的业务、资金等，提交一份自己公司的预算报告

学研堂

1.2

会计核算方法体系

学习目标

素质目标

- 培养敏锐洞察的职业能力，树立诚信为本的会计操守。
- 培养逻辑清晰的思维习惯，强化规范操作的职业意识。
- 培养持续学习的进取精神，提升团队协作的沟通能力。

知识目标

- 了解会计对象与会计目标的基本内涵。
- 熟悉会计要素分类及会计等式的内在联系。
- 掌握会计科目设置、账户结构与借贷记账法规则。
- 熟悉会计分录编制原理及试算平衡基本方法。

能力目标

- 会准确划分会计要素，正确表述会计等式。
- 会熟练运用借贷记账法编制会计分录。
- 能够依据经济业务设置合理的会计科目与账户。
- 能够通过试算平衡检查账务处理的正确性。

知识导图

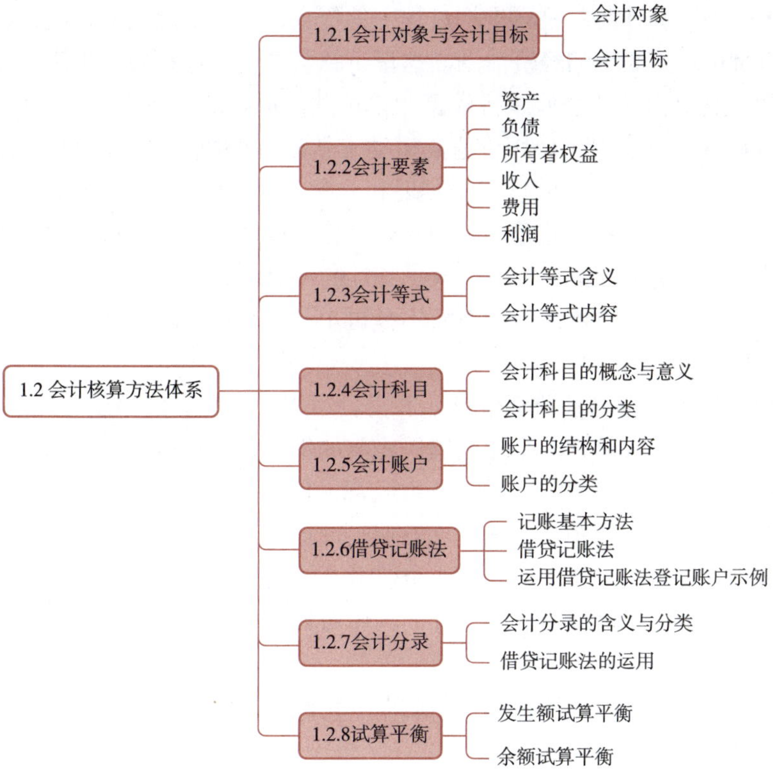

1.2.1　会计对象与会计目标

【岗位任务】

职场情景	小白成功应聘到益农智创生物科技有限公司工作，担任会计助理这一职位，益农智创生物科技有限公司是一家从事农产品初深加工、服务农业的生产制造企业。初入职场，财务经理想了解小白在校期间的学习效果如何，是否能够承担起会计助理的繁杂工作。于是问了他以下三个问题，小白顺利地回答了上来。 如果是你，能回答好以下三个问题吗
岗位任务	1. 什么是会计对象 2. 会计的目标是什么 3. 财务人员在处理会计信息时应注意什么

【知识准备】

一、会计对象

会计对象是会计核算和监督的内容，即特定主体能够以货币表现的经济活动。明确会计对象，就应清楚会计核算什么，监督什么，这对正确了解会计的内容，采取相应的方法合理组织会计工作是非常必要的。

从宏观上来说，会计对象是再生产过程中的资金运动；从微观上来说，会计对象是一个单位能够以货币形式表现的经济活动。这里讲社会再生产过程包括生产、分配、交换和消费四个方面，它是由各个企业、行政事业单位共同进行的。在商品、货币经济条件下，社会再生产过程既可以表现为使用价值的运动（就是各种物资的生产和交换），也可以表现为价值的运动（也就是价值的形成、实现和分配）。会计主要是利用货币计量，对再生产过程的经济活动进行核算和监督的一项管理工作，因此，再生产过程中发生的、能用货币表现的经济活动称为资金运动，就构成了会计的一般对象。

从这个论述当中可以看到，会计对象不是再生产过程中的全部经济活动，而是其中能够用货币形式表现的方面。

资金运动包括各特定对象的资金投入、资金运用及资金退出等过程，而具体到企业、事业和行政单位又有较大差别。企业是国民经济的细胞，是从事生产、流通或服务性等活动，为满足社会需要并获得盈利，进行自主经营，自负盈亏，享有民事权利和承担民事责任的团体法人。即使同样是企业，工业、农业、商业、交通运输业、建筑业及金融业等也均有各自资金运动的特点，其中尤以工业企业最具代表性。

下面以工业企业为例，说明企业会计的具体对象。

1. 资金投入

工业企业是从事工业产品生产和销售的营利性经济组织。为了从事产品的生产与销售活动，企业必须拥有一定数量的资金。

企业从外部筹集资金主要有两个渠道。

一是债权人对企业的投资，即企业向金融机构、其他法人或个人举债，会计上通常称为负债；二是业主即企业所有者对企业的投资，会计上通常称为所有者权益。

企业无论从哪条渠道筹集资金，在生产经营过程中都发挥着同样的作用。企业从外部筹集的资金，是以各种各样的形态而存在的，最常见的有现金、银行存款、原材料、商品、机器设备、房屋建筑物、专利权、商标权和土地使用权等，这些资金都是企业进行生产经营活动必须具备的。

2. 资金运用

资金进入企业后，随着生产经营活动的进行，其形态不断发生变化。工业企业的生产经营过程分为供应、生产和销售三个阶段。

（1）供应过程是企业的产前准备，主要包括用筹集到的货币资金购买原材料和固定资产，形成生产储备，此时的资金形态由货币资金形态转化为生产储备资金形态。

在供应过程中，企业主要的经济活动是原材料的采购和储存。通过支付材料价款及采购费用，材料验收入库等业务，现金、银行存款转化为原材料，企业的资金由货币资金转化为储备资金。

（2）生产过程是指劳动者利用劳动资料（如厂房、机器设备等）对劳动对象（原材料）进行加工，生产出产成品的过程，此时的生产储备资金变为生产资金。随着生产过程的结束，产成品的入库，生产资金又转变为产成品资金。

在生产过程中，企业的主要经济活动是生产产品。企业生产部门领用原材料，工人利用劳动手段加工劳动对象，使原材料变成产品入库。通过原材料的耗用、工资支付、固定资产磨损及水电动力费用的支付等业务，企业的储备资金、货币资金和固定资产转化为生产资金；同时，也会形成一些不计入产品成本的管理费用和财务费用。在产品加工完毕成为商品后，企业的资金就由生产资金转化为商品资金。

（3）销售过程是企业销售产成品、获得销售收入并进行货款结算的过程。企业将销售过程中取得的收入用以补偿生产、销售过程中的全部消耗及缴纳所得税等，剩余的部分即为企业的净利润。

在销售过程中，企业主要的经济活动是销售商品。通过销售商品取得收入后，企业的资金由商品资金转化为货币资金。同时，销售过程要支付广告宣传、运输和包装等费用，这些费用形成了销售费用。企业取得的货币资金用以抵补生产成本及销售费用、管理费用和财务费用之后，就可以计算出企业的经营成果。因此，工业企业的资金从货币资金开始，依次转化为储备资金、生产资金和商品资金，最后又形成货币资金。会计要依次反映这些阶段的经济活动。

3. 资金的退出

企业在正常的生产经营活动过程中，由于种种原因，资金需要退出企业，不再参与企业的经济活动，如偿还借款、缴纳税金、分配利润、派发股利和减资等。

企业向各种债权人筹集的资金，一般都有偿还的期限，债务到了规定的期限要依法偿还，有的还需要支付利息，企业取得的销售（营业）收入要进行分配。营业销售收入扣除营业成本和相关税费以后为盈利；企业所得依法上缴所得税以后，要提取公积金，形成经营积累。然后剩余部分在投资者之间进行分配，其中，用以补偿生产耗费的资金，又从货币资金开始，继续参加生产经营周转；上缴国家的税金、支付投资者的利润，就从企业资金运动过程中退出；经营积累形成的公积金等，可根据需要再投入生产经营周转，实现自我积累或者向投资者再进行分配。

资金运动体现着企业同各方面的经济关系。在资金运动过程中，企业必然同社会各方面发生经济关系。例如，企业与所有者之间的经济关系；企业与商业银行之间的信贷关系；企业与供应商、销售商及购买商之间的结算关系；企业与职工的薪酬结算关系；企业与国家的税费缴纳与征收关系等，正确处理这些经济关系，促进合理分配也是会计核算与监督的重要内容。

上述资金运动呈现出显著的运动状态，同时也具有某一时点上的相对静止状态。仍以工业企业为例：一方面，为了维持生产经营活动，企业必须拥有一定数量的能以货币表现的经济资源，它们分布在企业生产经营过程的不同阶段（采购供应、生产、销售等）和不同方面（表现为货币资金、土地、厂房、机器设备、运输工具、原材料、在产品、库存商品及债权债务等），称为资金占用。另一方面，这些经济资源的取得需要通过一定的途径，包括来自投资者投入的资金或是债权人提供的借款等，称为资金来源。从任一时点上看，资金运动总处于相对静止的状态，即企业的资金在任一时点上均表现为资金占用和资金来源两方面，这两个方面既相互联系，又相互制约。

由于资金的投入、运用和退出等经济活动所引起的各项财产和资源的增减变化情况，在经营过程中各项生产费用的支出和产品成本形成的情况，以及企业销售收入的取得和企业纯收入的实现分配情况，构成了工业企业会计的具体对象。将上述企业会计对象的具体内容按其经济特征进行分类，即可以确定出企业的会计要素。

上述资金的运动过程如图 1-2-1 所示。

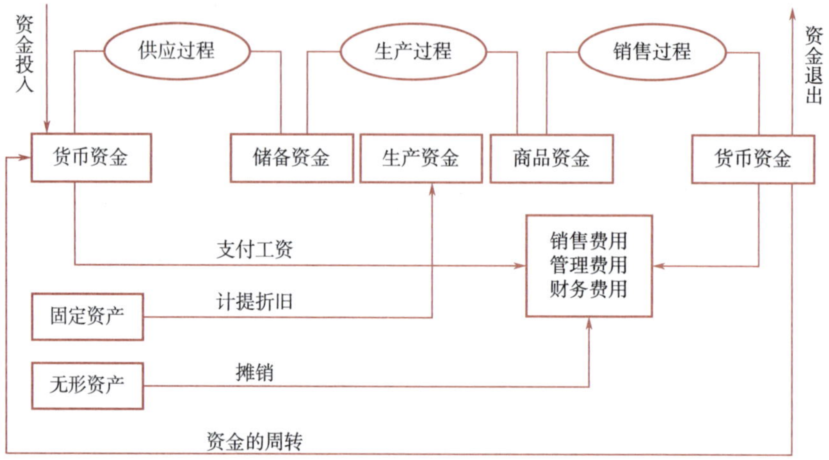

图 1-2-1　资金的运动过程

小调查：调查一个工业企业，列举该企业在筹资、供应、生产、销售、分配五个阶段中发生了哪些主要的经济业务。

二、会计目标

会计目标是会计理论的核心，在整个财务会计系统和企业会计准则体系中占有着十分重要的地位，是构建会计确认、计量、记录和报告原则并制定各项准则的基本出发点。现代企业是以所有权和经营权相分离为特征的，投资者将资产交给经营者经营，最关心的是企业的财务状况、经营成果和现金流量，需要有用的信息用于决策。而承担这一信息载体和功能的便是企业编制的财务报告，它是财务会计确认和计量的最终成果，是沟通企业管理层与外部使用者之间的桥梁和纽带。

（一）向财务报告使用者提供对于决策有用的信息

财务报告使用者主要包括投资者、债权人、政府及其有关部门和社会公众等。向财务报告使用者提供对于决策有用的信息是财务会计的基本目标。根据这一目标的要求，财务报告所提供的信息应当如实反映企业所拥有的或控制的经济资源及其变化情况，如实反映企业的各项收入、费用、利得和损失的金额及其变动情况，如实反映企业的各项经营活动、投资活动和筹资活动所形成的现金流入和流出情况等，从而帮助会计信息使用者正确、合理地评价企业的资产质量、偿债能力、盈利能力和运营效率等，以便做出正确的经济决策。

这些使用者出于不同的目的，对会计信息的关注点有所不同。

1.企业管理当局

企业管理当局是会计信息的内部使用者，处于单位领导和管理的最高层，对于本单位的经济业务拥有决策权或者执行权，与单位其他人员之间是一种领导与被领导的关系。企业要完成既定的经营目标，就必须对经营过程中遇到的各种重大问题进行决策，而正确的决策必须以相关的、可靠的信息为依据。当然，企业管理当局在决策过程中，除利用财务会计信息外，还可通过其他途径获取外部使用者无法掌握的内部信息。

2.政府部门

在我国，对会计信息还有一类特殊使用者，即国家。我国国有企业的生产资料归全民所有，而国家作为全民的代表对这些生产资料拥有所有权，它是作为一个特殊的投资人而存在的。

国家作为投资者要求会计信息能够客观真实地反映企业的资金流动状况、企业的获利能力和偿债能力，而且要求了解企业执行国家财政、金融、税收、物价等政策的情况，以及企业在改善经营、加强管理方面所取得的成果，借以考核企业的业绩。对这些信息的需要是基于国家履行其宏观调控、计划管理和综合平衡等职能的需要。同时为了实现社会资源的优化配置，国家必然通过税收、货币和财政政策进行宏观经济管理。在宏观调控中，国民经济核算体系所提供的数据是调控的重要依据。国民经济核算与企业会计核算之间存在着十分密切的联系，企业会计核算资料是国家统计部门进行国民经济核算的重要资料来源。

国家税务部门进行的税收征管是以财务会计数据为基础的。证券监管部门无论是对公司上市资格的审查，还是公司上市后的监管，都离不开对会计数据的审查和监督，在证券监督管理机构对证券发行与交易进行监督管理的过程中，财务会计信息的质量是其监管的内容，真实可靠的会计信息又是其对证券市场实施监督的重要依据。

3.投资者

在所有权与经营权分离的情况下，投资者虽然不参加企业的日常经营管理，但需要利用会计信息对经营者受托责任的履行情况进行评价，并对企业经营中的重大事项做出决策。投资者除包括现有投资者外，还包括潜在的投资者。对于潜在的投资者来说，他主要是根据财务会计信息评价企业的各种投资机遇、估量投资的预期成本和收益以及投资风险的大小，做出是否对该企业投资的决策。

4.债权人

债权人是企业信贷资金的提供者。债权人提供信贷资金的目的是按约定的条件收回本金并获取利息收入。也就是说，债权人关心的主要是企业能否按期还本付息。基于此，他需要了解资产与负债的总体结构，分析资产的流动性，评价企业的获利能力以及产生现金流量的能力，从而做出向企业提供贷款、维持原贷款数额、追加贷款、收回贷款或改变信用条件的决策。

5.职工

按照有关法律规定，企业研究决定生产经营的重大问题、制定重要的规章制度时，应当听取工会和职工的意见和建议；企业研究决定有关职工工资、福利、劳动保险等涉及职工切身利益的问题时，应当事先听取工会和职工的意见。职工在履行上述参与企业管理的权利和义务时，必然要了解相关的会计信息。

以上分析了五类报告使用者以及他们对信息的要求，但会计信息的使用者十分广泛，并不局限于上述几类。例如，顾客出于对自身利益的关心也会关注企业的会计信息；对于上市公司而言，会计信息的使用者还会涉及证券分析师、证券交易所和一般公众。当然，对于能满足上述五类报表使用者要求的信息，通常也能满足其他使用者的要求。

（二）反映企业管理层受托责任的履行情况

现代企业制度下，大多数企业实行所有权与经营权分离，企业的管理层受委托人的委托经营管理企业及其各项资产，负有委托责任。企业的投资者或债权人需要及时或者经常了解企业管理层保管、使用资产的情况，以便评估企业管理层受托责任的履行情况和资源使用效率，进而决定是否需要加强企业的内部控制和其他制度建设，比如是否需要更换管理层等。

小思考：为什么这么多人都需要了解企业财务信息？由此说明财务信息是否重要？

【任务实施】

岗位任务	任务解析
1. 什么是会计对象	从宏观上来说，会计对象是再生产过程中的资金运动；从微观上来说，会计对象是一个单位能够以货币表现的经济活动
2. 会计的目标是什么	向财务报告使用者提供对于决策有用的信息；反映企业管理层受托责任的履行情况
3. 财务人员在处理会计信息时应注意什么	遵守会计准则；保护财务信息机密性；及时核对账目；遵守税法规定等

会计对象和会计目标

会计对象和会计目标：知识点测试

1.2.2　会计要素

【岗位任务】

职场情景	小白在进入公司工作的第二天就犯了迷糊，以下事项均属于会计核算对象，但是会计对象内容较为宽泛，如何对会计对象进行更具体的划分呢？如果是你，能否对以下事项进行更细致的划分 1. 企业保险柜内的现金 2. 企业购买的电脑 3. 企业自有的办公楼和厂房 4. 企业向银行借入的款项 5. 股东投入的原始资本 6. 企业支付的广告费 7. 企业计算出本月的营业利润为 10 万元
岗位任务	判断一下，以上七个事项分别属于哪种会计要素

【知识准备】

会计要素是指会计对象按经济特征所作的最基本分类，是会计核算对象的具体化。

会计对象是资金运动（价值运动），也就是能够用货币表现的经济活动。这是对会计核算和监督内容的高度概括和抽象，是非常笼统的，不便于作为会计核算与监督的直接对象和依据，因而还必须对会计对象（即资金运动）具体内容的内涵和外延作进一步的归纳、划分和明确界定，使其成为具体的概念范畴。对会计对象具体内容按其经济特征的归纳、划分和界定，从而形成会计核算与监督的必要构成因素就是会计要素。因此，会计要素是根据交易或者事项的经济特征确定的会计对象所进行的基本分类，即会计对象是由哪些部分所构成的，是会计对象按经济特征所作的最基本分类，也是会计核算对象的具体化。

会计要素是会计对象的具体化，是会计对象的各个基本组成部分，故又称会计对象要素；会计要素又是主要财务报表的基本框架内容，因而还称作财务报表要素。

合理划分会计要素，有利于清晰地反映产权关系和其他经济关系。下面以企业为例来进行说明。

企业会计要素分为六大类，即资产、负债、所有者权益、收入、费用和利润。其中，资产、负债和所有者权益三项会计要素主要反映企业的财务状况，收入、费用和利润三项会计要素主要反映企业的经营成果。

企业会计要素如图 1–2–2 所示。

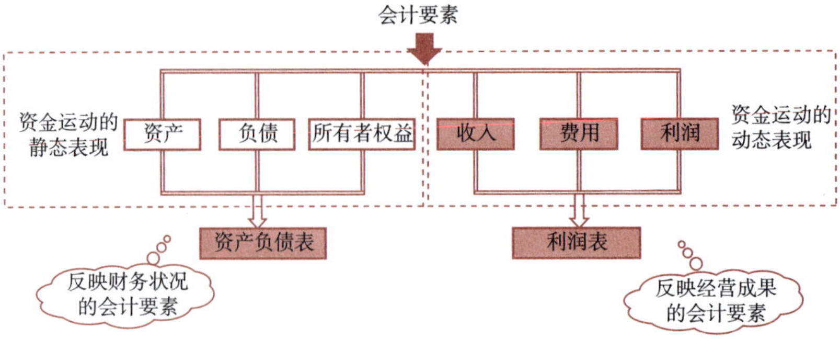

图1-2-2 企业会计要素

一、资产

企业从事生产经营活动必须具备一定的财产物质，这些财产物质表现为企业的货币资金、厂房场地、机器设备及原材料等，这些即为企业的资产，它们是企业从事生产经营活动的物质基础。除上述货币资金、厂房场地、机器设备及原材料外，资产还包括不具有物质形态、但有助于生产经营活动进行的专利权和商标权等无形资产以及对其他企业的投资。因此，资产是企业过去的交易或者事项形成的、由企业拥有或者控制的、预期会给企业带来经济利益的资源。

1.资产的特征

（1）资产能够直接或间接地给企业带来经济利益。经济利益是指直接或间接流入企业的现金或现金等价物。资产定义中所指的“预期会给企业带来经济利益”，是指直接或者间接导致现金和现金等价物流入企业。例如，企业老化被淘汰不再被使用的机器设备，不能作为企业资产的原因是它不能给企业带来经济利益。

（2）资产是企业拥有的，或者即使不是企业拥有，但也是企业控制的。资产定义中所指的“由企业拥有或者控制”，是指企业享有某项资产的所有权，或者虽然不享有某项资产的所有权，但该资产也能被企业所控制。企业拥有资产，就是企业拥有资产的所有权，企业可以按照自己的意愿使用或处置资产，从中获取经济利益。企业控制资产，是指某些资产虽然不为企业所拥有，但是企业能够支配这些资产，而且能够从该资产中获得经济利益，则该资产仍然为企业的资产。换句话说，如果企业不拥有也不控制某项资产，则不能将该资产确认为企业的资产。例如，企业有两栋库房A和B，其中A库房系企业融资租赁获得，B库房系企业经营租赁获得，目前两库房均投入使用。则A库房可以作为企业的资产，B库房不可以作为企业的资产，因为A库房虽然不被企业拥有，但被企业控制，企业能够按自己的意愿支配这个库房从而为企业带来经济利益，而B库房既不能为企业拥有也不能被企业控制，因此不能作为企业的资产。

（3）资产是企业过去的交易或者事项形成的。资产定义中所指的“企业过去的交易或者事项”，包括购买、生产、建造行为或其他交易或者事项。资产必须是现时的资产，而不是预期的资产。只有过去发生的交易或事项才能使企业的资产发生增减变化，而不能根据正在谈判中或计划中的交易来确认资产。这是因为未来交易或事项以及未发生的交易或事项可能产生的结果，不属于现时的资产。例如，企业计划年底购买一台生产用机器设备，7月份与销售方签订了购买合同，但实际购买行为发生在12月份，则该企业不能在7月份将机器设备确认为企业的资产。原因是资产是过去的交易或事项形成的，未来发生的交易或事项，或计划中的交易或事项形成的资产不属于现时资产。

2.资产的分类

资产按其流动性大小或变现能力的强弱，可划分为流动资产和非流动资产。

（1）流动资产。资产满足下列条件之一的，应当归类为流动资产：预计在一个正常营业周期中变现、出售或耗用；主要为交易目的而持有；预计在资产负债表日起一年内（含一年）变现；在资产负债表日起一年内，交换其他资产或清偿负债的能力不受限制的现金或现金等价物。

通常情况下，企业的流动资产主要包括库存现金、银行存款、交易性金融资产、应收账款、应收票据、预付账款、应收利息、应收股利、其他应收款、库存商品及周转材料等。

（2）非流动资产。资产中除流动资产以外的资产均为非流动资产。非流动资产主要包括长期股权投资、固定资产、在建工程、工程物资及无形资产等。

二、负债

负债是企业过去的交易或者事项形成的，履行该义务预期会导致经济利益流出企业的现时义务。现时义务是指企业在现行条件下已经承担的义务，未来发生的交易或者事项形成的义务不属于现时义务，而是属于潜在义务，不应当确认为负债。

1.负债的特征

（1）负债是企业承担的现时义务。现时义务就是不可推卸的责任，它是企业需要偿还的当前债务。现时义务包括法定义务和推定义务两种，法定义务通常是指企业在经济管理和经济协调中，依照经济法律法规的规定必须履行的责任和义务。例如，甲企业与乙银行签订借款合同，因此甲企业依照法律的规定，到期归还乙银行的借款，就属于法定义务；再如，企业按税法的规定必须缴纳的各种税费也属于法定义务。推定义务通常是指企业在特定情况下产生或推断出的责任和义务。例如，企业对售出的商品承担售后“三包”服务发生的费用，在商品销售时可属推定义务。

（2）负债的清偿预期会导致经济利益流出企业。无论负债以何种形式出现，作为一种现时义务，最终的履行预期会导致经济利益流出企业。对此，企业不能或很少可以回避。负债的偿还方式很多，或以现金偿还，或以实物资产偿还，或以提供的劳务偿还，或将负债转为资本，或举借新债偿还旧债等，但不论哪种清偿方式预期都会导致经济利益流出企业。

（3）负债是企业过去发生的交易或事项形成的。只有过去发生的交易或事项才能增加或减少企业的负债，而不能根据谈判中的交易或计划中的经济业务事项来确认负债，例如，应付账款是因为企业采用信用方式购买商品或接受劳务而形成的，在购买商品或接受劳务发生之前，相应的应付账款是不存在的。再如，银行借款是因为企业接受了银行贷款而形成的，如果企业没有接受贷款，只有贷款计划，是不会发生银行借款这项负债的。

2. 负债的分类

负债按其流动性的大小或偿还期限的长短，分为流动负债和非流动负债。

（1）流动负债。负债满足下列条件之一的，应当归类为流动负债：预计在一个正常营业周期中清偿；主要为交易目的而持有预计在资产负债表日起一年内（含一年）清偿；企业无权自主地将清偿推迟至资产负债表日后一年以上。

流动负债主要包括应付票据、应付账款、短期借款、预收账款、应付职工薪酬、应付股利、应交税费和其他应付款等。

（2）非流动负债。除流动负债以外的其他负债都属于非流动负债，如应付债券、长期借款和长期应付款等。

三、所有者权益

所有者权益是指企业资产扣除负债后由所有者享有的剩余权益。公司的所有者权益又称为股东权益。对于任何企业而言，其资金来源不外乎有两种渠道：一种是债权人借入，形成企业的负债；另一种是所有者投入，形成企业的所有者权益。

1. 所有者权益的特征

（1）除非发生减资、清算、分派现金股利或购入库存股，企业不需要偿还所有者权益。

（2）企业清算时，只有在清偿所有的负债后，所有者权益才返还给所有者。

（3）所有者凭借所有者权益能够参与企业的利润分配。

所有者权益在性质上体现为所有者对企业资产的剩余权益，在数量上体现为资产减去负债的差额，即资产－负债=所有者权益。

2. 所有者权益的构成

（1）实收资本。即所有者投入企业的资本，包括实物资产、货币等。

（2）资本公积。资本公积包括资本溢价（股本溢价）和其他资本公积。资本溢价是指企业收到投资者出资额超出其在企业注册资本中所占份额。

（3）其他综合收益。其他综合收益是指企业根据会计准则规定未在当期损益中确认的各项利得和损失。利得是指由企业非日常活动中所形成的、会导致所有者权益增加的、与所有者投入资本无关的经济利益的流入。损失是指由企业非日常活动中所发生的、会导致所有者权益减少的、与向所有者利润分配无关的经济利益的流出。

（4）盈余公积。盈余公积是指企业按税后利润的一定比例提取的法定盈余公积，以及按投资人确定的比例从税后利润中计提的任意盈余公积。盈余公积既可以用于弥补亏损，也可以用于转增资本，但不得用于向出资人分配利润。

（5）未分配利润。未分配利润是指税后利润经提取公积金、向所有者分配利润后的余额，可以留待以后年度进行分配。盈余公积和未分配利润又合称留存收益。

四、收入

收入是指企业在日常活动中形成的、会导致所有者权益增加的、与所有者投入资本无关的经济利益的总流入。

1. 收入的特征

（1）收入是从企业的日常活动或与日常活动相关的活动中产生的，而不是从偶发的交易或事项中产生的。

（2）收入可能表现为企业资产的增加，或负债的减少，或二者兼而有之。

（3）收入会导致企业所有者权益的增加。

（4）收入只包括本企业经济利益的总流入，该流入不包括所有者投入的资本和为第三方或客户代收的款项。

2. 收入的分类

收入按经营业务的主次，可分为主营业务收入和其他业务收入。

（1）主营业务收入是企业日常活动中主要经营活动获得的收入。如物流企业提供物流服务取得的收入，工商企业销售商品形成的收入，房地产开发企业销售房产取得的收入，运输企业提供运输服务取得的收入。

（2）其他业务收入是主营业务以外的其他日常活动所取得的收入。如工业企业销售材料，出租固定资产、无形资产取得的租金收入。

五、费用

费用是指企业在日常活动中发生的、会导致所有者权益减少的、与向所有者分配利润无关的经济利益的总流出。

1. 费用的特征

（1）费用是企业在日常活动中发生的，而不是在偶发的交易或事项中发生的。

（2）费用可能表现为资产的减少，或负债的增加，或二者兼而有之。

（3）费用会导致所有者权益的减少。

2. 费用的分类

按照费用与收入的关系，费用可分为营业成本和期间费用。

（1）营业成本。营业成本是指销售商品或提供劳务的成本。营业成本按照其销售商品或提供劳务在企业日常活动中所处的地位可以分为主营业务成本和其他业务成本。

（2）期间费用。期间费用包括管理费用、销售费用和财务费用。管理费用是企业行政管理部门为组织和管理生产经营活动而发生的各种费用；销售费用是企业在销售商品过程中发生的以及专设销售机构的各项经费；财务费用是企业筹集生产经营所需资金而发生的费用。

六、利润

利润是指企业在一定会计期间的经营成果。利润包括收入减去费用后的净额、直接计入当期利润的利得和损失等，其收入减去费用后的净额表现为企业的营业利润，反映的是企业日常活动的业绩；直接计入当期利润的利得和损失反映的是企业非日常活动的业绩，主要是指应当计入当期损益、会导致所有者权益发生增减变动的、与所有者投入资本或者向所有者分配利润无关的利得或者损失，如处置固定资产、无形资产的收入或支出，即为直接计入当期利润的利得或损失，具体表现为营业外收入和营业外支出。

利润由营业利润、利润总额和净利润三部分构成。

小思考：查阅北大荒集团2022年年度报告中的【合并利润表】（联系860701526@qq.com获得），回答下列问题：

1. 营业利润是如何计算出来的？
2. 利润总额是如何计算出来的？
3. 净利润是如何计算出来的？

【任务实施】

岗位任务	任务解析
1. 企业保险柜内的现金	资产
2. 企业购买的电脑	资产
3. 企业自有的办公楼和厂房	资产
4. 企业向银行借入的款项	负债
5. 股东投入的原始资本	所有者权益
6. 企业支付的广告费	费用
7. 企业计算出本月的营业利润为10万元	利润

会计要素

会计要素：知识点测试

1.2.3 会计等式

【岗位任务】

职场情景

观察北大荒集团2022年年度报告中的合并资产负债表（简表）。

合并资产负债表

2022年12月31日

编制单位：黑龙江北大荒农业股份有限公司

单位：元　　币种：人民币

项目	2022年12月31日	2021年12月31日
非流动资产：		
债权投资		
其他债权投资		
长期应收款		
长期股权投资	470 349 087.55	560 638 458.47
其他权益工具投资	11 000 003.00	11 000 003.00
其他非流动金融资产		
投资性房地产		
固定资产	3 304 606 227.95	3 258 585 595.70
在建工程	30 494 645.44	12 268 236.08
生产性生物资产		
油气资产		
使用权资产	38 143 243.77	6 520 238.66
无形资产	404 973.179.33	414 485 582.74
开发支出		
商誉		
长期待摊费用	41 103 570.93	42 924 076.84
递延所得税资产		
其他非流动资产	455 273 481.59	484 720 848.62
非流动资产合计	4 755 943 439.56	4 791 143 040.11
资产总计	8 228 092 830.70	8 029 006 028.06

职场情景

续表

项目	2022 年 12 月 31 日	2021 年 12 月 31 日
非流动负债：		
长期借款	2 984 954.93	2 984.954.93
应付债券		
其中：优先股		
永续债		
租赁负债	11 702 540.10	409.743.35
长期应付款	137 271.31	137.271.31
长期应付职工薪酬	141 762 548.93	86 377 473.26
预计负债		
递延收益	3 194 319.30	2 995.108.42
递延所得税负债		
其他非流动负债		
非流动负债合计	159 781 634.57	92 904 551.27
负债合计	1 277 156 186.47	1 318 241 258.88
所有者权益（或股东权益）合计	6 950 936 644.23	6 710 764.769.18
负债和所有者权益（或股东权益）总计	8 228 092 830.70	8 029 006 028.06

岗位任务

1. 2022 年 12 月 31 日资产、负债、所有者权益的金额，分别是多少
2. 2021 年 12 月 31 日资产、负债、所有者权益的金额，分别是多少
3. 你能发现什么规律

【知识准备】

一、会计等式含义

会计等式也称为会计方程式、会计平衡公式、会计恒等式，是用数学方程来描述会计要素之间相互关系的一种表达式。会计等式的确定是会计理论研究上的一个重要成果。

二、会计等式内容

（一）会计恒等式

企业要从事生产经营活动，必须拥有或控制一定数额的资产，如现金、原材料、产品、机器设备、厂房等，资产可以是有形的，也可以是无形的，如各种债权、商标权、专利权等权利，对这些资产的核算可以说明企业拥有什么。

在对企业资产进行核算的同时，还要说明企业的资产从何而来，归之于谁。为企业提供资产来源的人，对企业的资产具有索偿权，这种索偿权在会计上称为权益。因此权益代表着资产的来源，资产和权益相互依存，没有权益就没有资产，没有资产也就无所谓权益。从数量上看，企业有一定数额的资产，就必然有一定数额的权益，反之，有一定数额的权益也就必然有一定数额的资产，资产总额与权益总额永远保持平衡关系。这种恒等关系可用公式表示为：

资产＝权益

企业获得资产的资金有的来源于债权人提供的资金，如采购原材料尚未支付的货款，这形成了企业的负债，有的资金来源于所有者（股东）投入的资本，这形成了企业的所有者权益。资产表明企业拥有或控制的资源，负债和所有者权益表明这些资源的来源。因此上述公式可以进一步表述为：

资产＝债权人权益＋所有者权益

即：　　资产＝负债＋所有者权益

上述会计等式称为会计恒等式，由于该等式是会计等式中最通用和最一般的形式，因此也称之为基本会计等式或第一会计等式。这一等式反映了企业资金运动过程中特定时点上资产的分布和权益的构成，资产、负债和所有者权益是企业资金运动在相对静止状态下的基本内容，是资金运动的静态表现。资产与权益的恒等关系是复式记账法的理论基础，也是企业会计中设置账户、试算平衡和编制资产负债表的理论依据。

（二）利用基本会计等式记录资产和权益的变动

企业在经营过程中，不断发生着各种经济业务事项，如招聘员工、接听电话、与顾客交谈、采购原材料、销售商品、支付工资、仓库发出原材料等，但并非所有的这些活动都是会计所需记录的交易或事项，只有那些可能会对会计等式或会计要素产生影响的活动，即资金在性质或形态上发生了改变，客观上产生了资金运动，会计才需要记录资金运动的具体内容。在记录时，必须分析鉴别出发生变化的具体项目和相应的金额。

但无论发生什么经济业务事项，都不会破坏资产与负债、所有者权益之间的平衡关系。企业的经济业务发生后，引起各项资产、负债和所有者权益的增减变动，归纳起来，有九大类型。

下面以益农智创生物科技有限公司为例，说明资金运动的分析方法和资金运动对会计等式的影响。分析经济业务对会计等式的影响并不困难，但这种分析对学好会计这门课程至关重要。

2024年8月1日，益农智创生物科技有限公司总资产500 000元，债权人借入100 000元，投资者投入400 000元。

资产=负债+所有者权益

500 000=100 000+400 000

【例1–2–1】企业以银行存款50 000元购入设备一台。

资金运动分析：这项经济业务发生，使企业的固定资产增加了50 000元，会计等式左边资产增加；同时，企业银行存款因购入设备而减少了50 000元，资产又在减少。该业务属于资产内部有增有减，并不影响资产和权益总额变化，因此资产和权益的金额关系仍然是相等的。

资产	=	负债	+	所有者权益
500 000	=	100 000	+	400 000
（1）+50 000				
（1）–50 000				

【例1–2–2】企业从银行借入一年期借款10 000元，直接偿还应付账款。

资金运动分析：这项经济业务发生，使企业短期借款项目增加了10 000元，会计等式右边负债增加；同时，因偿还欠款使得负债中的应付账款减少了10 000元，该业务属于负债内部有增有减，并不影响资产和权益总额变化，因此资产和权益的金额关系仍然是相等的。

资产	=	负债	+	所有者权益
500 000	=	100 000	+	400 000
（1）+50 000		（2）+10 000		
（1）–50 000		（2）–10 000		

【例1–2–3】企业将资本公积50 000元转作实收资本。

资金运动分析：这项经济业务发生，使企业所有者权益中的实收资本项目增加了50 000元，会计等式右边所有者权益增加；同时所有者权益中的资本公积减少了50 000元，该业务属于所有者权益内部有增有减，并不影响资产和权益总额变化，因此资产和权益的金额关系仍然是相等的。

资产	=	负债	+	所有者权益
500 000	=	100 000	+	400 000
（1）+50 000		（2）+10 000		（3）+50 000
（1）–50 000		（2）–10 000		（3）–50 000

【例1–2–4】企业决定用未分配利润向投资者分配利润80 000元。

资金运动分析：这项经济业务发生，使企业负债中的应付股利项目增加了80 000元，会计等式右边负债增加；同时，所有者权益中的未分配利润减少了80 000元，会计等式右边所有者权益减少，该业务属于等式右边负债和所有者权益一增一减，并不影响资产和权益总额变化，因此资产和权益的金额关系仍然是相等的。

资产	=	负债	+	所有者权益
500 000	=	100 000	+	400 000
（1）+50 000		（2）+10 000		（3）+50 000
（1）–50 000		（2）–10 000		（3）–50 000
		（4）+80 000		（4）–80 000

【例1-2-5】企业的一个债权人将其借给企业的60 000元转作向本企业的投资。

资金运动分析：这项经济业务发生，使企业所有者权益中的实收资本项目增加了60 000元，会计等式右边所有者权益增加；同时，负债中的应付账款减少了60 000元，会计等式右边负债减少，该业务属于等式右边负债和所有者权益一增一减，并不影响资产和权益总额变化，因此资产和权益的金额关系仍然是相等的。

资产	=	负债	+	所有者权益
500 000	=	100 000	+	400 000
（1）+50 000		（2）+10 000		（3）+50 000
（1）-50 000		（2）-10 000		（3）-50 000
		（4）+80 000		（4）-80 000
		（5）-60 000		（5）+60 000

【例1-2-6】从银行借入短期借款50 000元，已存入银行。

资金运动分析：这项经济业务发生，使企业负债中的短期借款项目增加了50 000元，会计等式右边负债增加；同时，资产中的银行存款增加了50 000元，会计等式左边资产增加，该业务属于等式左边的资产和右边的负债同时增加，并不影响资产和权益总额变化，因此资产和权益的金额关系仍然是相等的。

资产	=	负债	+	所有者权益
500 000	=	100 000	+	400 000
（1）+50 000		（2）+10 000		（3）+50 000
（1）-50 000		（2）-10 000		（3）-50 000
		（4）+80 000		（4）-80 000
		（5）-60 000		（5）+60 000
（6）+50 000		（6）+50 000		

【例1-2-7】收到投资者投资100 000元，已存入银行。

资金运动分析：这项经济业务发生，使企业所有者权益中的实收资本项目增加了100 000元，会计等式右边所有者权益增加；同时，资产中的银行存款增加了100 000元，会计等式左边资产增加，该业务属于等式左边的资产和右边的所有者权益同时增加，并不影响资产和权益总额变化，因此资产和权益的金额关系仍然是相等的。

资产	=	负债	+	所有者权益
500 000	=	100 000	+	400 000
（1）+50 000		（2）+10 000		（3）+50 000
（1）-50 000		（2）-10 000		（3）-50 000
		（4）+80 000		（4）-80 000
		（5）-60 000		（5）+60 000
（6）+50 000		（6）+50 000		
（7）+100 000				（7）+100 000

【例1-2-8】用银行存款归还短期借款50 000元。

资金运动分析：这项经济业务发生，使企业负债中的短期借款项目减少了50 000元，会计等式右边负债减少；同时，资产中的银行存款由于归还借款而减少了50 000元，会计等式左边资产减少，该业务属于等式左边的资产和右边的负债同时减少，并不影响资产和权益总额变化，因此资产和权益的金额关系仍然是相等的。

资产	=	负债	+	所有者权益
500 000	=	100 000	+	400 000
（1）+50 000		（2）+10 000		（3）+50 000
（1）-50 000		（2）-10 000		（3）-50 000
		（4）+80 000		（4）-80 000
		（5）-60 000		（5）+60 000
（6）+50 000		（6）+50 000		
（7）+100 000				（7）+100 000
（8）-50 000		（8）-50 000		

【例1-2-9】投资者收回投资90 000元，企业以存款支付。

资金运动分析：这项经济业务发生，使企业所有者权益中的实收资本项目减少了90 000元，会计等式右边所有者权益减少；同时，资产中的银行存款由于减少投资而减少了90 000元，会计等式左边资产减少，该业务属于等式左边的资产和右边的所有者权益同时减少，并不影响资产和权益总额变化，因此资产和权益的金额关系仍然是相等的。

资产	=	负债	+	所有者权益
500 000	=	100 000	+	400 000
（1）+50 000		（2）+10 000		（3）+50 000
（1）-50 000		（2）-10 000		（3）-50 000
		（4）+80 000		（4）-80 000
		（5）-60 000		（5）+60 000
（6）+50 000		（6）+50 000		
（7）+100 000				（7）+100 000
（8）-50 000		（8）-50 000		
（9）-90 000				（9）-90 000

综上，经济业务对会计等式的影响主要体现在以下几个方面。

①资产内部有增有减。

②负债内部有增有减。

③所有者权益内部有增有减。

④负债增加，所有者权益减少。

⑤所有者权益增加，负债减少。

⑥资产与负债同时增加。

⑦资产与所有者权益同时增加。

⑧资产与负债同时减少。

⑨资产与所有者权益同时减少。

（三）第二会计等式

企业经营的目的是获取收入，实现盈利。企业在取得收入的同时，也必然要发生相应的费用。通过收入与费用的比较，才能确定企业一定时期的盈利水平。广义而言，企业一定时期所获得的收入扣除所发生的各项费用后的余额，即表现为利润。用公式表示为：

收入－费用＝利润

这一会计等式被称为第二会计等式，是资金运动的动态表现，体现了企业一定时期内的经营成果。收入、费用和利润之间的上述关系，是企业编制利润表的基础。

需要说明的是，在实际工作中，由于企业经济利益的流入除了日常活动中所形成的收入，还包括非日常活动中所形成的利得，如报废固定资产取得的净收益、接受捐赠等。企业经济利益的流出除了日常活动中产生的费用，还包括非日常活动中产生的损失，如自然灾害损失、报废固定资产发生的净损失等。所以，收入减去费用，并经过相关利得和损失的调整后，才形成营业利润、利润总额、净利润等利润指标。

（四）收入和费用变动对会计等式的影响

六个会计要素有着十分密切的联系，任何一个会计主体为了进行生产经营活动都需要拥有一定的资产，资产进入企业时总有其提供者，这些提供者包括投资者（会计上表现为所有者权益）和债权人（会计上表现为负债）。它们之间的关系可用公式：资产＝负债＋所有者权益表示。这一等式表明某一会计主体在某一特定时点所拥有的各种资产，以及债权人和投资者（所有者）对企业资产要求权的基本状况，表明资产与负债和所有者权益之间的恒等关系。

随着企业经济活动的进行，企业一方面取得收入，因而增加了资产或减少了负债；另一方面企业要发生费用，因而减少了资产或增加了负债，所以，在期末结账之前，会计等式表现为公式：

资产＝负债＋所有者权益＋收入－费用

即：　资产＋费用＝负债＋所有者权益＋收入

这一等式表明，企业经营过程中，平时只有资产、负债、所有者权益、收入和费用这五个要素，而没有利润概念，利润这个概念是月底或期末时才结算出来的。而收入和费用的发生影响企业所有者权益。企业在一定期间实现的利润将使企业资产增加或负债减少；反之，发生的亏损将使企业资产减少或负债增加。因此，企业在会计期末结账之前，这五个要素之间也存在等量关系。这一公式动态地反映了企业财务状况和经营成果之间的关系，被称为会计等式的扩展等式。

但到了会计期末，收入减去费用产生利润（或亏损），并按规定程序进行分配，剩余的又归入所有者权益项目。这样，在会计期末结账之后，上述扩展的会计等式又恢复到公式“资产＝负债＋所有者权益”的形式。这就是会计各要素之间的本质联系。

小思考：会计等式对会计报表有怎样的影响？如果会计报表不平衡，说明什么问题？

【任务实施】

岗位任务	任务解析
1. 2022 年 12 月 31 日资产、负债、所有者权益的金额，分别是多少	资产：8 228 092 830.70 负债：1 277 156 186.47 所有者权益：6 950 936 644.23
2. 2021 年 12 月 31 日资产、负债、所有者权益的金额，分别是多少	资产：8 029 006 028.06 负债：1 318 241 258.88 所有者权益：6 710 764 769.18
3. 你能发现什么规律	无论是 2022 年 12 月 31 日，还是 2021 年 12 月 31 日，均满足资产 = 负债 + 所有者权益

会计等式

会计等式：
知识点测试

1.2.4　会计科目

【岗位任务】

职场情景	小白已经掌握以下事项属于何种会计要素，财务经理为了锻炼其工作能力，要求小白用“会计语言”描述出以下事项所对应的会计科目。小白又犯了难。如果是你，能否准确说出以下事项的会计科目呢 1. 企业保险柜内的现金 2. 企业购买的电脑 3. 企业自有的办公楼和厂房 4. 企业向银行借入的款项 5. 股东投入的原始资本 6. 企业支付的广告费 7. 企业计算出本月的营业利润为 10 万元
岗位任务	正确表达出以上 7 个事项的会计科目

【知识准备】

一、会计科目的概念与意义

（一）会计科目的概念

会计科目是指对会计要素的具体内容进行分类的项目，也就是对各项会计要素在科学分类的基础上所赋予的名称。

会计必须提供各种有用的经济信息，以满足各有关方面的需要。企业在生产经营中发生的经济业务多种多样，其所涉及的会计核算内容非常广泛，它们往往具有不同的性质、形态和作用。会计要素是对会计对象的基本分类，为了提供详细具体的经济信息，还需要作进一步的分类。这是因为，每一个会计要素，不仅包含的内容很多，而且其具体项目的差别也很大。例如，固定资产和原材料虽然都属于资产，但它们的经济用途、价值周转方式及在不同企业中所包括的范围均各不相同。又如，应付账款和长期借款虽然都是企业的负债，但它们的形成原因、偿还期限和企业承担的风险程度有很大差别。再如，所有者投入的资本和企业实现的利润，同属于所有者权益，但它们的形成原因和用途却并不一样。为了实现会计的基本职能，从数量上反映各项会计要素的增减变动，就不但需要取得各项会计要素增减变化及其结果的总括指标，而且需要取得一系列更加详细具体的分类指标。这就需要对会计要素按其经济性质和用途作进一步的分类。会计科目就是对会计要素进一步分类的核算项目。

（二）会计科目的意义

会计科目是进行各项会计记录和提供各项会计信息的基础，在会计核算中具有重要意义。

（1）会计科目是复式记账的基础。复式记账要求每一笔经济业务在两个或两个以上相互联系的账户中进行登记，以反映资金运动的来龙去脉。

（2）会计科目是编制记账凭证的基础。记账凭证是确定所发生的经济业务应记入何种科目以及分门别类登记账簿的凭据。

（3）会计科目为成本计算与财产清查提供了前提条件。通过会计科目的设置，有助于成本核算，使各种成本计算成为可能；而通过账面记录与实际结存的核对，又为财产清查、保证账实相符提供了必备的条件。

（4）会计科目为编制会计报表提供了方便。会计报表是提供会计信息的主要手段，为了保证会计信息的质量及其提供的及时性，财务报表中的许多项目与会计科目是一致的，并根据会计科目的本期发生额或余额填列。

（三）会计科目设置原则

会计科目作为反映会计要素的构成情况及其变化情况，为投资者、债权人、企业管理者等提供会计信息的重要手段，在其设置过程中应努力做到科学、合理、实用，因此在设计会计科目时应遵循下列基本原则。

（1）合法性原则。设置的会计科目应当符合国家统一的会计制度的规定。

（2）相关性原则。会计科目应当为提供有关各方所需要的会计信息服务，满足对外报告与对内管理的要求。

（3）实用性原则。会计科目的设置应符合单位自身特点，满足单位实际需要。

二、会计科目的分类

为了在会计核算中正确地使用会计科目，必须对会计科目进行分类。

1.按所反映的经济内容分类

会计科目按其所反映的经济内容不同，一般可分为资产类科目、负债类科目、共同类科目、所有者权益类科目、成本类科目和损益类科目。会计科目通过按经济内容分类，可以明确各个会计单位应当设置和运用哪些科目，建立适应企业经济管理需要的会计科目体系。

2.按所提供指标的详细程度分类

会计科目按其所提供指标的详细程度不同，可分为总分类科目（一级科目）和明细分类科目，明细分类科目又可分为二级分类科目（子目）和三级分类科目（细目）。

总分类科目又称总账科目，是对会计要素的具体内容进行总括分类的会计科目，它反映的是各项经济业务的总括情况。

目前，财政部颁布的《企业会计准则——应用指南》统一制定了企业实际工作中需要使用的会计科目，如表1-2-1所示。

表1-2-1　《企业会计准则——应用指南》常用会计科目名称表

编号	会计科目名称	编号	会计科目名称
一、资产类		2202	应付账款
1001	库存现金	2203	预收账款
1002	银行存款	2211	应付职工薪酬
1012	其他货币资金	2221	应交税费
1101	交易性金融资产	2231	应付利息
1121	应收票据	2232	应付股利
1122	应收账款	2241	其他应付款
1123	预付账款	2401	递延收益
1131	应收股利	2501	长期借款
1132	应收利息	2502	应付债券
1221	其他应收款	2701	长期应付款
1231	坏账准备	2702	未确认融资费用
1401	材料采购	2711	专项应付款
1402	在途物资	2801	预计负债

续表

编号	会计科目名称	编号	会计科目名称
1403	原材料	2901	递延所得税负债
1404	材料成本差异	三、所有者权益类	
1405	库存商品		
1406	发出商品	4001	实收资本
1407	商品进销差价	4002	资本公积
1408	委托加工物资	4101	盈余公积
1411	周转材料	4103	本年利润
1471	存货跌价准备	4104	利润分配
1511	长期股权投资	4201	库存股
1512	长期股权投资减值准备	四、成本类	
1531	长期应收款	5001	生产成本
1532	未实现融资收益	5101	制造费用
1601	固定资产	五、损益类	
1602	累计折旧	6001	主营业务收入
1603	固定资产减值准备	6051	其他业务收入
1604	在建工程	6101	公允价值变动损益
1605	工程物资	6111	投资收益
1606	固定资产清理	6301	营业外收入
1701	无形资产	6401	主营业务成本
1702	累计摊销	6402	其他业务成本
1703	无形资产减值准备	6403	税金及附加
1711	商誉	6601	销售费用
1801	长期待摊费用	6602	管理费用
1811	递延所得税资产	6603	财务费用
1901	待处理财产损溢	6604	勘探费用
二、负债类		6701	资产减值损失
2001	短期借款	6711	营业外支出
2101	交易性金融负债	6801	所得税费用
2201	应付票据	6901	以前年度损益调整

二级科目又称子目，是指对一级会计科目所反映的经济内容进行较为详细分类的会计科目。例如企业中的“应交税费”科目属于一级科目。为了详细核算反映应交税费的缴纳情况，在“应交税费”一级科目下又设置了“应交所得税”“应交增值税”等二级

科目。

三级科目又称细目，是指对二级会计科目所反映的经济内容进一步详细分类的会计科目。会计科目按其所提供指标的详细程度分类，有助于相关各方了解会计科目所反映的具体经济内容。它们之间的关系是前者统驭后者，后者从属于前者。但是需要说明的是，并不是所有的一级科目都要下设二级科目和三级科目，企业可以根据管理的实际需要来设置总账科目和明细科目。

会计科目的级别如表1–2–2所示。

表1–2–2　“原材料”总账和明细账会计科目

总账科目（一级科目）	明细科目	
	二级科目（子目）	三级科目（细目）
原材料	原料及主要材料	圆钢、角钢
	辅助材料	润滑剂、石炭酸
	燃料	汽油、原煤

小思考：“应收账款”总账科目下，可以开设哪些二级科目？试着举例。

【任务实施】

岗位任务	任务解析
1. 企业保险柜内的现金	会计科目：库存现金
2. 企业购买的电脑	会计科目：固定资产
3. 企业自有的办公楼和厂房	会计科目：固定资产
4. 企业向银行借入的款项	会计科目：短期借款或长期借款（取决于借款时间）
5. 股东投入的原始资本	会计科目：实收资本和资本公积（股本溢价）
6. 企业支付的广告费	会计科目：销售费用
7. 企业计算出本月的营业利润为10万元	会计科目：营业利润

设置会计科目
和开设会计账户

会计科目：
知识点测试

1.2.5　会计账户

【岗位任务】

职场情景	会计科目只是对会计要素进行具体分类的项目，如何反映某一类经济项目变化情况及变化结果？如“银行存款”反映企业存放在金融机构的款项，涉及“银行存款”的业务很多，如： 期初余额 20 000 元 提取现金 1 000 元 存款 2 000 元 支付货款 10 000 元
岗位任务	经过这些频繁、复杂的经济业务后，如何反映银行存款在一定会计期间，增加多少？减少多少？结余多少？请用丁字账进行表述

【知识准备】

为了能够分门别类地对各项经济业务的发生所引起会计要素的增减变动情况及其结果进行全面、连续、系统、准确的反映和监督，为经营管理提供需要的会计信息，必须设置一种方法或手段，能核算指标的具体数字资料，于是必须根据会计科目开设账户。

会计账户，是指具有一定格式，用来分类、连续地记录经济业务，反映会计要素增减变动及其结果的一种核算工具，其载体为账簿。所以设置会计科目以后，还要根据规定的会计科目开设一系列反映不同经济内容的账户。每个账户都有一个科学而简明的名称，账户的名称就是会计科目。会计账户是根据会计科目设置的。设置账户是会计核算的一种专门方法，运用账户，把各项经济业务的发生情况及由此引起的资产、负债、所有者权益、收入、费用和利润各要素的变化，系统地、分门别类地进行核算，以便提供所需要的各项指标。

会计账户是对会计要素的内容所作的科学分类。会计科目与账户是两个既相区别，又有联系的不同概念。

它们的共同点是：会计科目是设置会计账户的依据，是会计账户的名称，会计账户是会计科目的具体运用，会计科目所反映的经济内容，就是会计账户所要登记的内容。

它们的区别是：会计科目只是对会计要素具体内容的分类，本身没有结构；会计账户则有相应的结构，是一种核算方法，能具体反映资金运用状况。因此，会计账户比会计科目分户更为明细，内容更为丰富。

一、账户的结构和内容

账户是用来记录经济业务的，必须具有一定的结构和内容。作为会计核算的会计对象，是随着经济业务的发生在数量上进行增减变化，并相应产生变化结果。因此，用来分类记录经济业务的账户必须确定账户的基本结构：增加的数额记在哪里，减少的数额记在哪里，增减变动后的结果记在哪里。

采用不同记账方法，账户的结构是不同的，即使采用同一种记账方法，不同性质的账户结构也是不同的。但是，不管采用何种记账方法，也不论是何种性质的账户，其基本结构总是相同的。具体归纳如下。

（1）任何账户一般可以划分为左右两方。每一方再根据实际需要分成若干栏次，用来分类登记经济业务及其会计要素的增加与减少，以及增减变动的结果。账户的格式设计一般应包括以下内容：①账户的名称，即会计科目；②日期和摘要，即经济业务发生的时间和内容；③凭证号数，即账户记录的来源和依据；④增加和减少的金额；⑤余额。下面以借贷记账法下账户结构为例，说明账户结构，如表1–2–3所示。

表1–2–3　　　　会计科目（账户名称）

日期	凭证号数	摘要	借方	贷方	余额

注：借贷记账法下，以借或贷来表示增加或减少方向。

（2）账户的左右两方按相反方向来记录增加额和减少额。也就是说，如果规定在左方记录增加额，就应该在右方记录减少额；反之，如果在右方记录增加额，就应该在左方记录减少额。在具体账户的左、右两个方向中究竟哪一方记录增加额，哪一方记录减少额，取决于账户所记录的经济内容和所采用的记账方法。

（3）账户的余额一般与记录的增加额在同一方向。

（4）在账户中记录的主要内容应满足以下恒等关系。

本期期末余额＝期初余额＋本期增加额－本期减少额

本期增加额和本期减少额是指在一定会计期间内（月、季或年），账户在左右两方分别登记的增加金额合计数和减少金额合计数，又可以将其称为本期增加发生额和本期减少发生额。本期增加发生额和本期减少发生额相抵后的差额，就是本期期末余额。如果将本期的期末余额转入下一期，就是下一期的期初余额。

为了学习方便，在教科书中经常采用简化格式“丁字账”来说明账户结构。这时，账户就省略了有关栏次。丁字账的格式如表1–2–4及表1–2–5所示。

表1–2–4　　　　账户格式一

<table>
<tr><td>借方</td><td>账户名称（会计科目）　　　　贷方</td></tr>
<tr><td>期初余额 A</td><td></td></tr>
<tr><td>增加额 a
增加额 b
本期增加发生额：$a+b$</td><td>减少额 c
减少额 d
本期减少发生额：$c+d$</td></tr>
<tr><td>期末余额：$B=A+a+b-c-d$</td><td></td></tr>
</table>

表 1-2-5　　　　　　　　　　　账户格式二

借方	账户名称（会计科目）　　　　贷方
	期初余额 $A=B-a-b+c+d$
减少额 c 减少额 d 本期减少发生额：$c+d$	增加额 c 增加额 d 本期增加发生额：$a+b$
	期末余额：$B=A+a+b-c-d$

注：如果上表中的会计科目属费用、收入和利润账户，期末没有余额。

二、账户的分类

设置会计账户是会计核算的一种专门方法。会计账户的开设应与会计科目的设置相适应，会计科目按提供核算资料的详细程度分为总账科目、二级明细科目和三级明细科目，会计账户也相应地分为总分类账（一级账户）和明细分类账（二级、三级账户）。

企业生产经营管理所需的会计核算资料是多方面的，不仅要求会计核算能够提供总括的会计核算资料，而且要求会计核算能够提供详细的经济指标。因此，企业既要设置总分类账户，进行总分类核算，又要设置明细分类账户，进行明细分类核算。如“应付账款”的核算，如果只设“应付账款”总分类账户就只能提供企业应付账款总额为多少，而并不能反映应该付给谁，即债主是谁，以及欠每个债主多少款项。因而在设“应付账款”总分类账户的同时要按债主分设明细账户，具体核算所欠各债主的债务。同时在有关总分类账户下设置若干明细分类账户，可以减少总分类账户的数量，有利于会计人员分工记账和及时提供管理所需要的各种资料。

总分类账户简称总账账户，是根据总分类科目设置的，用来对会计要素具体内容进行总分类核算的账户，如应收账款、原材料、固定资产、预提费用等都可以设置为总分类账户。总分类账户提供总括核算指标。总分类核算只能用货币度量。

明细分类账户简称明细账户，是根据明细分类科目设置的，用来对会计要素的具体内容进行明细分类核算的账户。明细分类账户是企业会计部门根据本单位经济业务的具体内容、管理上的要求及方便会计核算等而自行设置的。通过明细分类账户对经济业务进行的核算称为明细分类核算。明细分类核算除了能用货币度量外，有些账户还要用实物度量，如存货账户。

如果某些总分类账户所属的明细分类账户较多，为了便于控制和核算，还可增设二级账户。二级账户的核算口径比总分类账户的稍细，比明细分类账户稍粗，是介于总分类账户与明细分类账户之间的账户。二级账户也是由企业根据经营管理及会计核算的具体需要和经济业务内容繁简自行设置的。设置二级账户时，总分类账户又称一级账户。在日常工作中，人们有时习惯将二级账户也作为明细分类账户的一部分看待，这时明细分类账户实际上已经分为子目和细目即二级账户和三级账户两个层次。如根据某实际情况，“原材料”账户下可设置“原料及主要材料”“辅助材料”和“燃料”等二级账户，其中“原料及主要材料”下又设置“圆钢”和“角钢”两个明细账户；“辅助材料”下又设置“润滑剂”和“石炭酸”两个明细账户；“燃料”下又设置“汽油”“原煤”等明细账户。用表1-2-6示例“原材料”总分类账户和明细分类账户。

表1-2-6　　“原材料”总分类账户和明细分类账户

总账分类账户 （一级账户）	明细分类账户	
	二级明细分类账户	三级明细分类账户
原材料	原料及主要材料	圆钢、角钢
	辅助材料	润滑剂、石炭酸
	燃料	汽油、原煤

总分类账户与明细分类账户是对同一经济业务内容进行分层次核算而设置的账户，因而总分类账户与明细分类账户是相互联系、相互制约的关系。

（1）总分类账户是对所属明细分类账户的总括，对明细分类账户具有统驭控制作用。

（2）明细分类账户是对其总分类账户的细分，具有补充说明的作用。

（3）总分类账户登记的金额与它所属的明细分类账户中所登记的金额应当相等。若有不符，说明记录有误，就应查明更正。总分类账户与明细分类账户这种在金额上必然相等的关系，称为勾稽关系，通过勾稽关系可以进行账账核对，以保证提供数据资料的准确性。二者之间的关系，实质上是一种控制与被控制的关系，故有时人们也将总分类账户称为控制账户或统驭账户，而把明细分类账户称为被控制账户或被统驭账户。

小思考：谈谈你对总分类账户和明细分类账户的理解。

【任务实施】

银行存款	
期初余额 20 000	
本期增加发生额 2 000	本期减少发生额 1 000+10 000
期末余额 11 000	

会计账户：
知识点测试

1.2.6　借贷记账法

【岗位任务】

序号	业务	会计科目	借或贷	会计科目	借或贷
1	收到投资者投入资金 1 000 万元存入银行	银行存款		实收资本	
2	购买原材料，货款 5 万元，款未付	原材料		应付账款	
3	使用银行存款 10 万元购买原材料	银行存款		原材料	
4	使用转账支票 10 万元偿还银行短期贷款	银行存款		短期借款	
5	将欠供应商的货款 100 万元转为本企业投资	应付账款		实收资本	
6	从银行借入长期资金 100 万元偿还欠供应商货款	长期借款		应付账款	
7	企业的资本公积 100 万元转为实收资本	资本公积		实收资本	

请指明上述业务应记入对应账户的借贷方向。

【知识准备】

一、记账基本方法

（一）单式记账法

单式记账法是指对发生的每一项经济业务，只在一个账户中加以登记的记账方法。我国不允许采用该种方法。

（二）复式记账法

复式记账法是指对于每一笔经济业务，都必须用相等的金额在两个或两个以上相互联系的账户中进行登记，全面系统地反映会计要素增减变化的一种记账方法。如“以银行存款1 000元购买原材料”，这笔业务在记账时，不仅记“银行存款”减少1 000元，同时还要记“原材料”增加1 000元。

与单式记账法相比，复式记账法的优点主要有：①能够全面反映经济业务内容和资金运动的来龙去脉；②能够进行试算平衡，便于查账和对账。

复式记账法包括借贷记账法、增减记账法和收付记账法。借贷记账法是目前国际上通用的记账方法，我国《企业会计准则》规定企业应当采用借贷记账法记账。我国的企业和行政、事业单位所采用的记账方法都属于复式记账法。

二、借贷记账法

借贷记账法是以“借”“贷”二字作为记账符号，记录会计要素增减变动情况的一种复式记账法。"借""贷"是记账符号，表示会计要素的增加或减少，有的账户借方表示增加，有的账户贷方表示增加。

（一）理论基础

借贷记账法的对象是会计要素的增减变动过程及其结果。这个过程及结果可用公式表示：资产=负债+所有者权益。这一恒等式揭示了三个方面的内容。

第一，会计主体各要素之间的数字平衡关系。有一定数量的资产，就必然有相应数量的权益（负债和所有者权益）与之相对应，任何经济业务所引起的要素增减变动都不会影响这个等式的平衡。如果把等式的"左""右"两方，用"借""贷"两方来表示的话，就是说每一次记账的借方和贷方是平衡的；一定时期账户的借方、贷方的金额是平衡的；所有账户的借方、贷方余额的合计数是平衡的。

第二，各会计要素增减变化的相互联系。从上一任务可以看出，任何经济业务（四类经济业务）都会引起两个或两个以上相关会计项目发生金额变动，因此当经济业务发生后，在一个账户中记录的同时必然要有另一个或两个以上账户的记录与之对应。

第三，等式有关因素之间是对立统一的。资产在等式的左边，当想移到等式右边时，就要以"–"表示，负债和所有者权益也具有同样情况。也就是说，当用左边（借方）表示资产类项目增加时，就要用右边（贷方）来记录资产类项目减少。与之相反，当用右方（贷方）记录负债和所有者权益的增加额时，就需要通过左方（借方）来记录负债和所有者权益的减少额。

这三个方面的内容贯穿了借贷记账法的始终。会计等式对记账方法的要求决定了借贷记账法的账户结构、记账规则、试算平衡的基本理论，因此说会计恒等式是借贷记账法的理论基础。

（二）账户结构

在借贷记账法中，账户的基本结构是：左方为借方，右方为贷方。但哪一方登记增加，哪一方登记减少，则可以从会计要素的静态恒等式：资产=负债+所有者权益，及动态平衡方程：资产+费用=负债+所有者权益+收入来分析。

（1）资产类账户。由于借贷记账法"借"在左方，"贷"在右方，因此可确定会计要素平衡等式的左边借方记录资产增加，反之其减少就一律登记在贷方，其格式如表1–2–7所示。

表1–2–7　　资产类账户格式

借方　　资产类账户名称	贷方
期初余额 A	
增加额 a 增加额 b 本期增加发生额：$a+b$	减少额 c 减少额 d 本期减少发生额：$c+d$
期末余额：$B=A+a+b-c-d$	

该账户的发生额和余额之间的关系表示为：

资产类账户期末余额=借方期初余额+本期借方发生额-本期贷方发生额

（2）负债及所有者权益类账户。由于负债及所有者权益与资产分别处于等式的两边，为了保持会计恒等式的平衡，等式右边贷方记录负债、所有者权益和收入的增加，反之其减少一律登记在借方，其格式如表1-2-8所示。

表1-2-8　负债及所有者权益类账户格式

借方	负债及所有者权益类账户名称　　　　贷方
减少额 c 减少额 d 本期减少发生额：$c+d$	期初余额 A 增加额 a 增加额 b 本期增加发生额：$a+b$
	期末余额：$B=A+a+b-c-d$

该账户的发生额和余额之间的关系表示为：

负债及所有者权益类账户期末余额=贷方期初余额+本期贷方发生额-本期借方发生额

（3）成本费用类账户。企业在生产经营过程中要有各种耗费，有成本费用发生，在成本费用抵消收入以前，可以将其看作一种资产。如“生产成本”归集在生产过程中某产品所发生的所有耗费，但在尚未完工结转入库前，其反映企业在产品这项资产的金额。同时费用成本与资产同处于等式的左方，因此其结构与资产类账户的结构基本相同，只是由于借方记录的费用成本的增加额一般都要通过贷方转出，所以账户通常没有期末余额。如果因某种情况有余额，也表现为借方余额，其格式如表1-2-9所示。

表1-2-9　成本费用类账户格式

借方	成本费用类账户名称　　　　贷方
增加额 a 增加额 b	减少额 c 转出额 $a+b-c$
本期增加发生额：$a+b$	本期减少发生额：$c+(a+b-c)=a+b$

（4）收入类账户。收入类账户的结构则与负债及所有者权益类账户的结构一样，收入的增加额记入账户的贷方，收入转出（减少额）则记入账户的借方，由于贷方记录的收入增加额一般要通过借方转出，所以该类账户通常也没有期末余额，其格式如表1-2-10所示。

表 1–2–10　　　　　　　　　　　　　收入类账户格式

借方	收入类账户名称　　　　　贷方
减少额 c 转出额 $a+b-c$	增加额 a 增加额 b
本期减少发生额：$c+(a+b-c)=a+b$	本期增加发生额：$a+b$

综上所述可以看出，“借”“贷”二字作为记账符号所表示的经济含义是不一样的，如表 1–2–11 所示。

表 1–2–11　　　　　　　　　　　　　借贷方向的内涵

借方	贷方
资产增加	资产减少
负债及所有者权益减少	负债及所有者权益增加
费用成本增加	费用成本转出
收入类转出	收入类增加

人们总结记账规则之歌：借贷规则记一句，资产增加借方记；成本费用同资产，其他全部靠推理。资产权益背道驰，收入增加贷方记。

（三）记账规则

记账规则是进行会计记录和检查账簿登记是否正确的依据和规律。不同的记账方法具有不同的记账规则。借贷记账法的记账规则可以用一句话概括：“有借必有贷，借贷必相等。”这一记账规则要求对每项经济业务都要以相等的金额，相反的方向，登记在两个或两个以上的账户中去。

小思考：学习了借贷记账法的原理后你的体会是什么，请总结一下借贷记账法的要点有哪些。

三、运用借贷记账法登记账户示例

以丁字账户为例，说明经济业务发生后是如何采用借贷记账法登账的。

【例 1–2–10】从银行提取现金 300 元。

此项业务会导致企业现金资产增加，银行存款资产减少。

库存现金

借	贷
300	

银行存款

借	贷
	300

【例1-2-11】购买材料7 000元，料款尚未支付。

此项业务会导致企业原材料资产增加，同时增加一笔应付账款负债。

原材料

借	贷
7 000	

应付账款

借	贷
	7 000

【例1-2-12】某投资者投入设备一台，价值300 000元。

此项业务会导致设备资产增加，同时增加一笔所有者权益，即实收资本。

固定资产

借	贷
300 000	

实收资本

借	贷
	300 000

【例1-2-13】某企业销售产品一批，价值3 000元，货款尚未收到。产品成本2 000元。

此项业务会导致应收账款资产增加，同时增加一笔收入；同时导致产品资产减少，对应增加一笔销售成本。

应收账款

借	贷
3 000	

主营业务收入

借	贷
	3 000

库存商品	
借	贷
	2 000

主营业务成本	
借	贷
2 000	

四、借贷记账法下账户的对应关系

在运用借贷记账法进行核算时，在有关账户之间存在着应借、应贷的相互关系，账户之间的这种相互关系称为账户的对应关系。存在对应关系的账户称为对应账户。上述运用借贷记账法登记账户示例反映了一笔经济业务所反映的各账户之间的对应关系，两个账户也就成了对应账户。

【任务实施】

序号	业务	会计科目	借或贷	会计科目	借或贷
1	收到投资者投入资金 1 000 万元存入银行	银行存款	借	实收资本	贷
2	购买原材料，货款 5 万元，款未付	原材料	借	应付账款	贷
3	使用银行存款 10 万元购买原材料	银行存款	贷	原材料	借
4	使用转账支票 10 万元偿还银行短期贷款	银行存款	贷	短期借款	借
5	将欠供应商的货款 100 万元转为本企业投资	应付账款	借	实收资本	贷
6	从银行借入长期资金 100 万元偿还欠供应商货款	长期借款	贷	应付账款	借
7	企业的资本公积 100 万元转为实收资本	资本公积	借	实收资本	贷

借贷
记账法（上）

借贷
记账法（下）

借贷记账法：
知识点测试

1.2.7 会计分录

【岗位任务】

根据本节业务的会计分录，结出益农智创生物科技有限公司2025年1月各账户的余额。

2025年1月账户余额表

资产类账户	金额	负债及所有者权益类账户	金额
库存现金		短期借款	
银行存款		应付账款	
应收账款		应付职工薪酬	
原材料		应付利润	
固定资产		实收资本	
		资本公积	
总计		总计	

【知识准备】

一、会计分录的含义与分类

会计分录，简称分录，是对每项经济业务列示出应借、应贷的账户名称及其金额的一种记录。会计分录由应借应贷方向、相互对应的科目及其金额三个要素构成。会计分录记载在记账凭证上。

按照所涉及账户的多少，会计分录分为简单会计分录和复合会计分录。简单会计分录指只涉及一个账户借方和另一个账户贷方的会计分录，即一借一贷的会计分录。复合会计分录指由两个以上（不含两个）对应账户组成的会计分录，即一借多贷、多借一贷或多借多贷的会计分录。

二、借贷记账法的运用

在实际运用借贷记账法的记账规则登记经济业务时，一般要按以下五个步骤进行。

①根据发生的经济业务判断涉及的会计科目（账户）。

②分析确定它所涉及的账户的性质，是资产要素的变化，还是负债或所有者权益的变化；哪些要素增加，哪些要素减少，或都是增加，都是减少，等等。

③确定相应账户应记录的方向是借方还是贷方以及各账户应计金额。凡涉及资产及费用成本的增加，负债及所有者权益的减少，收入的减少，都应记入该账户的借方；凡是涉及资产及费用成本的减少，负债及所有者权益的增加，收入的增加，都应记入该账户的贷方。

④编制会计分录。

⑤登记账簿。各项经济业务编制会计分录以后，即应记入有关账户，这个记账步骤通常称为“过账”。过账以后，一般要在月末进行结账，即结算出各账户的本期发生额合计和期末余额。

【例1-2-14】益农智创生物科技有限公司2024年12月31日资产、负债及所有者权益各账户的期末余额如表1-2-12所示。

表1-2-12　　　　账户余额表　　　　单位：元

资产类账户	金额	负债及所有者权益类账户	金额
库存现金	1 000	短期借款	150 000
银行存款	49 000	应付账款	100 000
应收账款	80 000	应付职工薪酬	30 000
原材料	220 000	应付利润	40 000
固定资产	230 000	实收资本	180 000
		资本公积	80 000
总计	580 000	总计	580 000

从表1-2-12中，我们可以看到资产580 000=负债320 000+所有者权益260 000。

年末结束后，需要将各账户结账，资产、负债和所有者权益账户需要结出期末余额。表1-2-12中各项数据均为各账户2024年12月31日余额。在2025年建立新账时，将上述账户余额过入2025年年初的对应账户中，作为期初余额。登记方法见下述业务（8）和业务（9）。

下列业务（1）到业务（7）对应账户中未登记期初余额和结出期末余额，主要目的是说明本期新发生业务账户中登记方法，业务（8）和业务（9）进行了完整登记。

益农智创生物科技有限公司2025年1月份，发生以下业务。

（1）益农智创生物科技有限公司2025年1月接受投资者继续投入货币资金200 000元，手续已办妥，款项已转入本公司的银行存款账户。

分析如下：

该项业务的发生说明，益农智创生物科技有限公司在拥有260 000元资本金的前提下，继续扩大规模，投入货币资金200 000元。这样对于益农智创生物科技有限公司来讲，一方面使公司“银行存款”增加，另一方面公司“实收资本”的规模也在扩大。经进一步分析，“银行存款”属于资产类账户，“实收资本”属于所有者权益类账户。根据借贷记账法下的账户，资产的增加记入账户的借方，所有者权益的增加记入账户的贷方。最后确定，借记银行存款200 000元，贷记实收资本200 000元。该业务属于等式两边资产与所有者权益等额增加业务。

①编制会计分录：

借：银行存款　　　　200 000

　贷：实收资本　　　　200 000

②根据会计分录登记账簿，如表1-2-13所示。

表1-2-13　　业务（1）会计分录

借　银行存款　贷		借　实收资本　贷	
（1）200 000			（1）200 000

（2）益农智创生物科技有限公司向新乐公司购买所需原材料，但由于资金周转紧张，料款70 000元尚未支付。

该项业务的发生说明，由于购料款未付，一方面使公司“原材料”增加，另一方面使公司欠款“应付账款”增加。经分析，“原材料”属于资产类账户，“应付账款”属于负债类账户。根据借贷记账法下的账户结构，资产的增加通过账户的借方反映，负债的增加通过账户的贷方反映。最后确定，借记原材料70 000元，贷记应付账款70 000元。该业务属于等式两边资产与负债等额增加业务。

①编制会计分录：

借：原材料　　70 000

　贷：应付账款　　70 000

②根据会计分录登记账簿，如表1-2-14所示。

表1-2-14　　业务（2）会计分录

借　原材料　贷		借　应付账款　贷	
（2）70 000			（2）70 000

（3）益农智创生物科技有限公司通过银行转账支付给银行于本月到期的银行短期借款80 000元，同时支付给股东应付利润20 000元。

该项业务说明，由于归还以前的银行贷款和支付股东应付利润，一方面使公司属于资产项目的银行存款减少100 000元，另一方面使属于负债项目的短期借款和应付利润减少100 000元。银行存款属于资产类账户，短期借款和应付利润属于负债类账户。根据借贷记账法下的账户结构，资产的减少通过账户的贷方反映，负债的减少通过账户的借方反映。最后确定，借记短期借款80 000元、应付利润20 000元，贷记银行存款100 000元。该业务属于等式两边的资产与负债同时等额减少业务。

①编制会计分录：

借：短期借款　　80 000

　　应付利润　　20 000

　贷：银行存款　　100 000

②根据会计分录登记账簿，如表1–2–15所示。

表1–2–15　　　　　　　　　　　　　　业务（3）会计分录

借	短期借款	贷	借	银行存款	贷
（3）80 000					（3）100 000
借	应付利润	贷			
（3）20 000					

（4）上级主管部门按法定程序将一台价值100 000元的设备调出，以抽回国家对益农智创生物科技有限公司的投资。

该项业务的发生说明，由于国家调出设备，抽回投资，一方面使属于公司的固定资产减少100 000元，另一方面使属于所有者权益项目的实收资本减少100 000元。固定资产属于公司的资产账户，实收资本属于所有者权益账户。根据借贷记账法下的账户结构，资产的减少通过账户的贷方反映，所有者权益的减少通过账户的借方反映。最后确定，借记实收资本100 000元，贷记固定资产100 000元，从而导致等式两边的资产与所有者权益同时等额减少。

①编制会计分录：

借：实收资本　　　　100 000

　贷：固定资产　　　　100 000

②根据会计分录登记账簿，如表1–2–16所示。

表1–2–16　　　　　　　　　　　　　　业务（4）会计分录

借	实收资本	贷	借	固定资产	贷
（4）100 000					（4）100 000

（5）益农智创生物科技有限公司开出转账支票20 000元，购买1台电子仪器。

该项业务的发生说明，由于购买仪器款已付，一方面使公司的固定资产增加20 000元，另一方面使银行存款减少20 000元。固定资产和银行存款都属于公司的资产账户。根据借贷记账法下的账户结构，资产的增加通过账户的借方反映，资产的减少通过账户的贷方反映。最后确定，借记固定资产20 000元，贷记银行存款20 000元。该业务属于等式左边的资产内一增一减业务。

①编制会计分录：

借：固定资产　　20 000

　贷：银行存款　　20 000

②根据会计分录登记账簿，如表1-2-17所示。

表1-2-17　　业务（5）会计分录

借	固定资产	贷	借	银行存款	贷
（5）20 000					（5）20 000

（6）益农智创生物科技有限公司开出一张面值为50 000元的商业汇票，以抵偿原欠新乐公司的料款。

该项经济业务说明，由于商业汇票抵偿原欠料款，一方面使公司的应付票据增加50 000元，另一方面属于企业的债务应付账款减少50 000元。应付票据和应付账款都属于公司的负债账户。根据借贷记账法下的账户结构，负债的增加通过账户的贷方反映，负债的减少通过账户的借方反映。最后确定，借记应付账款50 000元，贷记应付票据50 000元。该业务属于等式右边的负债内一增一减业务。

①编制会计分录：

借：应付账款　　50 000

　贷：应付票据　　50 000

②根据会计分录登记账簿，如表1-2-18所示。

表1-2-18　　业务（6）会计分录

借	应付账款	贷	借	应付票据	贷
（6）50 000					（6）50 000

（7）益农智创生物科技有限公司按法定程序将资本公积60 000元转增注册资本。

该业务的发生说明，由于将资本公积60 000元转增资本金，一方面使公司的实收资本增加60 000元，另一方面使资本公积减少60 000。资本公积和实收资本都属于所有者权益类账户。根据借贷记账法下的账户结构，所有者权益的增加通过账户的贷方反映，所有者权益的减少通过账户的借方反映。最后确定，借记资本公积60 000元，贷记实收资本60 000元。该业务属于等式右边的所有者权益内一增一减业务。

①编制会计分录：

借：资本公积　　60 000

贷：实收资本　　60 000

②根据会计分录登记账簿，如表1-2-19所示。

表1-2-19　　业务（7）会计分录

借　资本公积	贷	借　实收资本	贷
（7）60 000			（7）60 000

（8）益农智创生物科技有限公司与债权人协商将欠A企业的货款20 000元转为对本企业的投资。

该业务的发生说明，由于将欠款转增资本金，一方面使公司实收资本增加20 000元，另一方面使应付账款减少20 000元。实收资本属于所有者权益类账户，应付账款属于负债类账户。根据借贷记账法下的账户结构，所有者权益的增加通过账户的贷方反映，负债的减少通过账户的借方反映。最后确定，借记应付账款20 000元，贷记实收资本20 000元。该业务属于等式右边的所有者权益等额增与债权人权益等额减的业务。

①编制会计分录：

借：应付账款　　20 000

贷：实收资本　　20 000

②根据会计分录登记账簿，如表1-2-20所示。

表1-2-20　　业务（8）会计分录

借　实收资本	贷	借　应付账款	贷
	期初余额 180 000		期初余额 100 000
（4）100 000	（1）200 000 （7）60 000 （8）20 000	（6）50 000 （8）20 000	（2）70 000

（9）益农智创生物科技有限公司已承诺代甲公司偿还甲公司所欠乙公司的货款90 000元，但款项尚未支付。与此同时，办妥相关手续，冲减甲公司在益农智创生物科技有限公司的投资。

该业务的发生说明一方面由于益农智创生物科技有限公司已承诺但未支付一笔欠款，使公司的应付账款增加90 000元，另一方面由于代甲公司支付此项欠款的同时减少甲公司在本公司的投资，使本公司的实收资本减少90 000元。实收资本属于所有者权益类账户，应付账款属于负债类账户。根据借贷记账法下的账户结构，负债的增加通过账户的贷方反映，所有者权益的减少通过账户的借方反映。最后确定，借记实收资本90 000元，贷记应付账款90 000元。该业务属于等式右边的负债及所有者权益类项目之间有增有减的业务。

①编制会计分录：

借：实收资本　　　　90 000

　贷：应付账款　　　　90 000

②根据会计分录登记账簿，如表1-2-21所示。

表1-2-21　　业务（9）会计分录

借　实收资本	贷	借　应付账款	贷
	期初余额 180 000		期初余额 100 000
（4）100 000 （9）90 000	（1）200 000 （7）60 000 （8）20 000	（6）50 000 （8）20 000	（2）70 000 （9）90 000
	期末余额 270 000		期末余额 190 000

本例中，假设直至月末再未发生与实收资本有关的业务，月末结出实收资本的余额。计算原理是期末余额=期初余额+本期贷方发生额合计-本期借方发生额合计。

以上举例，已经概括了企业的所有业务类型，而无论哪种类型的经济业务，都是以相等的金额同时记入有关账户的借方和另一账户的贷方。这样就可以归纳出借贷记账法的记账规则为“有借必有贷，借贷必相等”。

借贷记账法的账户结构要求对发生的任何经济事项都要按借贷相反的方向进行记录，如果在一个账户中记借方，必然在另一账户中记贷方，即有借必有贷。复式记账要求对发生的任何经济事项，都要等额地在相关账户中进行登记，如果采用“借”和“贷”作为记账符号时，借贷的金额一定是相等的。因此，借贷记账法的记账规则是有一定的理论依据的。

在实际工作中，不允许将多项不同的经济业务合并编制为复合会计分录，但若是一项经济业务涉及多个账户时可编制复合会计分录。对复合分录举例如下。

【例1-2-15】某公司购买原材料一批，价值98 000元，其中银行存款支付48 000元，其余款项尚未支付。

该项业务涉及资产类账户的“原材料”账户、“银行存款”账户和负债类账户的“应付账款”账户，编制复合会计分录如下：

借：原材料　　　　98 000

　贷：银行存款　　　　48 000

　　　应付账款　　　　50 000

【任务实施】

根据上述业务的会计分录，结出益农智创生物科技有限公司2025年1月各账户的余额。

2025年1月账户余额表

单位：元

资产类账户	金额	负债及所有者权益类账户	金额
库存现金	1 000	短期借款	70 000
银行存款	129 000	应付票据	50 000
应收账款	80 000	应付账款	190 000
原材料	290 000	应付职工薪酬	30 000
固定资产	150 000	应付利润	20 000
		实收资本	270 000
		资本公积	20 000
总计	650 000	总计	650 000

小思考：企业日常发生的经济业务都要记入有关账户，内容庞杂，次数繁多，记账稍有疏忽，便有可能发生差错。那么会计人员在工作中是采用什么方法来发现记账是否出错了呢？

会计分录　　会计分录：知识点测试

1.2.8 试算平衡

【岗位任务】

发生额及余额试算平衡表

单位：元

会计科目	期初余额		本期发生额		期末余额	
	借方	贷方	借方	贷方	借方	贷方
库存现金	1 000				1 000	
银行存款	?		200 000	120 000	129 000	
应收账款	80 000				80 000	
原材料	220 000		?		290 000	
固定资产	230 000		20 000	?	150 000	

续表

会计科目	期初余额		本期发生额		期末余额	
	借方	贷方	借方	贷方	借方	贷方
短期借款		?	80 000			70 000
应付票据				50 000		50 000
应付账款		100 000	70 000	160 000		?
应付职工薪酬		30 000				30 000
应付利润		40 000	20 000			20 000
实收资本		180 000	190 000	?		270 000
资本公积		80 000	?			20 000
合计	580 000	580 000	710 000	710 000	650 000	650 000

【知识准备】

企业对日常发生的经济业务都要记入有关账户，为了及时发现记账疏忽导致的错误，对全部账户的记录必须定期进行试算平衡，借以验证账户记录是否正确。所谓试算平衡是指根据会计恒等式“资产=负债+所有者权益”以及借贷记账法的记账规则，通过汇总、检查和验算确定所有账户记录是否正确的过程。它包括发生额试算平衡和余额试算平衡。

一、发生额试算平衡

发生额平衡包括两方面的内容：一是每笔会计分录的发生额平衡，即每笔会计分录的借方发生额必须等于贷方发生额，这是由借贷记账法的记账规则决定的；二是本期发生额的平衡，即本期所有账户的借方发生额合计必须等于所有账户的贷方发生额合计。因为本期所有账户的借方发生额合计，相当于把复式记账的借方发生额相加；所有账户的贷方发生额合计，相当于把复式记账的贷方发生额相加，二者必然相等。这种平衡关系用公式表示为：

$$\left\{\begin{array}{l}\text{第一笔会计分录的借方发生额}\\ \vdots\\ \text{第 } n \text{ 笔会计分录的借方发生额}\\ \Sigma\text{所有业务借方发生额}\end{array}\right. = \left\{\begin{array}{l}\text{第一笔会计分录的贷方发生额}\\ \vdots\\ \text{第 } n \text{ 笔会计分录的贷方发生额}\\ \Sigma\text{所有业务贷方发生额}\end{array}\right.$$

本期全部账户借方发生额合计 =本期全部账户贷方发生额合计

发生额试算平衡是根据上面两种发生额平衡关系来检验本期发生额记录是否正确的方法。在实际工作中，本项工作是通过编制发生额试算平衡表进行的，以益农智创生物科技有限公司【例1-2-14】业务（1）~业务（9）数据为例来说明发生额算平衡，如表1-2-22所示。

表1-2-22　　发生额试算平衡表　　单位：元

会计科目	本期发生额	
	借方	贷方
库存现金		
银行存款	200 000	120 000
应收账款		
原材料	70 000	
固定资产	20 000	100 000
短期借款	80 000	
应付票据		50 000
应付账款	70 000	160 000
应付职工薪酬		
应付利润	20 000	
实收资本	190 000	280 000
资本公积	60 000	
合计	710 000	710 000

二、余额试算平衡

余额平衡是指所有账户的借方余额之和与所有账户的贷方余额之和相等。余额试算平衡就是根据此恒等关系来检验本期记录是否正确的方法。这是由“资产=负债+所有者权益”的恒等关系决定的。在某一时点上，有借方余额的账户应是资产类账户，有贷方余额的账户应是权益类账户，分别合计其金额，即具有相等关系的资产与权益总额。根据余额的时间不同，可分为期初余额平衡和期末余额平衡。本期的期末余额平衡，结转到下一期，就成为下一期的期初余额平衡。这种关系也可用下列公式表示。

资产=负债+所有者权益

本期期末资产借方余额=本期期末负债贷方余额+本期期末所有者权益贷方余额

本期期末全部账户的借方余额合计=本期期末全部账户的贷方余额合计

在实际工作中，本项工作是通过编制余额试算平衡表进行的，如表1-2-23所示。

表1-2-23　**余额试算平衡表**　单位：元

会计科目	期末余额	
	借方	贷方
库存现金	1 000	
银行存款	129 000	
应收账款	80 000	
原材料	290 000	
固定资产	150 000	
短期借款		70 000
应付票据		50 000
应付账款		190 000
应付职工薪酬		30 000
应付利润		20 000
实收资本		270 000
资本公积		20 000
合计	650 000	650 000

在实际工作中也可将发生额及余额试算平衡表合并编表，如表1-2-24所示。

表1-2-24　**发生额及余额试算平衡表**　单位：元

会计科目	期初余额		本期发生额		期末余额	
	借方	贷方	借方	贷方	借方	贷方
库存现金	1 000				1 000	
银行存款	49 000		200 000	120 000	129 000	
应收账款	80 000				80 000	
原材料	220 000		70 000		290 000	
固定资产	230 000		20 000	100 000	150 000	
短期借款		150 000	80 000			70 000
应付票据				50 000		50 000
应付账款		100 000	70 000	160 000		190 000
应付职工薪酬		30 000				30 000
应付利润		40 000	20 000			20 000
实收资本		180 000	190 000	280 000		270 000
资本公积		80 000	60 000			20 000
合计	580 000	580 000	710 000	710 000	650 000	650 000

应该看到，试算平衡表只是通过借贷金额是否平衡来检查账户记录是否正确，而有些错误对于借贷双方的平衡并不发生影响。因此，在编制试算平衡表时对以下问题要引起注意：

（1）必须保证所有账户的余额均已记入试算平衡表。因为会计等式是对六项会计要素整体而言的，缺少任何一个账户的余额，都会造成期初或期末借方与贷方余额合计不相等。

（2）如果借贷不平衡，肯定账户记录有错误，应认真查找，直到实现平衡为止。

（3）如果借贷平衡，并不能说明账户记录绝对正确，因为有些错误对于借贷双方的平衡并不产生影响。例如：

①某项经济业务，将使本期借贷双方的发生额减少，借贷仍然平衡。

②重记某项经济业务，将使本期借贷双方的发生额发生等额虚增，借贷仍然平衡。

③某项经济业务记错有关账户，借贷仍然平衡。

④某项经济业务颠倒了记账方向，借贷仍然平衡。

⑤借方或贷方发生额中，偶然一多一少并相互抵消，借贷仍然平衡。

小思考：学习了试算平衡，你是否真正理解了它的原理呢？

【任务实施】

发生额及余额试算平衡表

单位：元

会计科目	期初余额		本期发生额		期末余额	
	借方	贷方	借方	贷方	借方	贷方
库存现金	1 000				1 000	
银行存款	49 000		200 000	120 000	129 000	
应收账款	80 000				80 000	
原材料	220 000		70 000		290 000	
固定资产	230 000		20 000	100 000	150 000	
短期借款		150 000	80 000			70 000
应付票据				50 000		50 000
应付账款		100 000	70 000	160 000		190 000
应付职工薪酬		30 000				30 000
应付利润		40 000	20 000			20 000
实收资本		180 000	190 000	280 000		270 000
资本公积		80 000	60 000			20 000
合计	580 000	580 000	710 000	710 000	650 000	650 000

试算平衡

试算平衡：知识点测试

习研堂

一、固化理论提素质（初级考点简答题）

1. 会计核算的方法主要包括哪些内容？
2. 什么是会计要素？包括哪些？
3. 什么是会计恒等式？
4. 什么是会计科目？会计科目是如何分类的？
5. 借贷记账法的基本原理和记账规则是什么？
6. 什么是会计分录？会计分录是如何分类的？
7. 为什么要进行试算平衡，基本原理是什么？

二、职场技能早养成（初级考点实务题）

1. 资料：嘉华公司2024年12月相关会计要素项目如下表所示。

会计要素相关项目表

单位：元

内容	资产金额	负债金额	所有者权益金额
1. 厂房一幢，价值 1 000 000 元			
2. 银行存款 100 000 元			
3. 库存原材料 10 吨，价值 350 000 元			
4. 尚未收回的货款 300 000 元			
5. 土地使用权价值 730 000 元			
6. 向银行借入三个月借款 700 000 元			
7. 投资者投入资本 1 600 000 元			
8. 以前年度未分配利润 200 000 元			
9. 库存甲产品 200 件价值 250 000 元			
10. 欠职工工资 70 000 元			
11. 应付福达公司货款 40 000 元			
12. 库存领用现金 2 000 元			
13. 应交税费 77 000 元			
14. 预收货款 50 000 元			
合计			

要求：根据所给资料，判断表中所列内容各属于哪一项会计要素，在相应栏目中填写数字并最后做出合计。

2.资料：三元公司2024年12月31日的资产、负债和所有者权益的状况如下表所示。

资产、负债及所有者权益状况表　　单位：元

资产	金额	负债及所有者权益	金额
库存现金	3 800	短期借款	38 000
银行存款	210 000	应付账款	25 000
应收账款	35 000	应交税费	1 000
原材料	60 200	长期借款	28 000
库存商品	200 000	实收资本	B
固定资产	A	资本公积	25 000
合计	720 000	合计	C

要求：

（1）表中的数据A、B、C分别是多少。

（2）计算该企业的流动资产总额。

（3）计算该企业的负债总额。

（4）计算该企业的所有者权益总额。

3.德众公司6月份部分账户资料如下表所示。

账户资料表　　单位：元

账户名称	期初余额	本期借方发生额	本期贷方发生额	期末余额
库存现金	1 800	2 400	（　　）	2 500
银行存款	（　　）	53 000	37 000	26 000
应收账款	16 000	（　　）	15 000	14 000
原材料	10 000	12 500	7 500	（　　）
库存商品	18 700	16 000	（　　）	15 600
短期借款	50 000	30 000	（　　）	40 000
应付账款	15 600	（　　）	7 400	13 400
实收资本	50 000	（　　）	40 000	70 000

要求：根据各类账户的结构，计算并填写上列表格中的空格。

【专业能力测评】

1.2　会计核算方法体系

考核项目		权重	考核内容及评分标准	考核得分		
				自我评价（50%）	小组评价（50%）	综合得分
专业技能	会计的六大要素	15	能够准确区分会计要素			
	会计等式	10	能够判断经济业务类型对会计等式的影响			
	会计科目与会计账户	15	能够正确进行会计科目归类，正确设置会计账户			
	借贷记账法与会计分录	10	能够运用借贷记账法正确编制会计分录			
	试算平衡	10	能够进行账户试算平衡			
	小计	60	—			
职业素养	组织纪律	20	服从组长安排，不做与项目无关的事情			
	沟通协作	10	按规定流程进行操作，进行有效沟通			
	工作态度	5	实训积极主动，认真负责			
	工作效率	5	有效利用工具，按时完成布置的工作任务			
	小计	40	—			
合计		100				

第二篇

岗位技能初养成

自研堂

风险管控——设计业务凭证

自研任务	以《企业会计准则》为纲领，设计原始凭证和记账凭证填制规范和审核标准
任务依据	2023 年 3 月，习近平总书记参加两会时明确指出，民营企业和民营企业家要筑牢依法合规经营底线。企业合规，是指企业经营管理行为和员工履职行为符合国家法律法规、监管规定、行业准则和国际条约、规则，以及公司章程、相关规章制度等要求 一家企业如果建立了较为健全的会计核算体系，包括严格的审计监督体系和财会制度，就能有效防范经营风险和法律风险。企业业务凭证包括原始凭证和记账凭证，原始凭证的填制、审核是企业财务核算的起点，记账凭证的填制与审核是财务核算的核心。所以，制定一套完善、合规、严谨的业务凭证使用和审核规范，是企业风险管控的重要环节，也是企业财务制度和内部控制制度的重要体现
任务解读	企业在经营过程中会面临诸多风险，法律风险和合规风险是尤其不可忽视的风险。一名合格的会计，需要严格遵守业务凭证的使用和审核规定，才能保证会计核算工作的效率和效果，防范错误和舞弊，规避法律和合规风险 为了培养规则意识和风险意识，培养谨慎的工作作风，本任务要求同学们以《企业会计准则》为纲领，制定原始凭证和记账凭证填制和审核的规范性文件，培养正确地填制和审核会计凭证的能力 文件内容包括原始凭证取得和填制的规范；原始凭证审核流程；记账凭证种类的设计；记账凭证填制规范；记账凭证审核流程；会计凭证传递与保管的规定
任务成果	各小组根据自己公司的业务，提交一份业务凭证使用和审核标准的规范性文件

学研堂

2.1 会计凭证

学习目标

素质目标

➢ 培养恪尽职守的操作意识，树立正确的财务责任感。
➢ 培养细致严谨的工作态度，养成敏感的风险防控观。
➢ 培养数智结合的逻辑思维，养成有效的信息整合力。

知识目标

➢ 了解会计凭证的定义、法律意义及分类。
➢ 掌握常用原始凭证的填制方法，熟悉审核方法。
➢ 掌握记账凭证的填制，熟悉审核方法。
➢ 了解凭证传递与保管的规定。

能力目标

➢ 根据业务类型快速匹配对应的凭证类别。
➢ 会填制常见业务的原始凭证。
➢ 会编制收、付、转三类记账凭证并确保借贷平衡。
➢ 能够执行档案室日常管理规范及应急处理措施。

知识导图

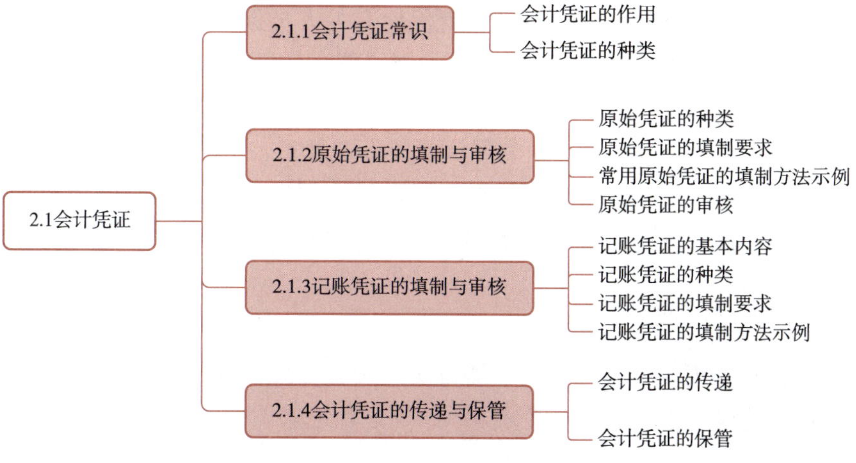

2.1.1 会计凭证常识

会计凭证是记录经济业务事项的发生和完成情况，明确经济责任，并作为记账依据的书面证明。会计工作有一个重要特点，就是重凭证，一切款项物资的收付和账务处理都要以凭证为依据。

任何一个企业、单位，对所发生的每一项经济业务事项都必须按照规定的程序和要求，由经办人员填制或取得会计凭证，以此证明经济业务的发生或完成情况。会计凭证须载明经济业务的内容、数量、金额，并签名盖章，有的还要加盖公章，以明确对该项经济业务的真实性、完整性所负的责任。会计凭证记载内容和格式，必须符合国家统一的会计制度的规定。一切会计凭证都应经过专人进行严格的审核，只有经过审核无误的凭证，才能作为记账的依据。任何单位和个人不得伪造、变造会计凭证。使用计算机进行会计核算的企业，其软件生成的会计凭证也必须符合国家统一的会计制度的规定。

一、会计凭证的作用

会计凭证的填制和审核是会计核算的基础工作和关键环节。做好会计凭证的填制、取得和审核工作，对提高会计核算质量和管理水平，具有以下重要的作用。

1. 提供经济活动的原始资料及详细的会计信息

任何一项经济业务事项的发生都要填制或取得会计凭证，将经济业务事项如实记录下来。会计凭证详细记录了经济业务事项发生的具体内容，使其成为反映经济业务事项内容的原始资料。通过对会计凭证中的原始资料进行整理，可以获取详细的会计信息。

2. 为记账提供依据，传递会计信息

每一项经济业务事项发生时，都必须按规定及时填制和取得会计凭证，对经济业务事项的发生时间、地点、内容及完成情况进行记录，必须经过严格审核，保证记录的客观性、真实性和正确性，据以作为记账的依据。通过会计凭证的传递，为会计分析和会计检查提供信息资料。

3. 可以明确经济责任，加强经济责任制

会计凭证不仅可以反映经济业务事项的内容，而且有关经办人员及责任人都要在凭证上签字或盖章，以明确其经济责任。这样就促使有关人员提高责任感，按规章制度办事，一旦发现问题，便于追查和承担责任，从而加强经济责任制。

4. 可以发挥会计的监督作用，保护财产安全完整

通过审核会计凭证可以检查发生的经济业务是否真实、正确、合理、合法，有无违纪和铺张浪费现象，以便加强会计监督，及时发现经营管理及会计核算工作中存在的问题，有效地加以纠正和改进，保证企业经济活动的良性发展，保护财产的安全完整。

二、会计凭证的种类

会计凭证的种类很多，最基本的分类方法是按会计凭证的填制程序和用途进行分类。会计凭证按其编制程序和用途不同可分为原始凭证和记账凭证两大类。

1. 原始凭证

原始凭证是在经济业务发生或完成时由相关人员取得或填制的，用以记录或证明经济业务发生或完成情况并明确有关经济责任的一种原始凭据。任何经济业务发生都必须填制和取得原始凭证，原始凭证是会计核算的原始依据。例如：业务人员出差所取得的车票、住宿发票、报销单，采购商品取得的采购发票，销售商品开具的销售发票，出、入库单，领料单等。

2. 记账凭证

记账凭证，又称传票，是以原始凭证为依据编制，记载经济业务简要内容，确定会计分录，登记账簿的直接依据。

小思考：请从内部控制的角度谈一谈会计凭证为什么要分成原始凭证和记账凭证？

会计凭证常识：
知识点测试

2.1.2　原始凭证的填制与审核

【岗位任务】

职场情景	小张是大数据与会计专业的毕业生，毕业后应聘到益农智创生物科技有限公司担任出纳职务。某天，收到业务员送交的空白银行汇票一张，金额是925 000.00元，小张在填写大写金额时将其中的“贰”字多写了一横，变成了三横，小张在发现写错后，将其中的两横改成了一横，然后送到银行进账收款。银行告知小张送交的银行汇票由于涂改，不能进账收款，需要出具单位重新开具。最终，只能由业务员到出具此银行汇票的单位重新办理。此项错误不仅导致公司多支付差旅费用，而且业务员当月的奖金也未能按时收到。由此可见，原始凭证的填写和审核在财务工作中的重要性
岗位任务	1. 原始凭证是如何分类的 2. 填制原始凭证时的基本要求有哪些 3. 数字和货币符号的书写要符合哪些要求

【知识准备】

企业发生的经济业务纷繁复杂，反映其具体内容的原始凭证也品种繁多。虽然原始凭证反映经济业务的内容不同，但无论哪一种原始凭证，都应该说明有关经济业务的执行和完成情况，都应该明确有关经办人员和经办单位的经济责任。因此，各种原始凭证，尽管名称和格式不同，但都应该具备一些共同的基本内容。原始凭证必须具备以下基本内容。

（1）原始凭证的名称，如：增值税发票、支票、领料单等即是原始凭证的名称。

（2）填制原始凭证的日期和凭证编号。

（3）接收凭证的单位名称。

（4）经济业务内容，如品名、数量、单价、大小写金额。

（5）填制原始凭证的单位名称和填制人姓名。

（6）经办人员的签名或盖章。

由于经济合同和经营预算不能证明经济业务是否发生或完成，因此二者不属于原始凭证。

一、原始凭证的种类

为了更好地认识和利用原始凭证，须按照一定标准对原始凭证进行分类。

（一）原始凭证按其来源不同分类

按原始凭证的来源不同可以将其分为外来原始凭证和自制原始凭证两种。

外来原始凭证是在经济业务活动发生或完成时，从其他单位或个人处直接取得的原始凭证。如：增值税专用发票、普通发票、铁路运输部门的火车票、由银行转来的结算凭证和对外支付款项时取得的收据等。

自制原始凭证是指本单位内部具体经办业务的部门和人员，在执行或完成某项经济业务时所填制的原始凭证。如：领料单、入库单、销货发票、差旅费报销单等。

（二）原始凭证按其填制方法不同分类

原始凭证按其填制方法不同分类，可以分为一次凭证、累计凭证和汇总凭证三种。

一次凭证是指一次填制完成的原始凭证。它反映一笔经济业务或同时反映若干同类经济业务的内容。外来原始凭证一般均属一次凭证，自制原始凭证中大多数也是一次凭证，日常的原始凭证多属此类。如：现金收据、发票和收料单等。

累计凭证是指在一张凭证上连续登记一定时期内不断重复发生的若干同类经济业务，直到期末才能填制完毕的原始凭证。累计凭证可以连续登记相同性质的经济业务，随时计算出累计数及结余数，期末按实际发生额记账。如：费用限额卡、限额领料单等。限额领料单的一般格式如表2–1–1所示。

表2-1-1　　限额领料单

领料部门：二车间　　　　发料仓库：4

用途：生产　　　　2025年4月3日　　　　编号：012

材料编号	材料名称	规格	计量单位	领用限额	单价	全月实用	
						数量	金额
101	玉米	糯玉米	千克	1 000	1元	950	950
领料日期	请领数量	实发数量	领料人签章		发料人签章	限额结余	
4	200	200	张小		李九	800	
9	300	300	张小		李九	500	
15	200	200	张小		李九	300	
23	100	100	张小		李九	200	
27	150	150	张小		李九	50	
合计	950	950					

供应部门负责人：　　　　生产部门负责人：　　　　仓库管理员：

汇总凭证，也称原始凭证汇总表，是根据许多同类经济业务的原始凭证或会计核算资料定期加以汇总而重新编制的原始凭证。如：发出材料汇总表、差旅费报销单等。发出材料汇总表的格式如表2-1-2所示。

表2-1-2　　发出材料汇总表

年　　月　　日

会计科目		领料部门	原材料	燃料	合计
生产成本	基本生产车间	一车间			
		二车间			
		小计			
	辅助生产车间	供电车间			
		供气车间			
		小计			
制造费用		一车间			
		二车间			
		小计			
管理费用		行政部门			
合计					

财会负责人：　　　　复核：　　　　制表：

（三）原始凭证按其格式不同分类

原始凭证按其格式不同分类，可以分为通用凭证和专用凭证两种。

通用凭证是指全国或某一地区、某一部门统一格式的原始凭证。如由银行统一印制的结算凭证、税务部门统一印制的发票等。

专用凭证是指一些单位具有特定内容、格式和专门用途的原始凭证。如高速公路通过费收据、养路费缴款单等。

小思考：请到超市购买商品后到财务处索取一张发票，在发票上标注原始凭证的各项内容，并从原始凭证的三个分类角度，指出这张发票属于哪一类？

二、原始凭证的填制要求

原始凭证是具有法律效力的证明文件，是进行会计核算的依据，各项原始凭证要素应按规定方法填写齐全，办妥签章手续，明确经济责任。

为了保证原始凭证能清晰地反映各项经济业务的真实情况，原始凭证的填制必须符合以下要求。

1. 记录真实

原始凭证上填制的日期、经济业务内容和数字必须是经济业务发生或完成的实际情况，不得弄虚作假，不得以匡算数或估计数填入，不得涂改、挖补。

2. 内容完整

原始凭证中应该填写的项目要逐项填写，不可缺漏；名称要写全，不要简化；品名和用途要填写明确，不能含糊不清；有关部门和人员的签名和盖章必须齐全。

3. 手续完备

单位自制的原始凭证必须有经办业务的部门和人员签名盖章；对外开出的凭证必须加盖本单位的公章或财务专用章；从外部取得的原始凭证必须有填制单位公章或财务专用章。总之，取得的原始凭证必须符合手续完备的要求，以明确经济责任，确保凭证的合法性、真实性。

4. 填制及时

所有业务的有关部门和人员，在经济业务实际发生或完成时，必须及时填写原始凭证，做到不拖延、不积压，不事后补填，并按规定的程序审核。

5. 编号连续

原始凭证要顺序连续或分类编号，在填制时要按照编号的顺序使用，跳号的凭证要加盖“作废”戳记，连同存根一起保管，不得撕毁。

6. 书写规范

原始凭证中的文字、数字的书写要清晰、工整、规范，做到字迹端正、易于辨认，不草、不乱、不造字。大小写金额要一致。复写的凭证要不串行、不串格，不模糊，一式几联的原始凭证，应当注明各联的用途。数字和货币符号的书写要符合下列要求。

（1）数字要一个一个地写，不得连笔写。特别是在要连写几个“0”时，也一定要单个地写，不能将几个“0”连在一起一笔写完。数字排列要整齐，数字之间的空隔要均匀，不宜过大。此外阿拉伯数字的书写还应有高度的标准，一般要求数字的高度占凭证横格的1/2为宜。书写时还要注意紧靠横格底线，使上方能有一定的空位，以便需要进行更正时可以再次书写。

（2）阿拉伯数字前面应该书写货币币种或者货币名称简写和币种符号。币种符号与阿拉伯数字之间不得留有空白。凡阿拉伯金额数字前写有货币币种符号的，数字后面不再写货币单位。所有以元为单位（其他货币种类为货币基本单位，下同）的阿拉伯数字，除表示单价等情况外，一律填写到角分；无角分的，角位和分位写“00”或者符号“—”；有角无分的，分位应当写“0”，不得用符号“—”代替。在发票等须填写大写金额数字的原始凭证上，如果大写金额数字前未印有货币名称，应当加填货币名称，然后在其后紧接着填写大写金额数字，货币名称和金额数字之间不得留有空白。

（3）汉字填写金额如零、壹、贰、叁、肆、伍、陆、柒、捌、玖、拾、佰、仟、万、亿等，应一律用正楷或行书体填写，不得用〇、一、二、三、四、五、六、七、八、九、十等简化字代替。不得任意自造简化字。大写金额数字到元或角为止的，在“元”或“角”之后应当写“整”或“正”字。阿拉伯金额数字之间有“0”时，汉字大写金额应写“零”字；阿拉伯金额数字中间连续有几个“0”时，大写金额中可以只有一个“零”字；阿拉伯金额数字元位为“0”或者数字中间连续有几个“0”，元位也是“0”，但角位不是“0”时，汉字大写金额可以只写一个“零”字，也可以不写“零”字。

三、常用原始凭证的填制方法示例

（一）支票的填制示例

支票一般分为现金支票和转账支票，二者的填制方法相同，转账支票的填制示例如图2-1-1所示。

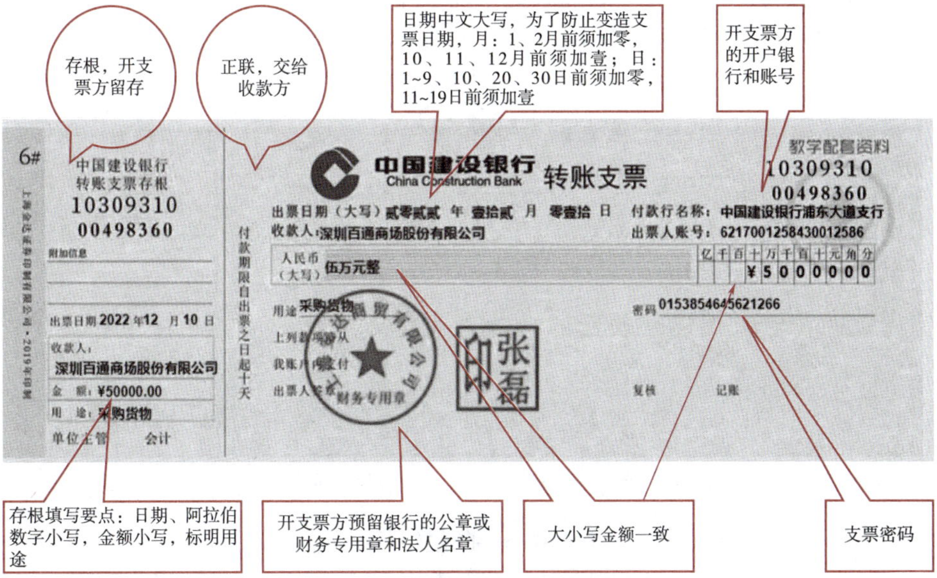

图2-1-1　转账支票填制示例

（二）增值税专用发票的填制示例

增值税专用发票使用税务专用开票软件在计算机中填制，并用打印机打印。增值税专用发票的样式和填制项目如图2–1–2所示。

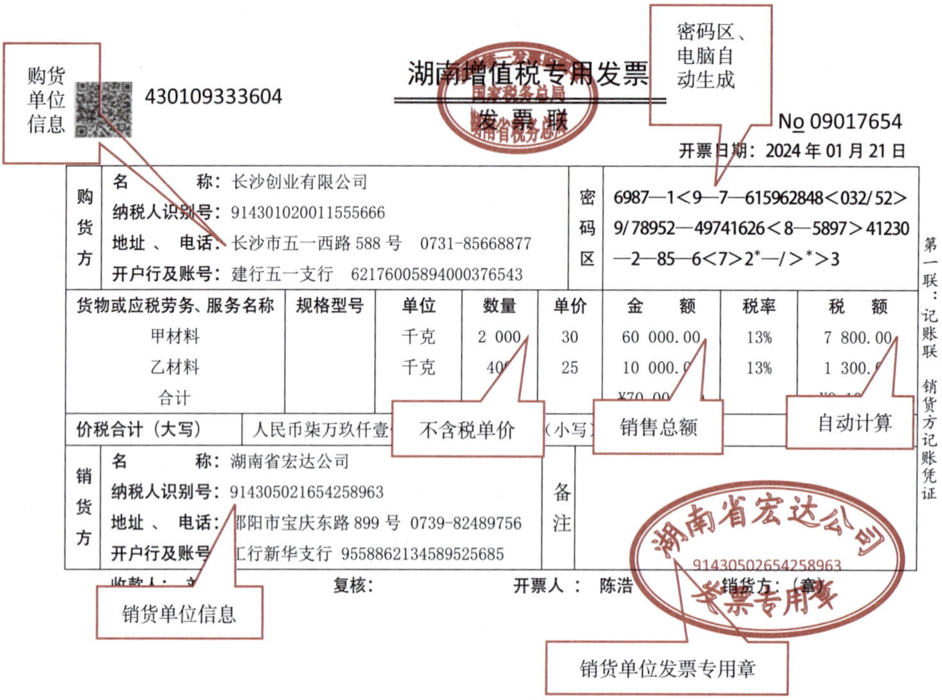

图2–1–2 增值税专用发票填制示例

（三）收据的填制示例

在办理经济业务时经常涉及现金收付，此时要开具收据，各企业的收据格式不统一，基本样式和填列项目如图2–1–3所示。

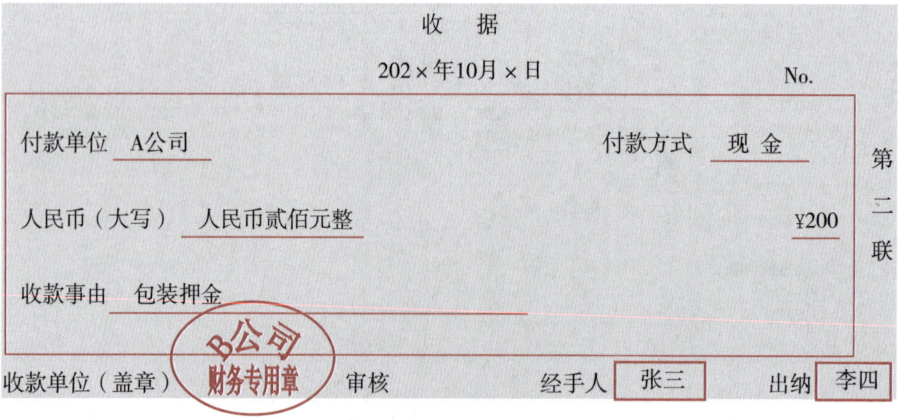

图2–1–3 收据填制示例

注：在办理业务交款时，收到的收据一定要检查是否加盖收款单位的财务专用章或公章。

（四）领料单填制示例

领料单各企业的格式不统一，基本样式和填制示例如图2-1-4所示。

领　料　单

领料单位：第一车间　　　　202×年2月3日　　　　凭证编号：0010

用　途：生产A产品　　　　　　　　　　　　　　仓　库：2号

材料类别	材料编号	材料名称	规格	计量单位	数量		单价	金额
					请领	实领		
型钢	0345	圆钢	25mm	公斤	1 500	1 500	4.40	6 600
型钢	0348	圆钢	10mm	公斤	1 000	1 000	4.40	4 400
合计					2 500	2 500	4.40	11 000

发料 姜同　　领料 王立　　领料单位负责人 刘宁　　记账 赵东

图2-1-4　领料单基本样式和填制示例

小思考：支票在填写3~9月时是否需要前面加零？

四、原始凭证的审核

为了正确反映和监督各项经济业务，财务部门对取得的原始凭证必须进行严格审核和核对，保证核算资料的真实、合法、完整。只有经过审查无误的凭证，方可作为编制记账凭证和登记账簿的依据。原始凭证的审核是会计监督工作的一个重要环节，一般应从以下两方面进行。

（1）审查原始凭证所反映经济业务的合理性、合法性和真实性。这种审查是以有关政策、法规、制度和计划合同等为依据，审查凭证所记录的经济业务是否符合有关规定，有无贪污盗窃、虚报冒领、伪造凭证等违法乱纪现象，有无不讲经济效益、违反计划和标准的要求等。对于不合理、不合法及不真实的原始凭证，财会人员应拒绝受理。如发现伪造或涂改凭证弄虚作假、虚报冒领等不法行为，除拒绝办理外，还应立即报告有关部门，提请严肃处理。

（2）审核原始凭证的填制是否符合规定的要求。首先审查所用的凭证格式是否符合规定，凭证的要素是否齐全，是否有经办单位和经办人员签章；其次审查凭证上的数字是否完整，大、小写是否一致；最后审查凭证上数字和文字是否有涂改、污损等不符合规定之处。如果通过审查发现凭证不符合上述要求，那么凭证本身就失去作为记账依据的资格，会计部门应把那些不符合规定的凭证退还给原编制凭证的单位或个人，要求重新补办手续。

原始凭证的审核是一项很细致而且十分严肃的工作。要做好原始凭证的审核，充分发挥会计监督的作用，会计人员应该做到精通会计业务；熟悉有关的政策、法令和各项财务规章制度；对本单位的生产经营活动有深入的了解；同时还要求会计人员具有维护国家法令、制度和本单位财务管理的高度责任感，敢于坚持原则，才能在审核原始凭证时正确掌握标准，及时发现问题。

原始凭证经过审核后，对于符合要求的原始凭证，及时编制记账凭证并登记账簿；并对于手续不完备、内容记载不全或数字计算不正确的原始凭证，应退回有关经办部门或人员补办手续或更正；对于伪造、涂改或经济业务不合法的凭证，应拒绝受理，并向本单位领导汇报，提出拒绝执行的意见；对于弄虚作假、营私舞弊、伪造涂改凭证等违法乱纪行为，必须及时揭露并严肃处理。

小思考：假设你的家庭就是一个公司，你同时兼任采购部主管和财务部的会计，你在学校采购的是知识，请将你交学费的发票、往返路费车票、日常购买商品的票据，从会计核算的角度进行会计分录的编制，你会编写吗？

【任务实施】

岗位任务	任务解析
1. 原始凭证是如何分类的	原始凭证可以从三个角度分类，按其来源不同，可以分为外来原始凭证和自制原始凭证两种。按其填制方法不同，可以分为一次凭证、累计凭证和汇总凭证三种。按其格式不同，可以分为通用凭证和专用凭证两种
2. 填制原始凭证时的基本要求有哪些	原始凭证填制的基本要求是记录真实、内容完整、手续完备、填制及时、编号连续、书写规范
3. 数字和货币符号的书写要符合哪些要求	数字和货币符号的书写要符合下列要求：①数字要一个一个地写，不得连笔写。②阿拉伯数字前面应该书写货币币种或者货币名称简写和币种符号。③汉字填写金额应一律用正楷或行书体填写，大写金额数字到元或角为止的，在“元”或“角”之后应当写“整”或“正”字

填制和审核
原始凭证

原始凭证的填制与审核：
知识点测试

2.1.3 记账凭证的填制与审核

【岗位任务】

职场情景	益农智创生物科技有限公司2025年1月发生了如下类型的业务，从银行提取现金10 000元支付临时劳务人员报酬，将收货款8 000元存入银行，用转账支票一揽子购入了办公用打印纸1 000元，销售部门用打印纸1 000元，车间生产包装用纸袋2 000元，卫生劳保用品1 500元，生产用面粉5 000元，豆油1 000元。公司采用会计软件记账，会计软件显示的会计凭证每页只有四行。公司记账凭证采用收、付、转格式
岗位任务	1. 从银行提取现金和将现金存入银行应编制何种类型记账凭证 2. 记账凭证应按月编号还是按年编号 3. 公司一揽子购入资产需要填制两张或两张以上记账凭证的，应如何编号

【知识准备】

记账凭证是会计人员根据审核后的原始凭证进行归类、整理，并确定会计分录而编制的会计凭证，是登记账簿的依据。由于原始凭证只表明经济业务的内容，而且种类繁多、数量庞大、格式不一，因而不能直接记账。为了做到分类反映经济业务的内容，必须按会计核算方法的要求，将其归类、整理、编制记账凭证，标明经济业务应记入的账户名称及应借应贷的金额，作为记账的直接依据。

一、记账凭证的基本内容

（1）记账凭证的名称。

（2）填制凭证的日期、凭证编号。

（3）经济业务的内容摘要。

（4）经济业务应记入账户的名称、记账方向和金额。

（5）所附原始凭证的张数和其他附件资料。

（6）会计主管、记账、复核、出纳、制单等有关人员签名或盖章。

原始凭证和记账凭证同属于会计凭证，两者之间既有联系又有区别。二者的联系是：原始凭证是记账凭证的基础，记账凭证是根据原始凭证编制的，两者反映的内容一致；在实际工作中，原始凭证附在记账凭证后面，作为记账凭证的附件，记账凭证是对原始凭证内容的概括和说明；两者都是登记账簿的依据。二者的区别是：原始凭证是由经办业务的有关人员填制或取得的，而记账凭证一律由会计人员填制；原始凭证是一种证据，具有法律效力，而记账凭证不具有法律效力，只能作为登记账簿的一种直接依据；原始凭证是根据经济业务的发生或完成情况填制的，其格式多种多样，错综复杂，而记账凭证是按会计核算方法的要求填制的，其格式基本统一；原始凭证仅用以记录证明经济业务已经发生或完成，不能载明会计分录，而记账凭证记录会计分录的全部内容。

二、记账凭证的种类

由于会计凭证记录和反映的经济业务多种多样，因此，记账凭证也是多种多样的。记账凭证按不同的标志，可以分为不同的种类。

（一）按其反映的经济内容不同分类

记账凭证按其反映的经济内容不同可分为收款凭证、付款凭证和转账凭证三种。

1. 收款凭证

收款凭证是指专门用于记录现金和银行存款收款业务的会计凭证，收款凭证是出纳人员收讫款项的依据，也是登记总账、现金日记账和银行存款日记账以及有关明细账的依据，一般按现金和银行存款分别编制。收款凭证基本格式如图2-1-5所示。

收 款 凭 证

借方科目：　　　　年　月　日　　　　字第　号

摘要	贷方科目		贷方金额											记账√
	总账科目	明细科目	亿	千	百	十	万	千	百	十	元	角	分	
合　计														

附单据　张

会计主管：　记账：　出纳：　复核：　制单：

图2-1-5　收款凭证

2. 付款凭证

付款凭证是指专门用于记录现金和银行存款付款业务的会计凭证。付款凭证是出纳人员支付款项的依据，也是登记总账、现金日记账和银行存款日记账以及有关明细账的依据，一般按现金和银行存款分别编制。付款凭证基本格式如图2-1-6所示。

付 款 凭 证

贷方科目：　　　　年　月　日　　　　字第　号

摘要	借方科目		金额											记账√
	总账科目	明细科目	亿	千	百	十	万	千	百	十	元	角	分	
合　计														

附单据　张

会计主管：　记账：　出纳：　复核：　制单：

图2-1-6　付款凭证

3. 转账凭证

转账凭证是指专门用于记录不涉及现金和银行存款收付款业务的会计凭证。它是登记总账和有关明细账的依据。转账凭证格式如图2–1–7所示。

转　账　凭　证

年　　月　　日　　　　　　　　　　　　　　字第　　号

摘要	科目		借方金额											贷方金额											
	总账科目	明细科目	亿	千	百	十	万	千	百	十	元	角	分	亿	千	百	十	万	千	百	十	元	角	分	
合　计																									

附单据　张

会计主管：　　　　记账：　　　　复核：　　　　制单：

图2–1–7　转账凭证

收款凭证、付款凭证和转账凭证分别用以记录现金、银行存款收款业务、付款业务和转账业务（与现金、银行存款收支无关的业务），为了便于识别，各种凭证印制成不同的颜色。在实务中，对于现金和银行存款之间的收付款业务，为了避免记账重复，一般只编制付款凭证，不编制收款凭证。

（二）按其填制方式不同分类

记账凭证按其填制方式不同可分为单式记账凭证和复式记账凭证两种。

1. 单式记账凭证

单式记账凭证是在每张凭证上只填列经济业务事项所涉及的一个会计科目及其金额的记账凭证。目前基本不使用此种凭证。

2. 复式记账凭证

复式记账凭证是指将每一笔经济业务事项所涉及的全部会计科目及其发生额均在同一张凭证中反映的一种记账凭证，即一张记账凭证上登记一项经济业务所涉及的两个或者两个以上的会计科目，既有“借方”，又有“贷方”。复式记账凭证的优点是可以集中反映账户的对应关系，有利于了解经济业务的全貌；同时还可以减少凭证的数量，减轻编制记账凭证的工作量，便于检验会计分录的正确性。复式记账凭证的缺点是不便于汇总计算每一会计科目的发生额和进行分工记账。在实际工作中，普遍使用的是复式记账凭证。上述介绍的收款凭证、付款凭证、转账凭证都是复式记账凭证。

（三）按汇总方法不同分类

记账凭证按汇总方法不同可分为分类汇总凭证和全部汇总凭证两种。

1.分类汇总凭证

分类汇总凭证是指定期按现金、银行存款及转账业务进行分类汇总，也可以按科目进行汇总。如可以将一定时期的收款凭证、付款凭证、转账凭证分别汇总，编制汇总收款凭证、汇总付款凭证、汇总转账凭证。

2.全部汇总凭证

全部汇总凭证是指将单位一定时期内编制的会计分录，全部汇总在一张记账凭证上。将一定时期的所有记账凭证按相同会计科目的借方和贷方分别汇总，编制记账凭证汇总表（或称科目汇总表）。

汇总凭证是将许多同类记账凭证逐日或定期（3天、5天、10天等）加以汇总后编制的记账凭证，有利于简化总分类账的登记工作。

收款凭证、付款凭证和转账凭证，称为专用记账凭证。实际工作中，货币资金的管理是财会人员的一项重要工作。为了单独反映货币资金收付情况，在货币资金收付业务量较多的单位，往往对货币资金的收付业务编制专用的收、付款凭证。有些经济业务简单或收、付款业务不多的单位，可以使用一种通用格式的记账凭证。这种通用格式的记账凭证既可用于收、付款业务，又可用于转账业务，所以称为通用记账凭证。通用记账凭证的基本格式与转账凭证的样式相同。

三、记账凭证的填制要求

填制记账凭证是为了便于登记账簿，保证账簿记录的正确性，填制记账凭证应符合以下要求。

1.依据真实

除结账和更正错误外，记账凭证应根据审核无误的原始凭证及有关资料填制，记账凭证必须附有原始凭证并如实填写所附原始凭证的张数。记账凭证所附原始凭证张数的计算一般应以原始凭证的自然张数为准。如果记账凭证中附有原始凭证汇总表，则应该把所附的原始凭证和原始凭证汇总表的张数一起计入附件的张数之内。但报销差旅费等零散票券，可以粘贴在一张纸上，作为一张原始凭证。一张原始凭证如果涉及几张记账凭证的，可以将原始凭证附在一张主要的记账凭证后面，在该主要记账凭证摘要栏注明“本凭证附件包括 × × 号记账凭证业务”字样，并在其他记账凭证上注明该主要记账凭证的编号或者附上该原始凭证的复印件，以便复核查阅。如果一张原始凭证所列的支出需要由两个以上的单位共同负担时，应当由保存该原始凭证的单位开给其他应负担单位原始凭证分割单，原始凭证分割单必须具备原始凭证的基本内容，并可作为填制记账凭证的依据，计算在所附原始凭证张数之内。

2.内容完整

记账凭证应具备的内容都要具备，要按照记账凭证上所列项目逐一填写清楚，有关人员的签名或者盖章要齐全不可缺漏。如有以自制的原始凭证或者原始凭证汇总表代替记账凭证使用的，也必须具备记账凭证应有的内容。金额栏数字的填写必须规范、准确，与所附原始凭证的金额相符。金额登记方向、数字必须正确，角分位不留空格。

3. 分类正确

填制记账凭证，要根据经济业务的内容，区别不同类型的原始凭证，正确应用会计科目和记账凭证。记账凭证可以根据每一张原始凭证填制，或者根据若干张同类原始凭证汇总填制，也可以根据原始凭证汇总表填制，但不得将不同内容或类别的原始凭证汇总填制在一张记账凭证上，会计科目要保持正确的对应关系。一般情况下，现金或银行存款的收、付款业务，应使用收款凭证或付款凭证；不涉及现金和银行存款收付的业务，如将现金送存银行，或者从银行提取现金，应以付款业务为主，只填制付款凭证而不填制收款凭证，以避免重复记账。在一笔经济业务中，如果既涉及现金或银行存款收、付，又涉及转账业务，则应分别填制收款或付款凭证和转账凭证。例如，单位职工出差归来报销差旅费并交回剩余现金时，就应根据有关原始凭证按实际报销的金额填制一张转账凭证，同时按收回的现金数额填制一张收款凭证。各种记账凭证的使用格式应相对稳定，特别是在同一会计年度内，不宜随意更换，以免引起编号、装订、保管方面的不便与混乱。

4. 日期正确

记账凭证的填制日期一般应填制记账凭证当天的日期，不能提前或拖后；按权责发生制原则计算收益、分配费用、结转成本利润等调整分录和结账分录的记账凭证，虽然需要到下月才能填制，但为了便于在当月的账内进行登记，仍应填写当月月末的日期。

5. 连续编号

为了分清会计事项处理的先后顺序，以便记账凭证与会计账簿之间的核对，确保记账凭证完整无缺，填制记账凭证时，应当对记账凭证连续编号。记账凭证编号的方法有多种：一种是将全部记账凭证作为一类统一编号；另一种是分别按现金和银行存款收入业务、现金和银行付出业务、转账业务三类进行编号，这样记账凭证的编号应分为收字第 × 号、付字第 × 号、转字第 × 号；还有一种是分别按现金收入、现金支出、银行存款收入、银行存款支出和转账业务五类进行编号，这种情况下，记账凭证的编号应分为现收字第 × 号、现付字第 × 号、银收字第 × 号、银付字第 × 号和转字第 × 号，或者将转账业务按照具体内容再分成几类编号。各单位应当根据本单位业务繁简程度、会计人员多寡和分工情况来选择便于记账、查账、内部稽核、简单严密的编号方法。无论采用哪一种编号方法，都应该按月顺序编号，即每月都从1号编起，按自然数1、2、3、4、5……顺序编至月末，不得跳号、重号。一笔经济业务需要填制两张或两张以上记账凭证的，可以采用分数编号法进行编号，例如有一笔经济业务需要填制三张记账凭证，凭证顺序号为7，就可以编成$7\frac{1}{3}$、$7\frac{2}{3}$、$7\frac{3}{3}$，前面的数表示凭证顺序，后面分数的分母表示该号凭证共有三张，分子表示三张凭证中的第一张、第二张、第三张。

6. 简明扼要

记账凭证的摘要栏是填写经济业务简要说明的，摘要应与原始凭证内容一致，能正确反映经济业务的主要内容，既要防止简而不明，又要防止过于烦琐。应能使阅读者通过摘要就能了解该项经济业务的性质、特征，判断出会计分录的正确与否，一般不需要再去翻阅原始凭证或询问有关人员。

7.分录正确

会计分录是记账凭证中重要的组成部分，在记账凭证中，要正确编制会计分录并保持借贷平衡，就必须根据国家统一会计制度的规定和经济业务的内容，正确使用会计科目，不得任意简化或改动。应填写会计科目的名称，或者同时填写会计科目的名称和会计科目编号，不应只填编号，不填会计名称。应填明总账科目和明细科目，以便于登记总账和明细分类账。会计科目的对应关系要填写清楚，应先借后贷，一般填制一借一贷，一借多贷或者多借一贷的会计分录。但如果某项经济业务本身就需要编制一个多借多贷的会计分录时，也可以填制多借多贷的会计分录，以集中反映该项经济业务的全过程。填入金额数字后，要在记账凭证的合计行计算填写合计金额。记账凭证中借、贷方的金额必须相等，合计数必须计算正确。

8.空行注销

填制记账凭证时，应按行次逐行填写，不得跳行或留有空行。记账凭证填完经济业务后，如有空行，应当在金额栏自最后一笔金额数字下的空行至合计数上的空行处划斜线或“～”行线注销。

9.填错更改

填制记账凭证时如果发生错误，应当重新填制。已经登记入账的记账凭证在当年内发生错误的，如果是使用的会计科目或记账凭证方向有错误，可以用红字金额填制一张与原始凭证内容相同的记账凭证，在摘要栏注明“注销某月某日某号凭证”字样，同时再用蓝字重新填制一张正确的记账凭证，在摘要栏注明“更正某月某日某号凭证”字样；如果会计科目和记账方向都没有错误，只是金额错误，可以按正确数字和错误数字之间的差额，另编一张调整的记账凭证，调增金额用蓝数字，调减金额用红数字。发现以前年度的金额有错误时，应当用蓝字填制一张更正的记账凭证。

记账凭证中，文字、数字和货币符号的书写要求与原始凭证相同。实行会计电算化的单位，其机制记账凭证应当符合对记账凭证的基本要求，打印出来的机制凭证上，要加盖制单人员、审核人员、记账人员和会计主管人员印章或者签字，以明确责任。

小思考：某企业销售一批商品，此笔经济业务需要填制销售的会计分录和结转成本的会计分录，这笔业务的记账凭证是分别编制还是合并编制？可以采用分数编号法进行编号吗？

四、记账凭证的填制方法示例

（一）收款凭证的填制

收款凭证是根据审核无误的现金和银行存款收款业务的原始凭证编制的。

收款凭证左上角的“借方科目”，按收款的性质填写“库存现金”或者“银行存款”。

日期填写的是编制本凭证的日期；右上角填写编制收款凭证顺序号；“摘要栏”简明扼要地填写经济业务的内容梗概；“贷方科目”栏内填写与收入“库存现金”或“银行存款”科目相对应的总账科目及所属明细科目；“金额”栏内填写实际收到的现金或银行存款的数额，各总账科目与所属明细科目的应贷金额，应分别填写与总账科目或明细科目同一行的“总账科目”或“明细科目”金额栏内；“金额”栏的合计数，只合计“总账科目”金额，表示借方科目“库存现金”或“银行存款”的金额；“记账”栏供记账人员在根据收款凭证登记有关账簿后作记号用，表示已经记账，防止经济业务事项的重记或漏记；该凭证右边“附件张”根据所附原始凭证的张数填写；凭证最下方有关人员签章处供有关人员在履行了责任后签名或签章，以明确经济责任。

【例2-1-1】2025年3月2日，益农智创生物科技有限公司收到星星工厂交来转账支票一张，计20 000元，归还前欠货款，收到支票并已送存银行。（银行进账回单一张），填制样例如图2-1-8所示。

收 款 凭 证

借方科目：银行存款　　　　2025年3月2日　　　　银收字第1号

摘要	贷方科目		金额												记账
	总账科目	明细科目	亿	千	百	十	万	千	百	十	元	角	分	√
收欠货款	应收账款	星星工厂					2	0	0	0	0	0	0	
合　计						¥	2	0	0	0	0	0	0	

附单据 1 张

会计主管：　　记账：　　出纳：　　复核：　　制单：李召

图2-1-8　收款凭证填制样例

（二）付款凭证的填制

付款凭证是根据审核无误的现金和银行付款业务的原始凭证编制的。付款凭证的左上角“贷方科目”，应填列“库存现金”或者“银行存款”，“借方科目”栏应填写与“库存现金”或“银行存款”科目相对应的总账科目及所属的明细科目。其余各部分的填制方法与收款凭证基本相同，不再述及。

【例2-1-2】2025年4月20日，益农智创生物科技有限公司用转账支票一张支付前欠长江公司购货款，计117 000元。（支票存根一张，本月银付第2号付款凭证 ），填制样例见图2-1-9。

付 款 凭 证

贷方科目：银行存款　　2025年4月20日　　银付字第2号

摘要	借方科目		金额											记账
	总账科目	明细科目	亿	千	百	十	万	千	百	十	元	角	分	√
支付购货款	应付账款	长江公司				1	1	7	0	0	0	0	0	
合　计					¥	1	1	7	0	0	0	0	0	

附单据1张

会计主管：　记账：　出纳：　复核：　制单：李如

图2-1-9　付款凭证填制样例

（三）转账凭证的填制

转账凭证是根据审核无误的不涉及现金和银行存款收付的转账业务的原始凭证编制的。转账凭证的“会计科目”栏应按照先借后贷的顺序分别填写应借应贷的总账科目及所属的明细科目；借方总账科目及所属明细科目的应记金额，应在与科目同一行的“借方金额”栏内相应栏次填写，贷方总账科目及所属明细科目的应记金额，应在与科目同一行的“贷方金额”栏内相应栏次填写；“合计”行只合计借方总账科目金额和贷方总账科目金额，借方总账科目金额合计数与贷方总账金额合计数应相等。

【例2-1-3】2025年5月20日，益农智创生物科技有限公司摊销报刊订阅费。本月份生产车间应分摊报刊费200元，企业管理部门应分摊报刊费320元。（报刊摊销计算表一张，本月转账凭证第40号），填制样例见图2-1-10。

转 账 凭 证

2025年5月20日　　转字第40号

摘要	科目		借方金额											贷方金额											
	总账科目	明细科目	亿	千	百	十	万	千	百	十	元	角	分	亿	千	百	十	万	千	百	十	元	角	分	
摊销报刊费	制造费用	报刊费							2	0	0	0	0												
	管理费用	报刊费							3	2	0	0	0												
	预付账款	报刊费																		5	2	0	0	0	
合　计								¥	5	2	0	0	0						¥	5	2	0	0	0	

附单据1张

会计主管：　记账：　复核：　制单：林涛

图2-1-10　转账凭证填制样例

五、记账凭证的审核

记账凭证编制以后，必须由专人进行审核，借以监督经济业务的真实性、合法性和合理性，并检查记账凭证的编制是否符合要求。特别要审核最初证明经济业务实际发生、完成的原始凭证。因此，对记账凭证的审核是一项严肃细致的工作。记账凭证审核的基本内容包括以下几项。

1. 内容是否真实

审核记账凭证是否有原始凭证为依据，所附原始凭证的内容是否与记账凭证的内容一致，记账凭证汇总表的内容与其所依据的记账凭证的内容是否一致等。

2. 项目是否齐全

审核记账凭证各项目的填写是否齐全，如日期、凭证编号、摘要、金额、所附原始凭证张数及有关人员签章等。

3. 科目是否准确

审核记账凭证的应借、应贷科目是否正确，是否有明确的账户对应关系，所使用的会计科目是否符合国家统一的会计制度的规定等。

4. 金额是否正确

审核记账凭证所记录的金额与原始凭证的有关金额是否一致、计算是否正确，记账凭证汇总表的金额与记账凭证的金额合计是否相符等。

5. 书写是否规范

审核记账凭证中的记录是否文字工整、数字清晰，是否按规定进行更正等。

在审核过程中，如果发现不符合要求的地方，应要求有关人员采取正确的方法进行更正。只有经过审核无误的记账凭证，才能作为登记账簿的依据。

【任务实施】

岗位任务	任务解析
1. 从银行提取现金和将现金存入银行应编制何种类型记账凭证	从银行提取现金和将现金存入银行应编制付款凭证
2. 记账凭证应按月编号还是按年编号	记账凭证应按月编号，每月从 1 号开始编号
3. 公司一揽子购入资产需要填制两张或两张以上记账凭证的，应如何编号	公司一揽子购入资产需要填制两张或两张以上记账凭证的，应采用分号编号法

填制和审核记账凭证（上）

填制和审核记账凭证（下）

记账凭证的填制与审核：知识点测试

2.1.4 会计凭证的传递与保管

【岗位任务】

职场情景	材料运到企业后，仓库保管员应在规定的时间内将材料验收入库，填制“收料单”，注明实收数量等情况，并将“收料单”及时送到财会部门及其他有关部门。财会部门接到“收料单”，经审核无误，就应及时编制记账凭证和登记账簿，生产部门得到该批材料已验收入库凭证后，便可办理有关领料手续，用于产品生产等
岗位任务	1. 收料单的传递应注意哪些问题 2. 会计凭证传递的意义有哪些

【知识准备】

会计凭证的传递是指从会计凭证取得或填制起至归档保管时止，在单位内部有关部门和人员之间按照规定的时间、程序进行处理的过程。各种会计凭证，它们所记载的经济业务不同，涉及的部门和人员不同，办理的业务手续也不同，因此，应当为各种会计凭证规定一个合理的传递程序，即一张会计凭证填制后应交到哪个部门，哪个岗位，由谁办理业务手续等，直到归档保管为止。

一、会计凭证的传递

（一）会计凭证传递的意义

正确组织会计凭证的传递，对于提高会计核算资料的及时性、正确组织经济活动、加强经济责任、实行会计监督具有重要意义。

1. 正确组织会计凭证的传递，有利于提高工作效率

正确组织会计凭证的传递，能够及时、真实地反映和监督各项经济业务的发生和完成情况，为经济管理提供可靠的经济信息。例如，上述职场情景提到的，如果仓库保管员未按时填写“收料单”或虽填写“收料单”，但没有及时送到有关部门，就会给人以材料尚未入库的假象，影响企业生产正常进行。

2. 正确组织会计凭证的传递，能更好地发挥会计监督作用

正确组织会计凭证的传递，便于有关部门和个人分工协作，相互牵制，加强岗位责任制，更好地发挥会计监督作用。例如，从材料运到企业验收入库，需要多少时间，由谁填制“收料单”，何时将“收料单”送到供应部门和财会部门，会计部门收到“收料单”后由谁进行审核，并同供应部门的发货票进行核对，由谁何时编制记账凭证和登记账簿，由谁负责整理保管凭证等。这样，就把材料收入业务、验收入库到登记入账的全部工作，在

本单位内部进行分工合作，共同完成。同时可以考核经办业务的有关部门和人员是否按规定的会计手续办理，从而加强经营管理，提高工作质量。

（二）会计凭证传递的基本要求

各单位的经营业务性质是多种多样的，各种经营业务又有各自的特点，所以，办理各项经济业务的部门和人员以及办理凭证所需要的时间、传递程序也必然各不相同。这就要求每个单位都必须根据自己的业务特点和管理特点，由单位领导会同会计部门及有关部门共同设计制定出一套会计凭证的传递程序，使各个部门保证有序、及时地按规定的程序处理凭证传递。各单位在设计制定会计凭证传递时，应注意以下几个问题。

1.根据经济业务的特点、机构设置和人员分工情况，明确会计凭证的传递程序

由于企业生产经营业务的内容不同，企业管理的要求也不尽相同。在会计凭证的传递过程中，要根据具体情况，确定每一种凭证的传递程序和方法。合理制定会计凭证所经过的环节，规定每个环节负责传递的相关责任人员，规定会计凭证的联数以及每一联凭证的用途。做到既可使各有关部门和人员了解经济活动情况、及时办理手续，又可避免凭证经过不必要的环节，以提高工作效率。

2.规定会计凭证经过每个环节所需要的时间，以保证凭证传递的及时性

会计凭证的传递时间，应考虑各部门和有关人员的工作内容和工作量在正常情况下完成的时间，明确规定各种凭证在各个环节上停留的最长时间，不能拖延和积压会计凭证，以免影响会计工作的正常程序。一切会计凭证的传递和处理都应在报告期内完成，不允许跨期，否则将影响会计核算的准确性和及时性。

会计凭证在传递过程中的衔接手续，应该做到既完备、严密，又简单易行。凭证的收发、交接都应当按一定的手续制度办理，以保证会计凭证的安全和完整。会计凭证的传递程序、传递时间和衔接手续明确后，制定凭证传递程序，规定凭证传递路线、环节及在各个环节上的时间、处理内容及交接手续，使凭证传递工作有条不紊、迅速而有效进行。

二、会计凭证的保管

会计凭证的保管是指会计凭证记账后的整理、装订、归档和存查工作。

会计凭证是记录经济业务、明确经济责任、具有法律效力的证明文件，又是登记账簿的依据，所以，它是重要的经济档案和历史资料。任何企业在完成经济业务手续和记账之后，必须按规定立卷归档，形成会计档案资料，妥善保管，以便日后随时查阅。

会计凭证整理保管的要求有以下几个方面。

第一，各种记账凭证，连同所附原始凭证和原始凭证汇总表，要分类按顺序编号，定期（一天、五天、十天或一个月）装订成册，并加具封面、封底，注明单位名称、凭证种类、所属年月和起讫日期、起止号码、凭证张数等。为防止任意拆装，应在装订处贴上封签，并由经办人员在封签处加盖骑缝章。

第二，对一些性质相同、数量很多或各种随时需要查阅的原始凭证，可以单独装订保管，在封面上写明记账凭证的时间、编号、种类，同时在记账凭证上注明“附件另订”。

第三，各种经济合同和重要的涉外文件等凭证，应另编目录，单独登记保管，并在有关原始凭证和记账凭证上注明。

第四，其他单位因有特殊原因需要使用原始凭证时，经本单位领导批准，可以复制，但应在专门的登记簿上进行登记，并由提供人员和收取人员共同签章。

第五，会计凭证装订成册后，应有专人负责分类保管，年终应登记归档。会计凭证的保管期限和销毁手续，应严格按照《会计档案管理办法》进行管理。

第六，会计凭证在归档后，应按年月日顺序排列，以便查阅。对已归档凭证的查阅、调用和复制，都应得到批准，并办理一定的手续。会计凭证在保管中应防止霉烂破损和鼠咬虫蛀，以确保其安全和完整。

【任务实施】

岗位任务	任务解析
1. 收料单的传递应注意哪些问题	收料单在传递过程中的衔接手续，应该做到既完备、严密，又简单易行。凭证的收发、交接都应当按一定的手续制度办理，以保证会计凭证的安全和完整。会计凭证的传递程序、传递时间和衔接手续明确后，制定凭证传递程序，规定凭证传递路线、环节及在各个环节上的时间、处理内容及交接手续，使凭证传递工作有条不紊、迅速而有效进行
2. 会计凭证传递的意义有哪些	正确组织会计凭证的传递，对于提高会计核算资料的及时性、正确组织经济活动、加强经济责任、实行会计监督具有重要意义 1. 正确组织会计凭证的传递，有利于提高工作效率 2. 正确组织会计凭证的传递，能更好地发挥会计监督作用

会计档案管理

会计凭证的传递与保管：知识点测试

课程思政：借利用档案为名　擅自销毁档案

习研堂

一、固化理论提素质（初级考点简答题）

1. 什么是会计凭证？会计凭证的作用有哪些？
2. 原始凭证是如何分类的？分别包括哪些内容？
3. 原始凭证填制时要符合哪些要求？审核要点有哪些？
4. 记账凭证是如何分类的？分别包括哪些内容？
5. 记账凭证填制时要符合哪些要求？审核要点有哪些？
6. 会计凭证传递的意义有哪些？
7. 会计凭证的保管有哪些基本规定？

二、职场技能早养成（初级考点实务题）

实训：原始凭证的填制与审核

益农智创生物科技有限公司位于龙江市铁园路48号，电话0451-88127702，开户银行：中国工商银行铁园支行，账号：22123001010，纳税人识别号为6004989745632。以下是2024年12月发生的部分经济业务及有关空白原始凭证。

1. 10日，采购员王超申领转账支票1张购买办公用品，金额2 250元。（填制转账支票）

中国工商银行
现金支票存根
GX00369695

出票日期　　年　月　日

收款人：	
金　额：	
用　途：	

单位主管　　　会计

中国工商银行转账支票

出票日期（大写）　　年　　月　　日　付款行名称：
收款人：　　　　　　　　　　　　　　出票人账号：

本支票付款期限十天

人民币（大写）	亿	千	百	十	万	千	百	十	元	角	分

用　途：________

上列款项请从
我账户内支付

出票人签章　　　　　　　　复核　　　　记账

2. 20日，销售部李涛出差，预借差旅费2 000元。（填制借款单）

借　款　单

年　月　日

借款单位		借款人	
借款原因			
借支金额	人民币（大写）　　　　　　¥		
付款方式	现金　　支票　　电汇　　其他		
单位负责人意见：		借款人签字：	
财务主管核批：			

【专业能力测评】

2.1 会计凭证

<table>
<tr><th colspan="2" rowspan="2">考核项目</th><th rowspan="2">权重</th><th rowspan="2">考核内容及评分标准</th><th colspan="3">考核得分</th></tr>
<tr><th>自我评价（50%）</th><th>小组评价（50%）</th><th>综合得分</th></tr>
<tr><td rowspan="5">专业技能</td><td>会计凭证常识</td><td>10</td><td>能够区分不同的凭证类型</td><td></td><td></td><td></td></tr>
<tr><td>原始凭证的填制与审核</td><td>20</td><td>会填制支票、领料单、收据等原始凭证，能够对原始凭证的正确性进行审核</td><td></td><td></td><td></td></tr>
<tr><td>记账凭证的填制与审核</td><td>20</td><td>会编制常见业务的记账凭证，能够区分不同业务使用的记账凭证类型，能够审核记账凭证填制的正确性</td><td></td><td></td><td></td></tr>
<tr><td>会计凭证的传递与保管</td><td>10</td><td>能够正确传递会计凭证，能够正确保管会计凭证</td><td></td><td></td><td></td></tr>
<tr><td>小计</td><td>60</td><td>—</td><td></td><td></td><td></td></tr>
<tr><td rowspan="5">职业素养</td><td>组织纪律</td><td>20</td><td>服从组长安排，不做与项目无关的事情</td><td></td><td></td><td></td></tr>
<tr><td>沟通协作</td><td>10</td><td>按规定流程进行操作，进行有效沟通</td><td></td><td></td><td></td></tr>
<tr><td>工作态度</td><td>5</td><td>实训积极主动，认真负责</td><td></td><td></td><td></td></tr>
<tr><td>工作效率</td><td>5</td><td>有效利用工具，按时完成布置的工作任务</td><td></td><td></td><td></td></tr>
<tr><td>小计</td><td>40</td><td>—</td><td></td><td></td><td></td></tr>
<tr><td colspan="2">合计</td><td>100</td><td></td><td></td><td></td><td></td></tr>
</table>

自研堂

数据整合——编制会计账簿

自研任务	请结合本项目所学内容研究自己创建公司应建立的账簿体系，即应建哪些账，为什么建这些账？最后为自己公司建立一套完整的会计账簿，并结合本公司发生的经济业务登记会计账簿
任务依据	《会计基础工作规范》规定，各单位应当按照国家统一会计制度的规定和会计业务的需要设置会计账簿。会计账簿包括总分类账、明细分类账、日记账和其他辅助性账簿。其中，现金和银行存款的日记账必须使用订本式账簿。实行会计电算化的单位打印的账簿需连续编号、审核装订，并需相关人员签字或盖章。启用新账簿时，应清晰标注单位和账簿名称。会计人员需依据审核无误的会计凭证进行账簿登记。错误不得涂改，需按规定更正。此外，单位应定期进行账簿记录与实物、资金等的核对，确保账证、账账、账实相符，每年至少对账一次。同时，还需按规定定期结账
任务解读	建账是会计核算工作中重要的基础环节。建账的目的是为会计核算工作提供必要的手段，通过建账，可以对经济业务进行序时和分类核算，将核算资料加以系统化，全面、系统地提供有关财务状况、经营成果的总括和明细资料，为正确地计算费用、成本和利润提供基础 应建立的账簿有：①现金日记账和银行存款日记账，这两种账簿用于详细记录公司的现金和银行存款的收支情况，是公司资金流动的直接记录。②明细分类账：包括三栏式明细账、数量金额式明细账等，用于详细反映各类资产、负债、所有者权益、收入、费用和利润的增减变动及其结果。③总分类账，用于记录公司全部经济业务的总括情况，提供总括的核算资料。④备查账簿：对于某些在日记账和分类账中未能记录的经济业务事项，可以在备查账簿中进行补充登记 从风险角度来看，建账对企业而言至关重要。通过建账，企业能够系统地记录和分析财务数据，进而准确识别和评估潜在的财务风险，及时构建风险预警机制以应对可能出现的财务问题 从内部控制角度看，建账是确保企业财务数据准确性和可靠性的关键。它不仅有助于保护企业资产，防止资产流失，还能提升企业运营的合规性，满足法律法规和外部监管的要求
任务成果	设计一套自己公司的会计账簿体系，完成自己公司业务的会计账簿登记工作

学研堂

2.2 会计账簿

学习目标

素质目标

- 培养规范意识的职业素养，遵循会计账簿登记的准则。
- 培养责任意识的数据观念，确保账簿记录的完整准确。
- 培养严谨态度的操作习惯，落实账务处理的细致合规。

知识目标

- 了解会计账簿的概念、分类和作用。
- 了解账务处理程序的类型和适用范围。
- 熟悉总账、明细账、日记账的设置原则和登记方法。
- 掌握错账处理方法及账务流程操作要点。

能力目标

- 能够根据原始凭证和记账凭证准确填写日记账、明细账及总账。
- 能够独立完成从凭证到账簿的全流程操作，并按要求进行期末对账与结账。
- 能够在分工中沟通协调，确保账簿登记的完整性与一致性。

知识导图

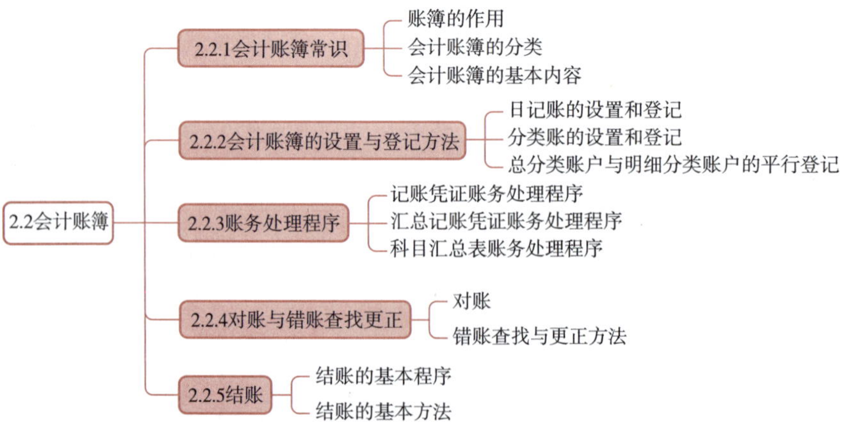

2.2.1　会计账簿常识

【岗位任务】

职场情景	乡村振兴是实现中华民族伟大复兴的重要战略举措。国家大力培育扶持农业类企业发展，在农业种植、农产品初加工和深加工行业都给予大量的税收优惠政策，鼓励企业发展壮大。我们当代大学生要抓住国家的政策红利，充分了解家乡的产业政策，挖掘商机，争取创业成功，实现自己的人生价值 设立公司，经营的业务需要记账。在会计工作中使用会计账簿记录企业的收支业务，如实地反映公司资产、负债、所有者权益、收入、费用和利润的增减变化
岗位任务	1. 什么是会计账簿 2. 会计账簿是如何分类的 3. 会计账簿的科技创新主要体现在哪些方面

【知识准备】

会计账簿是指由一定格式账页组成的，以经过审核的会计凭证为依据，连续、系统、全面地记录各项经济业务的账簿。在形式上，会计账簿是若干账页的组合；在实质上，会计账簿是会计信息形成的重要环节，是会计资料的主要载体之一，也是会计资料的重要组成部分。

会计账簿是账户的表现形式，两者既有区别又有联系。账户是在账簿中以规定的会计科目作为名称，用以规定不同的账簿所记录的内容，账户存在于账簿之中，账簿中的每一账页就是账户的存在形式和信息载体。如果没有账户也就没有所谓的账簿；如果没有账簿，账户也就成了一种抽象的东西，无法存在。但是账簿只是一种外在形式，账户才是它的真实内容。账簿序时分类地记载经济业务是在个别账户中完成的，也可以说，账簿是由若干张账页组成的一个整体，而开设于账页上的账户则是这个整体上的个别部分。因此，账簿和账户的关系是形式和内容的关系。

一、账簿的作用

各单位每发生一项经济业务都必须取得或填制原始凭证，并根据审核无误的原始凭证及有关资料填制记账凭证。通过记账凭证的填制和审核，可以反映和监督单位每一项经济业务的发生和完成情况。但是由于会计凭证数量多，格式不一，所提供的资料比较分散，缺乏系统性，每张凭证一般只能反映个别经济业务的内容。为了连续、系统、全面地反映单位在一定时期内的某一类和全部经济业务及其引起的资产与权益的增减变化情况，给经济管理提供完整而系统的会计核算资料，并为编制会计报表提供依据，就需要设置会计账簿，把分散在会计凭证中的大量核算资料加以集中和归类整理，分门别类地记录在账簿中。因此，每个具有经济业务的单位都应按照国家统一的会计制度和会计业务的需要设置和登记会计账簿。通过账簿记录，既能对经济活动进行序时核算，又能进行分类核算；既可提供各项总括的核算资料，又可提供明细核算资料。

合理地设置和登记账簿，能系统地记录和提供企业经济活动的各种数据。它对加强企业经济核算，改善和提高经营有着重要意义，主要表现在以下三个方面。

（1）通过设置和登记账簿，可以系统地归纳和积累会计核算的资料，为改善企业经营管理，合理使用资金提供资料。通过账簿的序时核算和分类核算，把企业承包经营情况，收入的构成和支出情况，财物的购置、使用、保管情况全面、系统地反映出来，用于监督计划、预算的执行情况和资金的合理有效使用，促使企业改善经营管理。

（2）通过设置和登记账簿，可以为计算财务成果编制会计报表提供依据。根据账簿记录的费用、成本和收入、成果资料，可以计算一定时期的财务成果，检查费用、成本、利润计划的完成情况。经核对无误的账簿资料及其加工的数据为编制会计报表提供总括和具体的资料，是编制会计报表的主要依据。

（3）通过设置和登记账簿，利用账簿的核算资料，为开展财务分析和会计检查提供依据。通过对账簿资料的检查、分析，可以了解企业贯彻有关方针、政策、制度的情况，考核各项计划的完成情况。另外，对资金使用是否合理，费用开支是否符合标准，经济效益有无提高，利润的形成与分配是否符合规定等作出分析、评价，从而找出差距，挖掘潜力，提出改进措施。

二、会计账簿的分类

在会计账簿体系中，有各种不同功能和作用的账簿，它们各自独立又相互补充。为了便于了解和使用，必须从不同的角度对会计账簿进行分类。

（一）会计账簿按用途分类

会计账簿按其用途不同，可分为序时账簿、分类账簿和备查账簿。

1.序时账簿

序时账簿，又称日记账，是按经济业务发生或完成时间的先后顺序进行登记的账簿。按其记录的内容不同，序时日记账又分为普通日记账和特种日记账。

普通日记账是指用来逐笔记录全部经济业务的序时账簿，即把每天发生的各项经济业务逐日逐笔地登记在日记账中，并确定会计分录，然后据以登记分类账。

特种日记账是用来逐笔记录某一经济业务的序时账簿。目前在我国，大多数单位一般只设现金日记账和银行存款日记账。

2.分类账簿

分类账簿是对全部经济业务按照会计要素的具体类别而设置的分类账户进行分类登记的账簿。按照总分类账户分类登记经济业务事项的是总分类账簿，简称总账。按照明细分类账户分类登记经济业务事项的是明细分类账簿，简称明细账。分类账簿提供的核算信息是编制会计报表的主要依据。

3. 备查账簿

备查账簿，简称备查账，是对某些在序时账簿和分类账簿等主要账簿中不进行登记或者登记不够详细的经济业务事项进行补充登记时使用的账簿，又称为辅助账簿。这些账簿可以对某些经济业务的内容提供必需的参考资料，但是它记录的信息不须编入会计报表中，所以也称表外记录。备查账簿没有固定格式，可由各单位根据管理的需要自行设置与设计。如租入固定资产登记簿、应收票据备查簿、受托加工来料登记簿等。

（二）会计账簿按外形特征分类

会计账簿按其外形特征不同，可以分为订本式账簿、活页式账簿和卡片式账簿。

（1）订本式账簿，也称订本账，是指在账簿启用前就把具有账户基本结构并连续编号的若干张账页固定地装订成册的账簿。这种账簿的优点是：可以避免账页散失，防止账页被随意抽换，比较安全；其缺点是：由于账页固定，不能根据需要增加或减少，不便于按需要调整各账户的账页，也不便于分工记账。这种账簿一般用于总分类账、现金日记账和银行存款日记账。

（2）活页式账簿，也称活页账，是指年度内账页不固定装订成册，而是将其放置在活页账夹中的账簿。当账簿登记完毕之后（通常是一个会计年度结束之后）才将账页予以装订，加具封面，并给各账页连续编号。这种账簿的优点是：随时取放，便于账页的增加和重新排列，便于分工记账和记账工作电算化；其缺点是：账页容易散失和被随意抽换。活页账在年度终了时，应及时装订成册，妥善保管。各种明细分类账一般采用活页账形式。

（3）卡片式账簿，又称卡片账，是指由许多具有一定格式的卡片组成，存放在一定卡片箱内的账簿。卡片账的卡片一般装在卡片箱内，不用装订成册，随时可存放，也可跨年度长期使用。这种账簿的优点是：便于随时查阅，也便于按不同要求归类整理，不易损坏；其缺点是：账页容易散失和随意抽换。因此，在使用时应对账页连续编号，并加盖有关人员图章，卡片箱应由专人保管，更换新账后也应封扎保管，以保证其安全。在我国，单位一般只对固定资产和低值易耗品等资产明细账采用卡片账形式。

（三）会计账簿按账页的格式分类

会计账簿按其账页的格式不同，可以分为两栏式账簿、三栏式账簿、多栏式账簿、数量金额式账簿和横线登记式账簿。

（1）两栏式账簿，是指只有借方和贷方两个基本金额栏目的账簿。普通日记账一般采用两栏式。

（2）三栏式账簿，是指其账页的格式主要部分为借方、贷方和余额三栏或者收入、支出和余额三栏的账簿。三栏式账簿又可分为设对方科目和不设对方科目两种。区别是在摘要栏和借方科目栏之间是否有一栏“对方科目”栏。有“对方科目”栏的，称为设对方科目的三栏式账簿；不设“对方科目”栏的，称为不设对方科目的三栏式账簿。它主要适用于各种日记账、总分类账以及资本、债权债务明细账等。

（3）多栏式账簿，是指根据经济业务的内容和管理的需要，在账页的“借方”和“贷方”栏内再分别按照明细科目或某明细科目的各明细项目设置若干专栏的账簿。这种账簿可以按“借方”和“贷方”分别设专栏，也可以只设“借方”专栏，“贷方”的内容在相应的借方专栏内用红字登记，表示冲减。收入、费用明细账一般均采用这种格式的账簿。

（4）数量金额式账簿，是指在账页中分别设置“借方”“贷方”和“余额”或者“收入”“发出”和“结存”三大栏，并在每一大栏内分设数量、单价和金额三小栏的账簿，数量金额式账簿能够反映出财产物资的实物数量和价值量。原材料和库存商品、产成品等明细账一般采用数量金额式账簿。

（5）横线登记式账簿，是指账页分为借方和贷方两个基本栏目，每一个栏目再根据需要分设若干栏次，在账页两方的同一行记录某一经济业务自始至终所有事项的账簿。它主要适用于需要逐笔结算的经济业务的明细账，如物资采购、应收账款等明细账。

三、会计账簿的基本内容

各种账簿所记录的经济内容不同，账簿的格式又多种多样，不同账簿的格式所包括的具体内容也不尽一致，但各种主要账簿应具备以下基本内容。

（1）封面。主要用于表明账簿的名称，如现金日记账、银行存款日记账、总分类账、应收账款明细账等。

（2）扉页。主要用于载明经管人员一览表，其应填列的内容主要有：经管人员、移交人和移交日期；接管人和接管日期。

（3）账页。账页是用来记录具体经济业务的载体，其格式因记录经济业务内容的不同而有所不同，但每张账页上应载明的主要内容有：账户的名称（即会计科目）；记账日期栏；记账凭证种类和号数栏；摘要栏（经济业务内容的简要说明）；借方、贷方金额及余额的方向、金额栏；总页次和分页次等。

小思考：按照会计账簿不同的分类标准和基本内容，在百度中查找各种账页的具体样例，将图片粘贴在 Word 文档中，配上文字说明，并进行排版。

【任务实施】

岗位任务	任务解析
1. 什么是会计账簿	会计账簿是指由一定格式账页组成的，以经过审核的会计凭证为依据，连续、系统、全面地记录各项经济业务的账簿
2. 会计账簿是如何分类的	会计账簿按其用途不同，可分为序时账簿、分类账簿和备查账簿。会计账簿按其外形特征不同，可分为订本式账簿、活页式账簿和卡片式账簿。会计账簿按其账页的格式不同，可分为两栏式账簿、三栏式账簿、多栏式账簿、数量金额式账簿和横线登记式账簿

续表

岗位任务	任务解析
3. 会计账簿的科技创新主要体现在哪些方面	1. 电子化：随着科技的发展，传统的纸质账簿逐渐被电子账簿所取代。电子账簿具有存储方便、查询快捷、易于备份等优点，大大提高了会计工作的效率和准确性 2. 自动化：随着会计电算化的发展，会计账簿的自动化程度越来越高。例如，一些先进的会计软件能够自动进行账务处理、报表生成等工作，大大减轻了会计人员的工作负担 3. 智能化：随着人工智能技术的发展，一些先进的会计软件能够通过智能分析、预测等功能，为企业的决策提供更加精准的数据支持 4. 云端化：随着云计算技术的发展，会计账簿的云端化趋势越来越明显。云端账簿能够实现数据的实时同步、共享和备份，提高工作效率和数据安全性 此外，还有一些其他的科技创新，例如区块链技术在会计账簿中的应用等，也能够提高会计工作的效率和准确性

会计账簿常识：
知识点测试

2.2.2　会计账簿的设置与登记方法

【岗位任务】

职场情景	财政部发布《关于加强数据资产管理的指导意见》，就依法合规管理数据资产、加强数据资产使用管理、稳妥推动数据资产开发利用等作出规定。同一天，湖南省完成首笔数据资产无抵押融资，某科技公司获得银行500万元授信额度。数据资产这一新兴资产类型，在经济运行中日益活跃。数据作为新型生产要素，已深度融入生产、分配、流通、消费等各环节，深刻改变着生产方式、生活方式乃至社会治理方式 在工作中，无论是数据资产，还是其他会计账户，都需要真实公允地反映在会计账簿中。数字化时代，会计人员的职业能力有待持续完善和提升，以更好适应经济高质量发展
岗位任务	1. 账簿登记的基本规则是什么 2. 结合会计账簿登记，谈一谈如何践行今日事今日毕

【知识准备】

为了保证会计账簿记录的合法性和会计资料的真实性、完善性，明确经济业务，会计账簿应由专人负责登记。启用会计账簿应遵守一定的规则。

1.认真填写封面及账簿启用和经管人员一览表

启用会计凭证时应在账簿封面上写明单位名称和账簿名称，并在账簿扉页附账簿启用和经办人员一览表（简称启用表）。启用表内容主要包括：账簿名称、启用日期、账簿页数、记账人员和会计机构负责人、会计主管人员姓名，并加盖名章和单位公章。

启用订本式账簿，应当从第一页到最后一页顺序编定页数，不得跳页、缺页。使用活页式账簿，应当按账户顺序编号，并要定期装订成册；装订后再按实际使用的账页顺序编定页码，另加目录，记明每个账户的名称和页次。卡片式账簿在使用前应当登记卡片登记簿。

2.严格交接手续

记账人员或者会计机构负责人、会计主管人员调动工作时，必须办理账簿交接手续，在账簿启用和经管人员一览表中注明交接日期、交接人员和监交人员姓名，并由双方交接人员签名或者盖章，以明确有关人员的责任，增强有关人员的责任感，维护会计记录的严肃性。

3.及时结转旧账

每年年初更换新账时，应将旧账的各账户余额过入新账的余额栏，并在摘要栏中注明“上年结转”字样。

设置与登记
日记账和明细账

一、日记账的设置和登记

（一）普通日记账的设置和登记

普通日记账是逐日序时登记特种日记账以外的经济业务的账簿。在不设特种日记账的企业，则要序时地逐笔登记企业的全部经济业务，因此普通日记账也称分录簿。

普通日记账一般分为“借方金额”和“贷方金额”两栏，登记每一分录的借方账户和贷方账户及金额，这种账簿不结余额，其格式如表2-2-1所示。

表2-2-1　普通日记账　第　页

年		会计科目	摘要	借方金额	贷方金额	过账
月	日					

（二）特种日记账的设置和登记

常用的特种日记账是“现金日记账”和“银行存款日记账”。

1.现金日记账的设置和登记

现金日记账是用来核算和监督库存现金每日的收入、支出和结存状况的账簿。它由出纳人员根据现金收款凭证、现金付款凭证和银行存款凭证、银行付款凭证，按经济业务发生时间的先后顺序，逐日逐笔进行登记。现金日记账的结构一般采用“收入”“付出（支出）”“结存（结余）”三栏式。

现金日记账中的“年、月、日”“凭证字号”“摘要”和“对方科目”等栏，根据有关记账凭证登记；“收入”栏根据现金收款凭证和引起现金增加的银行存款付款凭证登记（从银行提取现金，只编制银行存款付款凭证）；“支出”栏根据现金付款凭证登记。每日终了应计算全日的现金收入、支出合计数，并逐日结出现金余额，与库存现金实存数核对，以检查每日现金收付是否有误。每月期末，应结出当期“收入”栏和“支出”栏的发生额和期末余额，并与“现金”总分类账户核对一致，做到日清月结，账实相符。如账实不符，应查明原因。现金日记账的基本格式及登记样例如表2-2-2所示。

表2-2-2　　现金日记账的基本格式及登记样例

库存现金日记账

20×4年		记账凭证号数	摘要	对方科目	借方										贷方										借或贷	结存									
月	日				千	百	十	万	千	百	十	元	角	分	千	百	十	万	千	百	十	元	角	分		千	百	十	万	千	百	十	元	角	分
1	01		期初余额																						借						3	0	0	0	0
	05	11	提现						3	0	0	0	0	0											借					3	3	0	0	0	0
	05		本日合计						3	0	0	0	0	0											借					3	3	0	0	0	0
	15	23	购买办公用品																	6	5	0	0	0	借					2	6	5	0	0	0
	15		本日合计																	6	5	0	0	0	借					2	6	5	0	0	0
	25	41	预借差旅费																1	5	0	0	0	0	借					1	1	5	0	0	0
	25		本日合计																1	5	0	0	0	0	借					1	1	5	0	0	0
	30		本月合计						3	0	0	0	0	0					2	1	5	0	0	0	借					1	1	5	0	0	0

2.银行存款日记账的设置和登记

银行存款日记账是用来核算和监督银行存款每日的收入、支出和结存情况的账簿。它是由出纳人员根据银行存款收款凭证、银行存款付款凭证和现金付款凭证按经济业务发生时间的先后顺序，逐日逐笔进行登记的序时账簿。银行存款日记账应按企业在银行开立的账户和币种分别设置，每个银行存款账户设置一本银行存款日记账。

银行存款日记账的结构一般也采用“收入”“支出”和“结余”三栏式，由出纳人员根据银行存款的收、付款凭证，逐日逐笔按顺序登记。对于将现金存入银行的业务，因习惯上只填制现金付款凭证，不填制银行存款收款凭证，所以此时的银行存款收入数，应根据相关的现金付款凭证登记。另外，因在办理银行存款收付业务时，均根据银行结算凭证办理，为便于和银行对账，银行存款日记账还设有“结算凭证种类和号数”栏，单独列出每项存款收付所依据的结算凭证种类和号数。银行存款日记账和现金日记账一样，每日终了时要结出余额，做到日清，以便检查监督各项收支款项，避免出现透支现象，同时也便于同银行对账单进行核对。银行存款日记账的格式同现金日记账的格式相似。银行存款日记账的基本格式及登记样例如表2-2-3所示。现金日记账和银行存款日记账都必须使用订本账。

表2-2-3　　银行存款日记账的基本格式及登记样例

银行存款日记账

开户银行名称：工商银行××支行　　　　银行账号：

20×4年 月	日	记账凭证号数	摘要	对方科目	借方（千百十万千百十元角分）	贷方（千百十万千百十元角分）	借或贷	结存（千百十万千百十元角分）
1	01		期初余额				借	5960000
	05	12	销售商品，收到货款		5650000		借	6525000
	16	25	收到前欠货款		3000000		借	6825000

二、分类账的设置和登记

分类账有总分类账和明细分类账两类。

登记总分类账

（一）总分类账的设置和登记

总分类账也称总账，是按总分类账户进行分类登记，全面、总括地反映和记录经济活动情况，并为编制会计报表提供资料的账簿。由于总分类账能全面地、总括地反映和记录经济业务引起的资金运动和财务收支情况，并为编制会计报表提供数据。因此，任何单位都必须设置总分类账。

总分类账一般采用订本式账，按照会计科目的编码顺序分别开设账户，并为每个账户预留若干账页。由于总分类账只进行货币度量的核算，因此最常用的格式是三栏式，在账页中设置借方、贷方和结存三个基本金额栏。“借或贷”栏是指账户的余额在借方还是在贷方。

总分类账的登记，可以根据记账凭证逐笔登记，也可以通过一定的方式分次或按月一次汇总成汇总记账凭证或科目汇总表，然后据以登记，还可以根据多栏式现金、银行存款日记账在月末时汇总登记。总分类账登记的依据和方法，取决于企业采用的账务处理程序。

总分类账的格式如表2-2-4所示。

表2-2-4　　总分类账的格式

总　分　类　账

会计科目　银行存款　　　　总页：　分页：

20×4年 月	日	记账凭证号数	摘要	对方科目	借方（千百十万千百十元角分）	贷方（千百十万千百十元角分）	借或贷	结存（千百十万千百十元角分）
1	01		期初余额				借	5960000
	05	12	销售商品，收到货款		5650000		借	
	16	25	收到前欠货款		3000000		借	
	30		本月合计		8650000		借	6825000

（二）明细分类账的设置和登记

明细分类账是根据明细分类账户开设账页，分类、连续地登记经济业务以提供明细核算资料的账簿。根据实际需要，各种明细分类账分别按二级科目或明细科目开设账户，并为每个账户预留若干账页，用来分类、连续记录有关资产、负债、所有者权益、收入、费用、利润等详细资料。设置和运用明细分类账，有利于加强资金的管理和使用，并可为编制会计报表提供必要的资料，因此，各单位在设置总分类账的基础上，还要根据经营管理的需要，按照总账科目设置若干必要的明细账，以形成既能提供经济活动总括情况，又能提供具体详细情况的账簿体系。

明细账的格式，应根据它所反映经济业务的特点，以及财产物资管理的不同要求来设计，一般有三栏式明细分类账、数量金额式明细分类账、多栏式明细分类账和平行式明细分类账四种。

1.三栏式明细分类账的设置和登记

三栏式明细分类账账页的格式同总分类账的格式基本相同，它只设借方、贷方和结存三个金额栏，不设数量栏。所不同的是，总分类账簿为订本账，而三栏式明细分类账簿多为活页账。这种账页适用于采用金额核算的应收账款、应付账款等账户的明细核算。三栏式明细分类账的格式如表2-2-5所示。

表2-2-5　　三栏式明细分类账的格式

应收账款　明细账

明细科目　红星商贸公司

20×4年		记账凭证号数	摘要	对方科目	借方										贷方										借或贷	结存									
月	日				千	百	十	万	千	百	十	元	角	分	千	百	十	万	千	百	十	元	角	分		千	百	十	万	千	百	十	元	角	分
1	01		期初余额																						借				7	6	0	0	0	0	0
	17	28	收到前欠货款															3	0	0	0	0	0	0	借				4	6	0	0	0	0	0

2.数量金额式明细分类账的设置和登记

数量金额式明细分类账账页格式在收入、付出、结存三栏内，再分别设置“数量”“单价”和“金额”等栏目，以分别登记实物的数量和金额，其格式如表2-2-6所示。

表2-2-6　　数量金额式明细分类账的格式

原材料明细账

货名＿＿＿＿　货号＿＿＿＿　类别＿＿＿＿　规格＿＿＿＿　计量单位＿千克＿　储存地点＿＿＿＿　定额＿＿＿＿

20×4年		凭证号	摘要	收入												付出												借或贷	结存											
月	日			数量	单价	金额										数量	单价	金额											数量	单价	金额									
						千	百	十	万	千	百	十	元	角	分			千	百	十	万	千	百	十	元	角	分				千	百	十	万	千	百	十	元	角	分
1	01		期初余额																										30	200					6	0	0	0	0	0

数量金额式明细分类账适用于既要进行金额明细核算，又要进行数量明细核算的财产物资项目，如“原材料”“库存商品”等账户的明细核算。它能提供各种财产物资收入、发出、结存等的数量和金额资料，便于开展业务和加强管理的需要。

3. 多栏式明细分类账的设置和登记

多栏式明细分类账是根据经济业务的特点和经营管理的需要，在一张账页的借方栏或贷方栏设置若干专栏，集中反映有关明细项目的核算资料。它主要适用于只记金额、不记数量，而且在管理上需要了解其构成内容的费用、成本、收入、利润账户，如“生产成本”“制造费用”“管理费用”“主营业务收入”等账户的明细分类账。“本年利润”“利润分配”和“应交税金——应交增值税”等科目所属明细科目则需采用借、贷方均为多栏式的明细账。

多栏式明细分类账的格式视管理需要而呈多种多样。它在一张账页上，按明细科目分设若干专栏，集中反映有关明细项目的核算资料。如“制造费用明细账”，它在借方栏下，可分设若干专栏，如：工资和福利费、折旧费、修理费用、办公费用等，其格式如表2-2-7所示。

表2-2-7　　多栏式明细分类账的格式

制造费用

科目　一车间

年 月	年 日	凭证编号	摘　　要	工资和福利费	折旧费	修理费用	办公费用	水电费用
1	5	转30	工资	6500000				
	8	银付	机床维修			100000		

多栏式明细分类账主要用于关于费用、成本、收入、成果类科目的明细核算。

多栏式明细分类账是由会计人员根据审核无误的记账凭证或原始凭证，按照经济业务发生的时间先后顺序逐日逐笔进行登记的，对于成本费用类账户，只在借方设专栏，平时在借方登记费用、成本发生额，如果账页中设置贷方，则在贷方登记月末将借方发生额一次转出的数额，如果不设贷方，则在月末用红字进行登记，表示从借方转出的数额。

平时如发生贷方发生额，应用“红字”在借方有关栏内登记，表示应从借方发生额中冲减。同样，对于收入、成本类账户，只在贷方设专栏，平时在贷方登记收入的发生额，借方登记月末将贷方发生额一次转入“本年利润”的数额，若平时发生退货，应用“红字”在贷方有关栏内登记。

4. 平行式明细分类账的设置和登记

平行式明细分类账也称横线登记式明细分类账。它的账页结构特点是将前后密切相关的经济业务在同一横行内进行详细登记，以检查每笔经济业务的完成及变动情况。该种账页一般用于“物资采购”“一次性备用金业务”等明细分类账。

平行式明细分类账的借方一般在购料付款或借出备用金时按会计凭证的编号顺序逐日逐笔登记，其贷方则不要求按会计凭证编号逐日逐笔登记，而是在材料验收入库或者备用金使用后报销和收回时，在与借方记录的同一行内进行登记。同一行内借方、贷方均有记录时，表示该项经济业务已处理完毕，若一行内只有借方记录而无贷方记录的，表示该项经济业务尚未结束。物资采购明细分类账的格式如表2-2-8所示。

表2-2-8　　物资采购明细分类账的格式

物资采购明细账

科目名称 ________

产品名称 ________

年		凭证		摘要	借方				贷方	借或贷	余额
月	日	种类	号数		买价	运杂费	其他	合计			
					百十万千百十元角分	百十万千百十元角分	百十万千百十元角分	百十万千百十元角分	百十万千百十元角分		百十万千百十元角分

上述明细账仅是基本格式，各单位各地区在设计账页时在布局上会有差别。

三、总分类账户与明细分类账户的平行登记

总分类账户与明细分类账户，两者登记的经济业务内容是相同的，只是详细程度不一样。因此，在会计核算中，要采取平行登记的方法。所谓平行登记，是指对所发生的每一笔经济业务，要以会计凭证为依据，一方面记入有关总分类账户，另一方面记入总分类账户所属的有关明细分类账户。采用平行登记，不仅可以满足经营管理者对总括资料及详细核算资料的需要，同时，通过总分类账户与明细分类账户的勾稽关系，可以检查账务记录的正确性，可见平行登记是企业内部牵制制度在会计核算上的具体运用。

平行登记的要点通常包括以下四个方面。

（1）同依据登记。对于发生的经济业务事项，要依据相同的会计凭证，既登记总账，又登记总账所属的明细账。

（2）同时登记。又称双重登记，指对同一笔经济业务，在同一会计期间内（如月度内），既要记入有关的总分类账户，又要记入其所属的有关明细分类账户，不能漏记或重记。在实际工作中，对于同一笔经济业务，总分类账户与明细分类账户的具体登记的时间可能有先有后，但在同一会计期间内（如一个月度内），必须全部登记入账。

（3）同方向登记。指对同一笔经济业务，在登记总分类账户和所属的明细分类账户时，其各自的记账方向必须一致。即总分类账户登记在借方，明细分类账户也应登记在借方；总分类账户登记在贷方，明细分类账户也应登记在贷方。

（4）同金额登记。指将同一笔经济业务记入总分类账户和所属的明细分类账户时，记入总分类账户的金额，应与记入所属明细分类账户的金额（或金额之和）相等。

【例2-2-1】以益农智创生物科技有限公司20×4年1月份发生的有关“原材料”账户和“应付账款”账户的部分经济业务为例，说明总分类账户与明细分类账户的平行登记原理（假设不考虑增值税）。“原材料”账面余额为200 000元，其中明细分类账户情况如表2-2-9所示。

表2-2-9

名称	数量	单价	金额
A材料	12 000千克	10元	120 000元
B材料	10 000千克	8元	80 000元
合计	—	—	200 000元

“应付账款”总分类账户账面余额为60 000元，其中明细分类账户情况如表2-2-10所示。

表2-2-10

供应单位名称	应付账款金额
乙公司	20 000元
丙公司	40 000元
合计	60 000元

本月发生有关业务如下。

（1）1月1日向乙公司购进A材料1 000千克，每千克单价10元，货款以银行存款支付，材料验收入库。

作会计分录如下：

借：原材料——A材料 10 000

　贷：银行存款 10 000

（2）1月3日向乙公司购进A材料2 000千克，单价10元，计20 000元，向丙公司购进B材料2500千克，单价8元，计20 000元，全部货款尚未支付，材料验收入库。

作会计分录如下：

借：原材料——A材料 20 000

　　　　——B材料 20 000

　贷：应付账款——乙公司 20 000

　　　　　　——丙公司 20 000

（3）1月6日以银行存款10 000元，归还前欠丙公司材料款。

作会计分录如下：

借：应付账款——丙公司 10 000

　贷：银行存款 10 000

（4）1月7日向乙公司购入A材料3 000千克，单价10元，计30 000元，货款尚未支付，同时向丙公司购入B材料3 750千克，单价8元，计30 000元，货款以银行存款支付。

作会计分录如下：

借：原材料——A材料 30 000

　　　　——B材料 30 000

　贷：应付账款——乙公司 30 000

银行存款　　30 000

将月初余额及有关经济业务分别记入“原材料”“应付账款”两个总分类账户及其所属明细分类账户，如表2-2-11~表2-2-16所示。

表2-2-11　　原材料总分类账户

账户名称：原材料　　单位：千克

20×4年		凭证		摘要	借方	贷方	借或贷	余额
月	日	字	号					
1	1			期初余额			借	200 000
	1		①	购进	10 000		借	210 000
	3		②	购进	40 000		借	250 000
	7		④	购进	60 000		借	310 000

表2-2-12　　原材料明细分类账户（A材料）

账户名称：A材料　　单位：千克

20×4年		凭证		摘要	收入			发出			结存		
月	日	字	号		数量	单价	金额	数量	单价	金额	数量	单价	金额
1	1			期初结存							12 000	10	120 000
	1		①	购进	1 000	10	10 000				13 000	10	130 000
	3		②	购进	2 000	10	20 000				15 000	10	150 000
	7		④	购进	3 000	10	30 000				18 000	10	180 000

表2-2-13　　原材料明细分类账户（B材料）

账户名称：B材料　　单位：千克

20×4年		凭证		摘要	收入			发出			结存		
月	日	字	号		数量	单价	金额	数量	单价	金额	数量	单价	金额
1	1			期初结存							10 000	8	80 000
	3		②	购进	2 500	8	20 000				12 500	8	100 000
	7		④	购进	3 750	8	30 000				16 250	8	130 000

表2-2-14　　应付账款总分类账户

账户名称：应付账款　　第　页

20×4年		凭证		摘要	借方	贷方	借或贷	余额
月	日	字	号					
	1			期初余额			贷	60 000
1	3		②	购进材料款未付		40 000	贷	100 000
1	6		③	归还丙公司材料款	10 000		贷	90 000
	7		④	购进材料款未付		30 000	贷	120 000

表2-2-15　　应付账款明细分类账（乙公司）

账户名称：乙公司

20×4年		凭证		摘要	借方	贷方	借或贷	余额
月	日	字	号					
1	1			期初余额			贷	20 000
	3		②	购进材料款未付		20 000	贷	40 000
	7		④	购进材料款未付		30 000	贷	70 000

表2-2-16　　应付账款明细分类账（丙公司）

账户名称：丙公司

20×4年		凭证		摘要	借方	贷方	借或贷	余额
月	日	字	号					
1	1			期初余额			贷	40 000
	3		②	购进材料款未付		20 000	贷	60 000
	6		③	归还材料款	10 000		贷	50 000

从上述平行登记的结果可以看出："原材料"总分类账户与其所属明细分类账户所登记的方向是一致的，金额是相等的；"应付账款"总分类账户与其所属的明细分类账户所登记的方向也是一致的，金额也是相等的。

小思考：记账规则是会计工作者在工作中总结的经验，你能不能谈一谈如果没有规则会导致什么后果？

【任务实施】

岗位任务	任务解析
1. 账簿登记的基本规则是什么	账簿登记规则包括根据审核无误的会计凭证登记账簿；记账时要做到准确完整；书写不能占满格，一般应占格距的1/2，最多不能超过2/3；顺序连续登记；正确使用蓝黑墨水和红墨水；凡需要结出余额的账户，应按时结出余额，现金日记账和银行日记账必须逐日结出余额；债权债务明细账和各项财产物资明细账，每次记账后，都要随时结出余额；总账账户平时每月需要结出月末余额；过次承前；账簿记录错误应按规定的办法更正
2. 结合会计账簿登记，谈一谈如何践行今日事今日毕	出纳岗位负责登记银行存款日记账和现金日记账，每日终了时要结出余额，做到日清，以便检查监督各项收支款项，避免出现透支现象，同时也便于同银行对账单进行核对 一个人的工作态度直接影响工作的业绩，良好的工作态度至关重要，养成今日事今日毕的好习惯，会对工作有很大的帮助。在公司里不管你是新员工还是老员工，也不管你是负责哪一方面的，都必须抓住自己工作的实质，当机立断，今日事今日毕，只有这样，成功才会垂青于你

设立和启用会计账簿

会计账簿的设置与登记方法：知识点测试

2.2.3　账务处理程序

【岗位任务】

职场情景	益农智创生物科技有限公司创业初期，未使用会计软件记账，采用传统的手工记账方式。公司下设三个子公司，益农烘焙工坊，主要产品有冻梨创意甜品、大雪人同款甜品。规模小，业务量小，业务比较简单；益农玩具制造厂，主营产品有古代建筑积木。属于中型企业，规模较大，业务量大，特别是转账业务比较多；益农连锁文创店，主要经营地方特色文化创意产品，属于中型企业，业务量比较多，大量进行零售交易
岗位任务	1. 这三个公司应采用何种账务处理程序 2. 这些账务处理程序的主要区别是什么

【知识准备】

账务处理程序，也称会计核算形式，是指从取得原始凭证到编制会计报表的步骤和方法，其主要内容包括整理、汇总原始凭证，填制记账凭证，登记各种账簿，编制会计报表这一整个过程的步骤和方法。

在会计工作中，不仅要了解会计凭证的填制、账簿的设置和登记，以及会计报表的编制，还必须明确规定各会计凭证、会计账簿和会计报表之间的关系，使之构成一个有机整体。而不同的账簿组织、记账程序和记账方法的有机结合，就构成了不同的账务处理程序。

一个单位由于业务性质、规模大小和经济业务的繁简程度各异，决定其适用的账务处理程序也不同。为此，科学地组织账务处理程序，对提高会计核算质量和会计工作效率，充分发挥会计的核算和监督职能具有重要意义。

一、记账凭证账务处理程序

记账凭证账务处理程序是最基本的一种账务处理程序，在这种账务处理程序下，要求直接根据记账凭证逐笔登记总分类账。

在记账凭证账务处理程序下，应当设置现金日记账、银行存款日记账、明细分类账和总分类账。现金日记账和总分类账可采用三栏式；明细分类账可根据需要采用三栏式、数量金额式和多栏式；记账凭证一般使用收款凭证、付款凭证和转账凭证三种格式，也可采用通用记账凭证。

（一）记账凭证账务处理程序的基本内容

记账凭证账务处理程序的基本内容如下（图2-2-1）。

①根据原始凭证或原始凭证汇总表填制记账凭证。

②根据收款凭证和付款凭证逐笔登记现金日记账和银行存款日记账。

③根据原始凭证、原始凭证汇总表或记账凭证登记各种明细分类账。

④根据记账凭证逐笔登记总分类账。

⑤月末，将现金日记账、银行存款日记账的余额，以及各种明细分类账的余额合计数，分别与总分类账中相关账户的余额核对相符。

⑥月末，根据核对无误的总分类账和明细分类账的相关资料，编制会计报表。

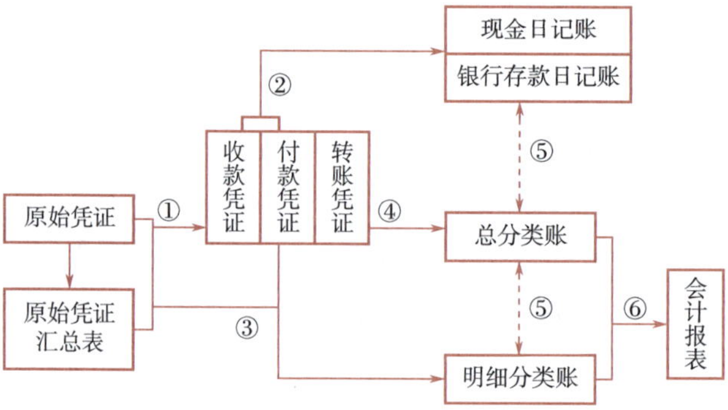

图2-2-1　记账凭证账务处理程序

（二）记账凭证账务处理程序的优缺点及适用范围

记账凭证账务处理程序的主要优点是简单明了，方法易学，总分类账能详细反映经济业务状况，方便会计核对与查账；但登记总分类账的工作量较大，也不利于分工。因此，一般适用于规模较小、经济业务较简单的企业。

二、汇总记账凭证账务处理程序

汇总记账凭证账务处理程序区别于其他账务处理程序的主要特点是：定期将记账凭证分类编制汇总记账凭证，然后根据汇总记账凭证登记总分类账。

采用汇总记账凭证账务处理程序时，其账簿设置、各种账簿的格式以及记账凭证的种类和格式基本上与记账凭证账务处理程序相同。但应增设汇总记账凭证、汇总收款凭证和汇总转账凭证以作为登记总分类账的依据。另外，总分类账的账页格式必须增设“对应账户”栏。

1.汇总记账凭证及其编制方法

汇总记账凭证分为汇总收款凭证、汇总付款凭证和汇总转账凭证三种，其格式如表2-2-17、表2-2-18和表2-2-19所示。它是根据收款凭证、付款凭证和转账凭证定期汇总编制而成，间隔天数视业务量多少而定，一般5天或10天汇总填制一次，每月编制一张。

汇总收款凭证应根据现金和银行存款收款凭证，分别按“现金”“银行存款”的借方设置，按对应贷方科目进行归类汇总。月末，结算出汇总收款凭证的合计数，分别记入现金、银行存款总分类账的借方以及其各对应账户总分类账的贷方。

表2-2-17　　　　**汇总收款凭证**

借方科目：　　　　× 年 × 月　　　　汇收 × 号

<table>
<tr><td rowspan="2">贷方
科目</td><td colspan="4">金　额</td><td colspan="2">总账　　页数</td></tr>
<tr><td>（1）</td><td>（2）</td><td>（3）</td><td>合计</td><td>借方</td><td>贷方</td></tr>
<tr><td></td><td></td><td></td><td></td><td></td><td></td><td></td></tr>
<tr><td></td><td></td><td></td><td></td><td></td><td></td><td></td></tr>
<tr><td></td><td></td><td></td><td></td><td></td><td></td><td></td></tr>
<tr><td></td><td></td><td></td><td></td><td></td><td></td><td></td></tr>
<tr><td>合计</td><td></td><td></td><td></td><td></td><td></td><td></td></tr>
<tr><td colspan="7">附件　（1）自____日至____日____凭证　共____张
（2）自____日至____日____凭证　共____张
（3）自____日至____日____凭证　共____张</td></tr>
</table>

汇总付款凭证应根据现金和银行存款付款凭证，分别按“现金”“银行存款”的贷方设置，按对应借方科目进行归类汇总。月末，结算出汇总付款凭证的合计数，分别记入现金、银行存款总分类账的贷方以及其各对应账户总分类账的借方。

表2-2-18　　　　**汇总付款凭证**

贷方科目：　　　　× 年 × 月　　　　汇付 × 号

<table>
<tr><td rowspan="2">借方
科目</td><td colspan="4">金　额</td><td colspan="2">总账　　页数</td></tr>
<tr><td>（1）</td><td>（2）</td><td>（3）</td><td>合计</td><td>借方</td><td>贷方</td></tr>
<tr><td></td><td></td><td></td><td></td><td></td><td></td><td></td></tr>
<tr><td></td><td></td><td></td><td></td><td></td><td></td><td></td></tr>
<tr><td></td><td></td><td></td><td></td><td></td><td></td><td></td></tr>
<tr><td></td><td></td><td></td><td></td><td></td><td></td><td></td></tr>
<tr><td>合计</td><td></td><td></td><td></td><td></td><td></td><td></td></tr>
<tr><td colspan="7">附件　（1）自____日至____日____凭证　共____张
（2）自____日至____日____凭证　共____张
（3）自____日至____日____凭证　共____张</td></tr>
</table>

在填制时，若现金和银行存款之间存在相互划转业务，则应按付款凭证进行汇总，以免重复。如将现金存入银行的业务，只须根据现金付款凭证汇总，银行存款收款凭证就不再汇总。

汇总转账凭证应根据转账凭证中有关账户的贷方设置，按对应借方科目进行归类汇总。月末，结算出汇总转账凭证的合计数，分别记入该汇总转账凭证所开设的应贷账户总分类账的贷方，以及其各对应账户总分类账的借方。

为便于汇总转账凭证的编制，所有转账凭证应是一贷一借或一贷多借，否则，会给汇总凭证的编制带来不便。

表2-2-19　　　　　　　　　　　　汇总转账凭证

贷方科目：　　　　　　　　　　　× 年 × 月　　　　　　　　　　　汇转 × 号

借方科目	金额				总账页数	
	(1)	(2)	(3)	合计	借方	贷方
合计						
附件	(1) 自____日至____日____凭证　共____张 (2) 自____日至____日____凭证　共____张 (3) 自____日至____日____凭证　共____张					

2. 汇总记账凭证账务处理程序的基本内容

汇总记账凭证账务处理程序的基本内容如下（图2-2-2）。

①根据原始凭证或原始凭证汇总表填制记账凭证。

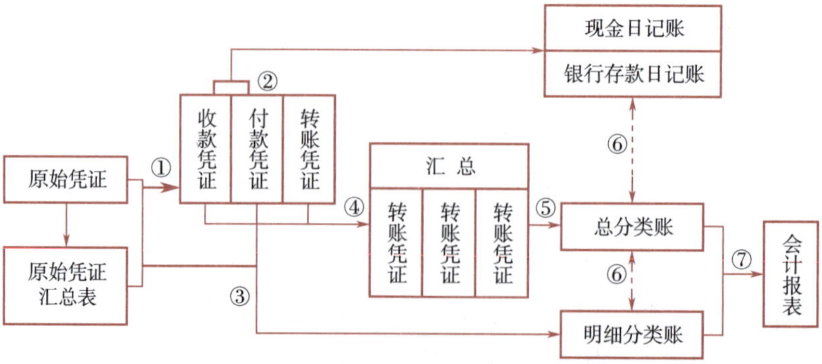

图2-2-2　汇总记账凭证账务处理程序

②根据收款凭证和付款凭证逐笔登记现金日记账和银行存款日记账。

③根据原始凭证、原始凭证汇总表或记账凭证登记各种明细分类账。

④根据记账凭证定期编制各种汇总记账凭证。

⑤月末，根据编制的汇总记账凭证登记总分类账。

⑥月末，将现金日记账、银行存款日记账的余额，以及各种明细分类账的余额合计数，分别与总分类账中相关账户的余额核对相符。

⑦月末，根据核对无误的总分类账和明细分类账的相关资料，编制会计报表。

3.汇总记账凭证账务处理程序的优缺点及适用范围

汇总记账凭证账务处理程序的主要优点是：能通过汇总记账凭证中有关科目的对应关系，了解经济业务的来龙去脉，而且可大大地简化总分类账的登记工作；但由于汇总转账凭证是根据每一账户的贷方而不是按经济业务类型归类汇总的，故不利于会计分工。因此，一般适用于规模较大、经济业务较多的企业。

三、科目汇总表账务处理程序

在科目汇总表账务处理程序下，要求定期将记账凭证编制成科目汇总表，然后根据科目汇总表登记总分类账。

采用科目汇总表账务处理程序时，其账簿设置、各种账簿的格式以及记账凭证的种类和格式基本上与记账凭证账务处理程序相同。但应增设科目汇总表，以作为登记总分类账的依据。

1.科目汇总表的填制方法

科目汇总表（表2–2–20）的填制方法是：先将汇总期内各项经济业务所涉及的会计科目填列在科目汇总表的“会计科目”栏内，填列的顺序最好与总分类账上会计科目的顺序相同，以便于登记总分类账；然后，依据汇总期内所有的记账凭证，按照相同的会计科目归类，分别计算各会计科目的借方发生额和贷方发生额，并将其填入科目汇总表的相应栏内；最后，进行本期发生额试算平衡。试算无误后，据以登记总分类账。

表2–2–20　　科目汇总表

年　月

总账账户	1~10日发生额		11~20日发生额		21~30日发生额		合　计	
	借方	贷方	借方	贷方	借方	贷方	借方	贷方
合　计								

科目汇总表可以每月汇总一次编制一张，也可视业务量大小每5天或10天汇总一次，每月编制一张。为便于编制科目汇总表，所有的记账凭证可采用单式记账凭证来填制，这样便于汇总计算其借贷方发生额，不易出错。

2.科目汇总表账务处理程序的基本内容

科目汇总表账务处理程序的基本内容如下（图2–2–3）。

①根据原始凭证或原始凭证汇总表填制记账凭证。

②根据收款凭证和付款凭证逐笔登记现金日记账和银行存款日记账。

③根据原始凭证、原始凭证汇总表或记账凭证登记各种明细分类账。

④根据记账凭证定期编制科目汇总表。

⑤月末，根据编制的科目汇总表登记总分类账。

⑥月末，将现金日记账、银行存款日记账的余额，以及各种明细分类账的余额合计数，分别与总分类账中相关账户的余额核对相符。

⑦月末，根据核对无误的总分类账和明细分类账的相关资料，编制会计报表。

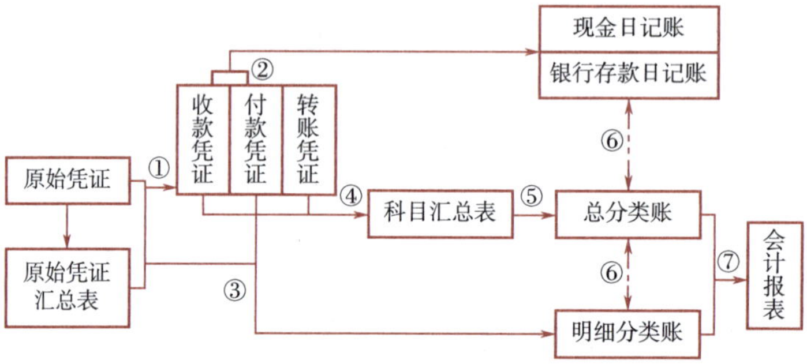

图2–2–3　科目汇总表账务处理程序

3.科目汇总表账务处理程序的优缺点及适用范围

科目汇总表账务处理程序的主要优点是：根据定期编制的科目汇总表登记总分类账，可大大地简化总分类账的登记工作；其次，通过科目汇总表的编制，可进行发生额试算平衡，及时发现差错。但由于科目汇总表是定期汇总计算每一账户的借方、贷方发生额，并不考虑账户间的对应关系，因而在科目汇总表和总分类账中，不能明确反映账户的对应关系，不便于了解经济业务的具体内容，其主要适用于经济业务量较大的企业。

小思考：上述账务处理程序是指在手工记账的情况下所采用的账务处理流程，如果采用会计软件记账，上述账务处理程序是否仍然适用？另外还有没有别的账务处理程序？

【任务实施】

岗位任务	任务解析
1. 这三个公司应采用何种账务处理程序 2. 这些账务处理程序的主要区别是什么	1. 益农烘焙工坊应采用记账凭证账务处理程序，因为该种账务处理程序适用于规模较小、经济业务较简单的企业 益农连锁文创店应采用汇总记账凭证账务处理程序，该种程序适用于规模较大、经济业务较多的企业 益农玩具制造厂应采用科目汇总表账务处理程序，由于该厂转账业务较多，业务量较大，所以比较适用该种程序 2. 三种账务处理程序的区别是登记总账的依据不同

账务处理程序：
知识点测试

2.2.4　对账与错账查找更正

【岗位任务】

职场情景	益农烘焙工坊开始营业一个月了，负责记账的小宇想到月底该结账了，可是在结账前很犹豫要不要结，犹豫的原因是怕自己有哪一笔账记错了，结账后算出来的利润等数据就不准确了。为了确保会计账簿记录的真实可靠，小宇在结账前应该做好对账工作
岗位任务	1. 小宇在结账前应该做哪些准备工作 2. 小宇核对账簿时发现一笔错误，错将金额2 000元记成了20 000元，会计科目使用正确，对该笔错误应如何更正

【知识准备】

一、对账

对账是保证会计账簿记录质量的重要程序。在会计工作中，由于种种原因，难免会发生记账、计算等差错，也难免会出现账实不符的现象。为了保证各账簿记录和会计报表的真实、完整和正确，如实地反映和监督经济活动，各单位必须做好对账工作。

账簿记录的准确与真实可靠，不仅取决于账簿本身，还涉及账簿与凭证的关系，账簿记录与实际情况是否相符的问题等。所以，对账应包括账簿与凭证的核对、账簿与账簿的核对、账簿与实物的核对。把账簿记录的数字核对清楚，做到账证相符、账账相符和账实相符。对账工作至少每年进行一次。对账的主要内容有以下几个方面。

（一）账证核对

账证核对是指将会计账簿记录与会计凭证包括记账凭证和原始凭证有关内容进行核对。由于会计账簿是根据会计凭证登记的，两者之间存在勾稽关系，因此，通过账证核对，可以检查、验证会计账簿记录与会计凭证的内容是否正确无误，以保证账证相符。各单位应当定期将会计账簿记录与其相应的会计凭证记录（包括时间、编号、内容、金额、记录方向等）逐项核对，检查是否一致。如有不符之处，应当及时查明原因，予以更正。保证账证相符是会计核算的基本要求之一，也是账账相符、账实相符和账表相符的基础。

（二）账账核对

账账核对是指将各种会计账簿之间相对应的记录进行核对。由于会计账簿之间相对应的记录存在着内在联系，因此，通过账账相对，可以检查、验证会计账簿记录的正确性，以便及时发现错账，予以更正，保证账账相符。账账核对的主要内容包括以下几个方面。

（1）总分类账各账户借方余额合计数与贷方余额合计数核对相符。

（2）总分类账各账户余额与其所属明细分类账各账户余额之和核对相符。

（3）现金日记账和银行存款日记账的余额与总分类账中“现金”和“银行存款”账户余额核对相符。

（4）会计部门有关财产物资的明细分类账余额与财产物资保管或使用部门登记的明细账核对相符。

（三）账实核对

账实核对是在账账核对的基础上，将各种财产物资的账面余额与实存数额进行核对。由于实物的增减变化、款项的收付都要在有关账簿中如实反映，因此，通过会计账簿记录与实物、款项的实有数进行核对，可以检查、验证款项、实物会计账簿记录的正确性，以便于及时发现财产物资和货币资金管理中存在的问题，查明原因、分清责任、改善管理，保证账实相符。账实核对的主要内容包括以下几个方面。

（1）现金日记账账面余额与现金实际库存数核对相符。

（2）银行存款日记账账面余额与开户银行对账单核对相符。

（3）各种材料、物资明细分类账账面余额与实存数核对相符。

（4）各种债权债务明细账账面余额与有关债权、债务单位或个人的账面记录核对相符。

实际工作中，账实核对一般要结合财产清查进行。有关财产清查的内容和方法将在以后的内容中介绍。

二、错账查找与更正方法

在手工记账工作中，可能由于种种原因会使账簿记录发生错误，有的是填制凭证和记账时发生的单纯笔误；有的是写错了会计科目、金额等；有的是合计时计算错误；有的是过账错误，等等。出现错账查起来很费劲，故有人说“记账容易查账难”。实务中，会计工作者总结出了一套查找错账的方法。

（一）错账查找方法

1. 除二法

记账时稍有不慎，很容易发生借贷方记反或红蓝字记反，简称为“反向”。它有一个特定的规律就是错账差数一定是偶数，只要将差数用二除得的商就是错账数，所以称这种查账方法为除二法，这是一种最常见而简便的查错账方法。

例如，某月资产负债表借贷的两方余额不平衡，其错账差数是3 750.64元，这个差数是偶数，它就存在“反向”的可能，那么我们可以用除二法计算3 750.64/2=1 875.32（元），这样只要去查找1 875.32元这笔账是否记账反向就是了。

如错误差数是奇数，那就没有记账反向的可能，就不适用于除二法来查。

2. 除九法

在日常记账中常会发生前后两个数字颠倒、三个数字前后颠倒和数字移位。它们共同的特点是错账差数一定是9的倍数，而且差数的每个数字之和也是9的倍数，因此，这类情况均可应用除九法来查找。下面分三种情况来讲。

（1）两数前后颠倒。除以上共同特点外还有其固有的特点，就是错账差数用九除得的商是错数前后两数之差，举例如下：

①差数是9，那么错数前后两数之差是1，如10、21、32、43、54、65、76、87、98及其各“倒数”。

②差数是18/9=2，那么错数前后两数之差是2，如20、31、42、53、64、75、86、97及其各“倒数”。

③差数是27/9=3，那么错数前后两数之差是3，如30、41、52、63、74、85、96及其各“倒数”。

④差数是36/9=4，那么错数前后两数之差是4，如40、51、62、73、84、95及其各“倒数”。

⑤差数是45/9=5，那么错数前后两数之差是5，如50、61、72、83、94及其各“倒数”。

⑥差数是54/9=6，那么错数前后两数之差是6，如60、71、82、93及其各“倒数”。

⑦差数是63/9=7，那么错数前后两数之差是7，如70、81、92及其各“倒数”。

⑧差数是72/9=8，那么错数前后两数之差是8，如80、91及其各“倒数”。

⑨差数是81/9=9，那么错数前后两数之差是9，如90及其各“倒数”。

（这里的“倒数”是指个位与十位前后颠倒的错数）。

例如，将81误记18，则差数是63，以63/9=7，那么错数前后两数之差肯定是7，这样只要查70、81、92及其各“倒数”就是了。无须在与此无关的数字中去查找。

（2）三个数字前后颠倒。它具有共同特点外也有其固定的特点，就是三位数前后颠倒的错账差数都是99的倍数，差数用99除得的商即三位数中前后两数之差。举例如下：

①三位数头与尾两数之差是1，那么数字颠倒后的差数是99，如100–001、221–122、334–433、445–544、655–556、766–667、889–988、998–899，其的差数都是99。

②三位数头与尾两数之差是2，那么数字颠倒后的差数则是99的一倍，即为198，如311–113、466–664、557–755、775–577、886–688、997–799，其的差数都是198。

③三位数头与尾两数之差是3，那么数字颠倒后的差数则是99的三倍，即为297，如441–144、552–255、663–366、744–447、885–588、996–699，其的差数都是297。

④三位数头与尾两数之差是4，那么数字颠倒后的差数则是99的四倍，即为396，如551–155、662–266、773–377、844–448、955–559，其的差数都是396。

⑤三位数头与尾两数之差是5，那么数字颠倒后的差数则是99的五倍，即为495，如550–055、661–166、722–227、833–338、944–449，其的差数都是495。

⑥三位数头与尾两数之差是6，那么数字颠倒后的差是99×6=594，头与尾数之差是7，那么数字颠倒的差是99×7=693；头与尾数之差是8，那么数字颠倒的差是99×8=792；头与尾数之差是9，那么数字颠倒的差是99×9=891。

（3）数字移位，或称错位，俗称大小数。这是日常工作中较容易发生的差错，它的特点除它的差数和差数每个数字之和是九的倍数外，也有其固定的特点，就是数字移位的错误，只要将差数用九除得的商就是错账数。

例如2 000错记为200或20 000，它的差数为1 800和18 000，它们的差数和每个数字之和都是九的倍数，将差数分别用九除得的商则是200和2 000，只要查找这2个数字就查到记账移位的错误了。

数字移位危害很大，如向前移一位它的差数就虚增了9倍，向后移一位就虚减了90%，如不及时查处就会严重影响会计核算的正确性。因此，对此错账必须高度警惕，要及早发现纠正，确保会计核算数字的正确反映。

3.差数法

根据错账差数直接查找的方法叫作差数法。有以下两种错账可用此法。

（1）漏记或重记。因记账疏忽而漏记或重记一笔账，只要直接查找到差数的账就查到了，这类错账最容易发生在本期内同样数字的账发生了若干笔，这就容易发生漏记或重记。

例如，错账差数是1 000元，本期内发生1 000元的账有十笔，这就可以重复查找1 000元的账是否漏记或重记就是了。

（2）串户。串户可分为记账串户和科目汇总串户。

①记账串户。如某公司在本单位有应收款和应付款两个账户，如记账凭证是借应收账款某公司500元，而记账时误记入借应付账款某公司500元，这就造成资产负债表双方是平衡的，但总账与分户明细账核对时应收款与应付款各发生差数500元，这就可以运用差数法到应收账款或应付账款账户中直接查找500元的账是否串户。

②科目汇总串户。科目汇总（合并）时将借应收款500元误作为应付借款借500元汇总了，同样在总账与分类明细账核对时这两科目同时发生差数500元，经过查对如记账没有发生串户，那么必定是科目汇总合并时科目汇总发生差错，查明更正就是。

4. 顺查法

当错账发生笔数较多，各种错账混杂在一起时，不能用一种方法查出，那就必须用顺查法来查。查账程序基本上与记账程序一样，每查对一笔就必须在账的后端做一个符号，这样一笔笔查下去就一定能查出。在顺查时一定要仔细认真，在顺查时还必须结合以上方法同时应用。总之不要被错账的假象所蒙蔽而滑过去，如有滑过去又必须从头查起，对此，只要仔细认真去查，错账一定会暴露出来的。

小思考：如果采用上述方法仍找不出错误，还有没有其他的错账查找方法？

（二）错账更正方法

登记账簿中发生的差错，一经查出就应立即更正。对于账簿记录错误，不准涂改、挖补、刮擦或者用药水消除字迹，不准重新抄写，而必须根据错误的具体情况和性质，采用规范的方法予以更正。错账更正方法通常有划线更正法、红字更正法和补充登记法等几种。

1. 划线更正法

记账凭证填制正确，在记账或结账过程中发现账簿记录中文字或数字有错误，应采用划线更正法。具体做法是：先在错误的文字或数字上划一条红线，表示注销，划线时必须使原有字迹仍可辨认；然后将正确的文字或数字用蓝字写在划线处的上方，并由记账人员在更正处盖章，以明确责任。对于文字的错误，可以只划去错误的部分，并更正错误的部分，对于错误的数字，应当全部划红线更正，不能只更正其中的个别错误数字。例如，把“3 457”元误记为“8 457”元时，应将错误数字“8 457”全部用红线注销后，再写上正确的数字“3 457”，而不是只删改一个“8”字。如记账凭证中的文字或数字发生错误，在尚未过账前，也可用划线更正法更正。

2. 红字更正法

在记账以后，如果发现记账凭证中应借、应贷科目或金额发生错误时，可以用红字更正法进行更正。具体做法是：先用红字金额，填写一张与错误记账凭证内容完全相同的记账凭证，且在摘要栏注明“更正某月某日第 × 号凭证”，并据以用红字金额登记入账，以冲销账簿中原有的错误记录，然后再用蓝字重新填制一张正确的记账凭证，登记入账。这样，原来的错误记录便得以更正。

红字更正法一般适用于以下两种情况错账的更正。

（1）记账后，如果发现记账凭证中的应借、应贷会计科目有错误，那么可以用红字更正法予以更正。

【例2-2-2】A车间领用甲材料2 000元用于一般消耗。

①填制记账凭证时，误将借方科目写成“生产成本”，并已登记入账。原错误记账凭证为：

借：生产成本　　2 000

　贷：原材料　　2 000

②发现错误后，用红字填制一张与原错误记账凭证内容完全相同的记账凭证。

借：生产成本　　2 000

　贷：原材料　　2 000

③用蓝字填制一张正确的记账凭证。

借：制造费用　　2 000

　贷：原材料　　2 000

（2）记账后，如果发现记账凭证和账簿记录中应借、应贷的账户没有错误，只是所记金额大于应记金额。对于这种账簿记录的错误，更正的方法是：将多记的金额用红字填制一张与原错误记账凭证会计科目相同的记账凭证，并在摘要栏注明“更正某月某日第 × 号凭证”，并据以登记入账，以冲销多记的金额，使错账得以更正。

【例2–2–3】仍以【例2–2–2】为例，假设在编制记账凭证时应借、应贷账户没有错误，只是金额由2 000元写成了20 000元，并且已登记入账。

该笔业务只需用红字更正法编制一张记账凭证将多记的金额18 000元用红字冲销即可。编制的记账凭证为：

借：制造费用　　18 000

　贷：原材料　　18 000

3.补充登记法

在记账之后，如果发现记账凭证中应借、应贷的账户没有错误，但所记金额小于应记金额，造成账簿中所记金额也小于应记金额，这种错账应采用补充登记法进行更正。更正的方法是：将少记金额用蓝笔填制一张与原错误记账凭证会计科目相同的记账凭证，并在摘要栏内注明“补记某月某日第 × 号凭证”并予以登记入账，补足原少记金额，使错账得以更正。

【例2–2–4】仍以【例2–2–2】为例，假设在编制记账凭证时应借、应贷账户没有错误，只是金额由2 000元写成了200元，并且已登记入账。

该笔业务只需用补充登记法编制一张记账凭证将少记的金额1 800元补足便可，其记账凭证为：

借：制造费用　　1 800

　贷：原材料　　1 800

错账更正的三种方法中，红字更正法和补充登记法都是用来更正因记账凭证错误而产生的记账错误，如果非因记账凭证的差错而产生的记账错误，只能用划线更正法更正。

以上三种方法针对当年内发现填写记账凭证或者登记账错误而采用的更正方法，如果发现以前年度记账凭证中有错误（指会计科目和金额）并导致账簿登记出现差错，应当用蓝字或黑字填制一张更正的记账凭证。因错误的账簿记录已经在以前会计年度终了进行结账或决算，不可能将已经决算的数字进行红字冲销，只能用蓝字或黑字凭证对除文字外的一切错误进行更正，并在更正凭证上特别注明“更正 × × 年度错账”的字样。

小思考：如果采用会计软件记账，上述错账查找方法是否适用？上述三种错账更正方法哪种不适用？

【任务实施】

岗位任务	任务解析
1. 小宇在结账前应该做哪些准备工作	小宇应该进行对账，即核对账目，包括账簿与凭证的核对、账簿与账簿的核对、账簿与实物的核对。把账簿记录的数字核对清楚，做到账证相符、账账相符和账实相符
2. 小宇核对账簿时发现一笔错误，错将金额 2 000 元记成了 20 000 元，会计科目使用正确，对该笔错误应如何更正	应采用红字更正法更正该笔错误

对账

错账更正

对账与错账查找更正：知识点测试

课程思政：康美药业财务造假案

2.2.5　结账

【岗位任务】

职场情景	小宇完成了对账和错账更正，最终把会计信息全部核对准确，下一步是结账，结账是在把发生的全部经济业务登记入账的基础上，按规定的方法将各种账簿的记录进行小结，计算并记录本期发生额和期末余额。 小宇从结账工作中明白了责任的重要性，并决定在未来的工作中更加严谨、细致，提高工作效率
岗位任务	1. 会计账簿结账的基本方法有哪些 2. 在工作中如何提高工作效率

【知识准备】

结账是在把一定时期内发生的全部经济业务登记入账的基础上，按规定的方法将各种账簿的记录进行小结，计算并记录本期发生额和期末余额。

为了正确反映一定时期内在账簿中已经记录的经济业务，总结有关经济活动和财务状况，为编制会计报表提供资料，各单位应在会计期末进行结账。会计期间一般按日历时间划分为年、季、月，结账于各会计期末进行，所以分为月结、季结、年结。

一、结账的基本程序

结账前，必须将属于本期内发生的各项经济业务和应由本期受益的收入、负担的费用全部登记入账。在此基础上才可保证结账的有用性，确保会计报表的正确性。不得把将要发生的经济业务提前入账，也不得把已经在本期发生的经济业务延至下期（甚至以后期）入账。结账的基本程序具体表现为以下几个步骤。

（1）将本期发生的经济业务事项全部登记入账，并保证其正确性。

（2）根据权责发生制的要求，调整有关账项，合理确定本期应计的收入和应计的费用。

①应计收入和应计费用的调整。应计收入是指那些已在本期实现、因款项未收而未登记入账的收入。企业发生的应计收入，主要是本期已经发生且符合收入确认标准，但尚未收到相应款项的商品或劳务。对于这类调整事项，应确认为本期收入，借记“应收账款”等科目，贷记“营业收入”等科目；待以后收妥款项时，再借记“现金”或“银行存款”等科目，贷记“应收账款”等科目。

②收入分摊和成本分摊的调整。收入分摊是指企业已经收取有关款项，但未完成或未全部完成销售商品或提供劳务，需在期末按本期已完成的比例，分摊确认本期已实现收入的金额，并调整以前预收款项时形成的负债，如企业销售商品预收定金、提供劳务预收佣金。在收到预收款项时，应借记“银行存款”等科目，贷记“预收账款”等科目；在以后提供商品或劳务、确认本期收入时，借记“预收账款”等科目，贷记“营业收入”等科目。

成本分摊是指企业的支出已经发生、能使若干个会计期间受益，为正确计算各个会计期间的盈亏，将这些支出在其受益期间进行分配。如企业已经支出，但应由本期或以后各期负担的待摊费用，购建固定资产和无形资产的支出等。企业在发生这类支出时，应借记“待摊费用”“固定资产”“无形资产”等科目，贷记“银行存款”等科目。在会计期末进行摊销时，应借记“制造费用”“管理费用”“销售费用”等科目，贷记“待摊费用”“累计折旧”“累计摊销”等科目。

（3）将损益类账户转入“本年利润”账户，结平所有损益类账户。

（4）结算出资产、负债和所有者权益账户的本期发生额和余额，并结转下期。

二、结账的基本方法

结账时，应当结出每个账户的期末余额。需要结出当月（季、年）发生额的账户，如各项收入、费用账户等，应单列一行登记发生额，在摘要栏内注明“本月（季）合计”或“本年累计”。结出余额后，应在余额前的“借或贷”栏内写“借”或“贷”字样，没有余额的账户，应在余额栏前的“借或贷”栏内写“平”字，并在余额栏内用“0”表示。为了突出本期发生额及期末余额，表示本会计期间的会计记录已经截止或者结束，应将本期与下期的会计记录明显分开，结账一般都划“结账线”。划线时，月结、季结用单线，年结划双线。划线应划红线并应划通栏线，不能只在账页中的金额部分划线。

结账时应根据不同的账户记录分别采用不同的结账方法。

（1）总账账户的结账方法。总账账户平时只需结计月末余额，不需要结计本月发生额。每月结账时，应将月末余额计算出来并写在本月最后一笔经济业务记录的同一行内，并在下面通栏划单红线。年终结账时，为了反映全年各会计要素增减变动的全貌，便于核对账目，要将所有总账账户结计全年发生额和年末余额，在摘要栏内注明“本年累计”字样，并在“本年累计”行下划双红线。

（2）现金日记账、银行存款日记账和需要按月结计发生额的收入、费用等明细账的结账方法。现金日记账、银行存款日记账和需要按月结计发生额的各种明细账，每月结账时，要在每月的最后一笔经济业务下面通栏划单红线，结出本月发生额和月末余额写在红线下面，并在摘要栏内注明“本月合计”字样，再在下面通栏划单红线。

（3）不需要按月结计发生额的债权、债务和财产物资等明细分类账的结账方法。对这类明细账，每次记账后，都要在该行余额栏内随时结出余额，每月最后一笔余额即为月末余额。也就是说月末余额就是本月最后一笔经济业务记录的同一行内的余额。月末结账时只需在最后一笔经济业务记录之下通栏划单红线即可，无须再结计一次余额。

（4）需要结计本年累计发生额的收入、成本等明细账的结账方法。对这类明细账，先按照需按月结计发生额的明细账的月结方法进行月结，再在“本月合计”行下的摘要栏内注明“本年累计”字样，并结出自年初起至本月末止的累计发生额，再在下通栏划单红线。12月末的“本年累计”就是全年累计发生额，全年累计发生额下面通栏划双红线。

（5）年度终了结账时，有余额的账户，要将其余额结转到下一会计年度，并在摘要栏内注明“结转下年”字样；在下一会计年度新建有关会计账簿的第一行余额栏内填写上年结转的余额，并在摘要栏内注明“上年结转”字样。结转下年时，既不需要编制记账凭证，也不必将余额再记入本年账户的借方或贷方，使本年有余额的账户的余额变为零，而是使有余额的账户的余额如实反映在账户中，以免混淆有余额账户和无余额账户的区别。

若由于会计准则或会计制度改变而需要在新账中改变原有账户名称及其核算内容的，可将年末余额按新会计准则或会计制度的要求编制余额调整分录，或编制余额调整工作底稿，将调整后的账户余额抄入新账的有关账户余额栏内。

小思考：谈一谈结账时根据不同的账户，应分别采用哪些不同的结账方法？

【任务实施】

岗位任务	任务解析
1. 会计账簿结账的基本方法有哪些	结账时，应当结出每个账户的期末余额。结出余额后，应在余额前的“借或贷”栏内写“借”或“贷”字样，没有余额的账户，应在余额栏前的“借或贷”栏内写“平”字，并在余额栏内用“0”表示。结账一般都划“结账线”。划线时，月结、季结用单线，年结划双线。划线应划红线并应划通栏线，不能只在账页中的金额部分划线
2. 在工作中如何提高工作效率	高效率工作的秘诀并不在于分秒必争，而在于“沉浸”二字，只有尊重当前从事的工作、享受正在完成的任务、认真对待每一个细节，才能从长远的角度完成好工作

结账　　　　结账：知识点测试

习研堂

一、固化理论提素质（初级考点简答题）

1. 什么是会计账簿？会计账簿从哪几个角度进行了分类？分别包括哪些内容？
2. 日记账和总分类账一般采用什么形式的账簿？明细账的格式有哪些？
3. 什么是明细账与总分账的平行登记？包括的要点有哪些？
4. 账簿登记的规则有哪些？
5. 常用的账务处理程序有哪些？简述它们的流程和特点，以及它们的区别。
6. 对账包括哪些内容？
7. 错账查找和更正的方法有哪些？
8. 简述各类账簿的结账方法。

二、职场技能早养成（初级考点实务题）

1.资料：益农智创生物科技有限公司20×4年8月发生以下错账：

（1）8日，管理人员张一出差，预借差旅费1 000元，用现金支付，原编记账凭证的会计分录为：

借：管理费用　　　　1 000

　　贷：库存现金　　　　1 000

并已登记入账。

（2）18日，用银行存款支付前欠A公司货款11 700元，原编记账凭证会计分录为：

借：应付账款——A公司　　11 700

　贷：银行存款　　11 700

会计人员在登记“应付账款”账户时，将“11 700”元误写为“1 170”。

（3）30日，企业计算本月应交所得税34 000元，原编记账凭证会计分录为：

借：所得税费用　　3 400

　贷：应交税费　　3 400

并已登记入账。

要求：（1）说明以上错账应采用的更正方法；（2）对错账进行更正。

2. 益农智创生物科技有限公司20×4年6月份“库存现金”借方余额3 200元，“银行存款”借方余额45 000元。6月份发生以下经济业务：

（1）6月2日，向银行借入为期6个月的借款100 000元，存入银行。

（2）6月3日，向本市红光公司购进甲材料60吨，单价400元，货款24 000元，货款已用支票支付，材料已验收入库。

（3）6月4日，以银行存款14 600元偿还前欠红星公司货款。

（4）6月5日，用现金支付3日所购材料的运杂费400元。

（5）6月6日，职工王放出差借差旅费2 000元，经审核开出现金支票。

（6）6月8日，从银行提取现金15 000元，以备发放职工工资。

（7）6月10日，以现金15 000元发放职工工资。

（8）6月12日，以现金500元支付职工困难补助。

（9）6月15日，销售商品40吨，单价800元，货款已收到。

（10）6月18日，用银行存款支付销售商品所发生的费用600元。

（11）6月25日，收到华夏公司前欠货款18 000元，存入银行。

（12）6月26日，职工王放出差回来报销差旅费1 900元，余额退回。

（13）6月30日，用银行存款28 000元缴纳税金。

要求：根据上述实训资料，运用借贷记账法编制会计分录，并逐笔登记银行存款日记账。

【专业能力测评】

2.2 会计账簿

考核项目		权重	考核内容及评分标准	考核得分		
				自我评价（50%）	小组评价（50%）	综合得分
专业技能	会计账簿的作用	10	能够解析会计账簿的作用			
	会计账簿的种类	10	能够进行各类会计账簿的期初设置			
	账簿的登记规则	15	能够熟练地进行对账和结账			
	错账的更正方法	10	会查找和更正错账			
	账务处理程序的原理和适用范围	15	会编制科目汇总表和汇总记账凭证			
	小计	60	—			
职业素养	组织纪律	20	服从组长安排，不做与项目无关的事情			
	沟通协作	10	按规定流程进行操作，进行有效沟通			
	工作态度	5	实训积极主动，认真负责			
	工作效率	5	有效利用工具，按时完成布置的工作任务			
	小计	40	—			
合计		100				

自研堂

业财融合——创建公司

自研任务	通过查阅相关案例资料，深入理解业财融合下财产清查的实践方法和成效，为课堂上的案例分析做好准备
任务依据	1. 了解企业财产清查的组织和实施过程 企业内部组织架构和职责分工：了解企业内部各部门在财产清查中的职责和协作方式 财产清查计划制订：学习如何根据企业实际情况制订合理的财产清查计划 实施过程：了解财产清查的具体操作流程，包括盘点、核对、分析等环节 2. 掌握业财融合下财产清查的核心理念 业务与财务的关联性：理解业务和财务在企业管理中的相互关系，以及财产清查如何促进业财融合 风险控制与价值管理：了解如何在财产清查中实施风险控制和价值管理，提升企业整体运营效率 3. 探索业财融合下财产清查的实践方法 数据共享与协同作业：学习如何实现企业内部各部门之间的数据共享，提高财产清查的协同效率 智能化技术的应用：了解智能化技术在财产清查中的应用，例如使用大数据分析、人工智能等技术进行数据挖掘和预测
任务解读	财产清查不仅是会计中的基础工作，也是企业财务管理中的重要环节。它的主要目的是确保企业财产的安全与完整，保证会计信息的真实性和准确性。而业财融合则是近年来企业财务管理的趋势，强调业务与财务的深度整合，旨在提升企业的运营效率和风险管理水平 财产清查是业财融合的基础。没有有效的财产清查，企业很难全面掌握其资产、负债的真实状况，进而影响决策的准确性。在业财融合的框架下，财产清查不再仅仅是财务部门的职责，而是涉及企业各个业务部门。通过财产清查，企业能够清晰地了解各业务部门的资源使用状况，发现潜在的风险和机会 业财融合进一步提升了财产清查的意义。传统的财产清查可能更侧重于形式和流程，但在业财融合模式下，财产清查更加注重实质和效果。例如，清查不仅是对物品的盘点，更是对业务流程的优化和再造；不仅是对财务数据的核对，更是对业务数据与财务数据一致性的核查
任务成果	按小组提交一份财产清查的案例分析

学研堂

2.3 财产清查

学习目标

素质目标

➢ 培养严谨细致的工作态度，树立账实相符的诚信意识。
➢ 培养责任担当的职业精神，建立资产管理的风险防控观念。
➢ 培养团队协作与沟通能力，形成规范的清查工作流程意识。

知识目标

➢ 了解财产清查的内控作用与资产清查周期。
➢ 熟悉财产清查的标准与现金、存款、往来账核对要点。
➢ 掌握盘存制差异、银行存款余额调节表编制、损益账户核算规则。

能力目标

➢ 会制定方案盘点存货，会发函核往来款项。
➢ 会识别现金“白条抵库”现象，能够处理盘亏差异、编制调整分录。
➢ 分析管理漏洞，设计差异方案，能够提出制度建议。

知识导图

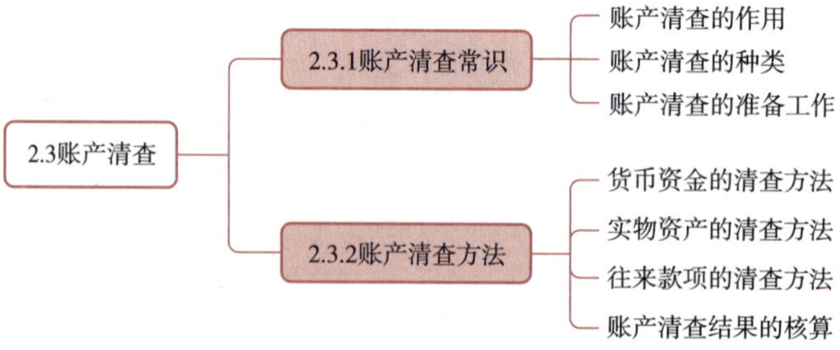

2.3.1　财产清查常识

【岗位任务】

职场情景	益农智创生物科技有限公司的库存现金和有价证券由出纳人员保管，银行存款收付业务由出纳人员负责办理，原材料、库存商品由供应部门下属的仓库保管，固定资产由其使用部门负责保管，公司存在大量的往来款项。为了反映财产物资的增减变动情况，企业设置了日记账、总账及明细账，总账由会计机构负责人登记，日记账由出纳人员登记，明细账由会计人员登记
岗位任务	1. 库存现金及银行存款如何核对 2. 对各种实物资产如何清查 3. 年终决算时如何清查 4. 公司更换财产物资保管人员时是否需要清查

【知识准备】

财产清查也称为财产检查，是指通过对实物、现金的实地盘点和对银行存款、往来款项的核对，查明各项财产物资、货币资金、往来款项的实有数和账面数是否相符的一种会计核算的专门方法。

一、财产清查的作用

1. 保证账实相符，使会计资料真实可靠

通过财产清查可以确定各项财产物资的实际结存数，将账面结存数和实际结存数进行核对，可以揭示各项财产物资的溢缺情况，从而及时地调整账面结存数，保证账簿记录真实、可靠。

2. 保护财产的安全和完整

通过财产清查，可以查明企业财产、商品、物资是否完整，有无缺损、霉变现象，以便堵塞漏洞，改进和健全各种责任制，切实保证财产的安全和完整。

3. 挖掘财产潜力，加速资金周转

通过财产清查可以及时查明各种财产物资的结存和利用情况。如发现企业有闲置不用的财产物资应及时加以处理，以充分发挥它们的效能；如发现企业有呆滞积压的财产物资，也应及时加以处理，并分析原因，采取措施，改善经营管理。这样，可以使采购的物资得到充分合理的利用，加速资金周转，提高企业的经济效益。

4. 保证财经纪律和结算纪律的执行

通过对财产、物资、货币资金及往来款项的清查，可以查明单位有关业务人员是否遵守财经纪律和结算纪律，有无贪污盗窃、挪用公款的情况；查明各项资金使用是否合理，是否符合党和国家的方针政策和法规，从而使工作人员更加自觉地遵纪守法，自觉维护和遵守财经纪律。

二、财产清查的种类

财产清查，按照清查的对象和范围，可以分为全面清查和局部清查；按照清查的时间，可以分为定期清查和不定期清查。下面分别加以说明。

1. 全面清查与局部清查

全面清查是指对所有的财产和资金进行全面盘点与核对，其清查对象主要包括：原材料、在产品、自制半成品、库存商品、现金、短期存（借）款、有价证券及外币、在途物资、委托加工物资、往来款项、固定资产等。全面清查范围广，工作量大，一般在年终决算或企业撤销、合并或改变隶属关系时进行。

局部清查也称重点清查，是指根据需要只对某些重点财产进行的清查，如流动资产中变化较频繁的原材料、库存商品等，除年度全面清查外，还应根据需要随时轮流盘点或重点抽查。各种贵重物资要每月至少清查一次，库存现金要天天核对，银行存款要按银行对账单逐笔核对。

2. 定期清查与不定期清查

定期清查是指在规定的时间内所进行的财产清查。一般是在年、季、月终了后进行。

不定期清查也称临时清查，是指根据实际需要临时进行的财产清查。一般是在更换财产物资保管人员、企业撤销、合并或发生财产损失等情况时所进行的清查。

定期清查与不定期清查的范围应视具体情况而定，可全面清查也可局部清查。

三、财产清查的准备工作

财产清查是一项复杂细致的工作，它涉及面广、政策性强、工作量大。为了加强领导，保质保量完成此项工作，一般应在企业单位负责人（如厂长、经理等）的领导下，由会计、业务、仓库等有关部门的人员组成财产清查的专门班子，具体负责财产清查的领导工作。在清查前，必须首先做好以下几项准备工作。

（1）清查小组制订财产清查计划，确定清查对象、范围，配备清查人员，明确清查任务。

（2）财务部门要将总账、明细账等有关资料登记齐全，核对正确，结出余额。保管部门对所保管的各种财产物资以及账簿、账卡拴上标签，标明品种、规格、数量，以备查对。

（3）银行存款和银行借款应从银行取得对账单，以便查对。

（4）对需要使用的度量衡器，要提前校验正确，保证计量准确。对应用的所有表册都要准备妥当。

小思考：从财产清查的认知中，你都了解到了哪些内容？谈一谈你对财产清查的理解。

【任务实施】

岗位任务	任务解析
1. 库存现金及银行存款如何核对	库存现金要每天核对，银行存款要按月与银行对账单逐笔核对
2. 对各种实物资产如何清查	每月组织人员对各种贵重物资要至少清查一次，对流动资产中变化较频繁的原材料、库存商品等要每月或每季定期盘点，还应根据需要随时轮流盘点或重点抽查
3. 年终决算时如何清查	年终决算时，要对所有的财产和资金进行全面盘点与核对
4. 公司更换财产物资保管人员时是否需要清查	公司更换财产物资保管人员时要进行临时清查

财产清查认知

财产清查常识：知识点测试

课程思政：诚实守信与账目清查

2.3.2　财产清查方法

【岗位任务】

职场情景	益农智创生物科技有限公司在财产清查中发现了下列问题：月末工商银行松北支行账户的“银行存款日记账”余额为750 000元，而其“银行对账单”余额为950 000元；应收宏达公司的欠款的账面金额为800 000元，但函询宏达公司后对方记账金额为600 000元，宏达公司表示欠款已经转账支付；盘点存货时，发现面粉的账面数为50袋，实存数为49袋
岗位任务	1. 对于“银行存款日记账”和“银行对账单”不一致的情况，应如何处理 2. 应收宏达公司的欠款双方记账不符的情况，应如何处理 3. 对于存货账实不符的情况，应如何处理

【知识准备】

库存现金的清查，包括人民币和各种外币的清查，都是采用实地盘点即通过清点票数来确定现金的实存数，然后以实存数与现金日记账的账面余额进行核对，以查明账实是否相符。

一、货币资金的清查方法

（一）库存现金的清查

库存现金的清查

由于现金的收支业务十分频繁，容易出现差错，需要出纳人员每日进行清查和定期及不定期地专门清查。每日业务终了，出纳人员都应将现金日记账的账面余额与现金的实存数进行核对，做到账款相符。进行清查盘点时，出纳人员必须在场，现钞应逐张查点，还应注意有无违反现金管理制度的现象，编制现金盘点报告表，并由盘点人员和出纳人员签章。现金盘点报告表兼有盘存单和实存账存对比表的作用，是反映现金实有数和调整账簿记录的重要原始凭证，其一般格式如表2-3-1所示。

表2-3-1　　　　现金盘点报告表

单位名称：　　　　　　　　年　月　日

<table>
<tr><th rowspan="2">实存金额</th><th rowspan="2">账存金额</th><th colspan="2">对比结果</th><th rowspan="2">备注</th></tr>
<tr><th>盘盈</th><th>盘亏</th></tr>
<tr><td></td><td></td><td></td><td></td><td></td></tr>
<tr><td>现金使用情况</td><td colspan="4">（1）库存现金限额；
（2）白条抵库情况；
（3）违反规定的现金支出情况；
（4）其他违规行为。</td></tr>
<tr><td colspan="5">处理决定：</td></tr>
</table>

会计机构负责人：　　　　　　盘点人：　　　　　　出纳员：

国库券、其他金融债券、公司债券、股票等有价证券的清查方法和现金相同。

（二）银行存款的清查

银行存款的清查，与实物和现金的清查方法不同，它是采用与银行核对账目的方法来进行的，即将企业的银行存款日记账与从银行取得的对账单逐笔核对，以查明银行存款的收入、付出和结余的记录是否正确。

银行存款的清查

开户银行送来的银行对账单是银行在收付企业存款时登记的账页，它完整地记录了企业单位存放在银行的款项的增减变动情况及结存余额，是进行银行存款清查的重要依据。

在实际工作中，企业银行存款日记账余额与银行对账单余额往往不一致，其主要原因：一是双方账目发生错账、漏账，所以在与银行核对账目之前，应先仔细检查企业银行存款日记账的正确性和完整性，然后再将其与银行送来的对账单逐笔进行核对。二是正常的“未达账项”。所谓“未达账项”，是指由于双方记账时间不一致而发生的一方已经入账，而另一方尚未入账的款项。企业与银行之间的未达账项，有以下四种情况。

（1）企业已入账，但银行尚未入账。

①企业送存银行的款项，企业已做存款增加入账，但银行尚未入账。

②企业开出支票或其他付款凭证，企业已作为存款减少入账，但银行尚未付款、未记账。

（2）银行已入账，但企业尚未入账。

①银行代企业收进的款项，银行已作为企业存款的增加入账，但企业尚未收到通知，因而未入账。

②银行代企业支付的款项，银行已作为企业存款的减少入账，但企业尚未收到通知，因而未入账。

上述任何一种情况的发生都会使双方的账面存款余额不一致。因此，为了查明企业和银行双方账目的记录有无差错，同时也是为了发现未达账项，在进行银行存款清查时，必须将企业的银行存款日记账与银行对账单逐笔核对；核对的内容包括收付金额、结算凭证的种类和号数、收入来源、支出的用途、发生的时间、某日止的金额等。通过核对，如果发现企业有错账或漏账，应立即更正；如果发现银行有错账或漏账，应及时通知银行查明更正；如果发现有未达账项，则应据以编制银行存款余额调节表进行调节，并验证调节后余额是否相等。

【例2-3-1】20×4年6月30日益农智创生物科技有限公司银行存款日记账的账面余额为31 000元，银行对账单的余额为36 000元，经逐笔核对，发现有下列未达账项：

（1）29日，企业销售产品收到转账支票一张计2 000元，将支票存入银行，银行尚未办理入账手续。

（2）29日，企业采购原材料开出转账支票一张计1 000元，企业已作银行存款付出，银行尚未收到支票而未入账。

（3）30日，企业开出现金支票一张计250元，银行尚未入账。

（4）30日，银行代企业收回货款8 000元，收款通知尚未到达企业，企业尚未入账。

（5）30日，银行代付电费1 750元，付款通知尚未到达企业，企业尚未入账。

（6）30日，银行代付水费500元，付款通知尚未到达企业，企业尚未入账。

根据以上资料编制银行存款余额调节表如表2-3-2所示。

表2-3-2　　银行存款余额调节表

20×4年6月30日　　单位：元

项目	金额	项目	金额
企业银行存款账面余额	31 000	银行对账单账面余额	36 000
加：银行已收，企业未收 银行代收货款 减：银行已付，企业未付 银行代付电费 银行代付水费	 8 000 1 750 500	加：企业已收，银行未收 存入的转账支票 减：企业已付，银行未付 开出转账支票 开出现金支票	 2 000 1 000 250
调节后银行存款余额	36 750	调节后银行存款余额	36 750

如果调节后双方余额相等，则一般说明双方记账没有差错；若不相等，则表明企业方或银行方或双方记账有差错，应进一步核对，查明原因予以更正。

需要注意的是，对于银行已经入账而企业尚未入账的未达账项，不能根据银行存款余额调节表来编制会计分录，作为记账依据，必须在收到银行的有关凭证后方可入账。另外，对于长期悬置的未达账项，应及时查明原因，予以解决。

上述银行存款的清查方法，也适用于各种银行借款的清查。但在清查银行借款时，还应检查借款是否按规定的用途使用，是否按期归还。

小思考：银行存款余额调节表应不应该由出纳编制？为什么？

【例 2-3-1】中经过银行存款的调整后企业实际可动用的银行存款数是多少？

二、实物资产的清查方法

固定资产的清查

对于各种实物如原材料、半成品、在产品、产成品、低值易耗品、包装物、固定资产等，都要从数量和质量上进行清查。由于实物的形态、体积、重量、堆放方式等不尽相同，因而所采用的清查方法也不尽相同。实物数量的清查方法，比较常用的有以下两种。

（1）实物盘点。通过逐一清点或用计量器具来确定实物的实存数量，其适用的范围较广，在多数财产物资清查中都可以采用这种方法。

（2）技术推算。采用这种方法，对于财产物资不是逐一清点计数，而是通过量方、计尺等技术推算财产物资的结存数量。这种方法只适用于成堆、量大而价值又不高、难以逐一清点的财产物资的清查。例如，露天堆放的煤炭等。

对于实物的质量，应根据不同的实物采用不同的检查方法，例如有的采用物理方法，有的采用化学方法来检查实物的质量。

实物清查过程中，实物保管人员和盘点人员必须同时在场。对于盘点结果，应如实登记盘存单，并由盘点人员和实物保管人员签字或盖章，以明确经济责任。盘存单既是记录盘点结果的书面证明，也是反映财产物资实存数的原始凭证，其一般格式如表 2-3-3 所示。

表 2-3-3　　盘存单

单位名称：　　盘点时间：　　编号：

财产类别：　　存放地点：　　金额单位：

编号	名称	计量单位	数量	单价	金额	备注

盘点人签章：______　　实物保管人签章：______

为了查明实存数与账存数是否一致，确定盘盈或盘亏情况，应根据盘存单和有关账簿的记录，编制实存账存对比表。实存账存对比表是用以调整账簿记录的重要原始凭证，也是分析产生差异的原因，明确经济责任的依据。实存账存对比表的一般格式如表 2-3-4 所示。

表2-3-4　　　　　　　　　　　　实存账存对比表

单位名称：　　　　　　　　　　　　年　月　日

<table>
<tr><td rowspan="3">编号</td><td rowspan="3">类别及名称</td><td rowspan="3">计量单位</td><td rowspan="3">单价</td><td colspan="2" rowspan="2">实存</td><td colspan="2" rowspan="2">账存</td><td colspan="4">对比结果</td><td rowspan="3">备注</td></tr>
<tr><td colspan="2">盘盈</td><td colspan="2">盘亏</td></tr>
<tr><td>数量</td><td>金额</td><td>数量</td><td>金额</td><td>数量</td><td>金额</td><td>数量</td><td>金额</td></tr>
<tr><td></td><td></td><td></td><td></td><td></td><td></td><td></td><td></td><td></td><td></td><td></td><td></td><td></td></tr>
<tr><td colspan="13">处理决定：</td></tr>
</table>

审核人：　　　　　　　　　　　　会计：　　　　　　　　　　　　制表：

对于委托外单位加工、保管的材料、商品、物资以及在途的材料、商品、物资等，可以用询证的方法与有关单位进行核对，以查明账实是否相符。

往来款项的清查

三、往来款项的清查方法

往来款项的清查，采用对方单位核对账目的方法。在检查各单位结算往来款项账目正确性和完整性的基础上，根据有关明细分类账的记录，按用户编制对账单，送交对方单位进行核对。对账单一般一式两联，其中一联作为回单。如果对方单位核对相符，应在回单上盖章后退回；如果数字不符，则应将不符的情况在回单上注明，或另抄对账单退回，以便进一步清查。在核对过程中，如果发现未达账项，双方都应采用调节账面余额的方法来核对往来款项是否相符。尤其应注意查明有无双方发生争议的款项、没有希望收回的款项以及无法支付的款项，以便及时采取措施进行处理，避免或减少坏账损失。

小思考：通过学习财产清查的方法，总结一下，企业在资产管理过程中可能会出现哪些问题？

四、财产清查结果的核算

（一）主要账户设置

财产清查的重要任务之一就是保证账实相符，财会部门对于财产清查中所发现的差异必须及时地进行账簿记录的调整。由于财产清查结果的处理要报请审批，所以，在账务处理上通常分两步进行。第一步，将财产清查中发现的盘盈、盘亏或毁损数，通过“待处理财产损溢”账户，登记有关账簿，以调整有关账面记录，使账存数和实存数相一致。第二步，在审批后，应根据批准的处理意见，再从“待处理财产损溢”账户转入有关账户。

“待处理财产损溢”账户是暂记账户，它是专门用来核算企业在财产清查过程中查明的各种财产物资的盘盈、盘亏和毁损的账户。该账户的借方登记各种财产物资的盘亏、毁损数及按照规定程序批准的盘盈转销数，贷方登记各种财产物资的盘盈数及按照规定程序批准的盘亏、毁损转销数。借方余额表示尚未处理的各种物资的净损失数，贷方余额表示尚未处理的各种财产物资的净溢余数。该账户按流动资产和非流动资产设置明细账进行明细核算。

（二）财产清查结果的账务处理

对于财产清查中各种资产的盘盈和盘亏，分别按不同的情况处理。

（1）属于管理不善或工作人员失职，造成财产损失、变质或短缺的，应由过失人负责赔偿的，应增加其他应收款。

（2）无人领取的现金盘盈，记入营业外收入，无责任人承担的现金盘亏，计入管理费用。

（3）对于原材料、在产品和产成品等存货，由于管理不善原因造成的盘盈或盘亏，增加或冲减管理费用。比如，在收发物资中，由于计量、检验不准确；财产物资在运输、保管、收发过程中，在数量上发生自然增减变化；由于手续不齐或计算、登记上发生错误等。

（4）属于贪污盗窃、营私舞弊造成的损失或自然灾害造成的非常损失，应增加营业外支出。

（5）对于固定资产盘亏，扣除保险公司和责任人赔偿后的净损失计入营业外支出。

（6）固定资产盘盈，按以前年度差错处理，调整年初留存收益。企业在盘盈固定资产时，首先应确定盘盈固定资产的原值、累计折旧和固定资产净值。根据确定的固定资产原值借记“固定资产”，贷记“累计折旧”，将两者的差额贷记“以前年度损益调整”；其次再计算应纳的所得税费用，借记“以前年度损益调整”科目，贷记“应交税费——应交企业所得税”；接着补提盈余公积，借记“以前年度损益调整”科目，贷记“盈余公积”；最后调整利润分配，借记“以前年度损益调整”，贷记“利润分配——未分配利润”。

【例2-3-2】益农智创生物科技有限公司在财产清查中，盘盈现金50元，无人领取，经单位负责人审批按财务规定进行处理。

报经批准前，根据现金盘点表的记录，编制会计分录：

借：库存现金　　50

　贷：待处理财产损溢——待处理流动资产损溢　　50

报经批准后，按财务规定处理，编制会计记录：

借：待处理财产损溢——待处理流动资产损溢　　50

　贷：营业外收入　　50

【例2-3-3】益农智创生物科技有限公司在财产清查中，盘亏现金180元，经单位负责人审批，由出纳赔偿100元，待发工资时扣除，其他80元按财务规定进行处理。

报经批准前，根据现金盘点表的记录，编制会计分录：

借：待处理财产损溢——待处理流动资产损溢　　180

　贷：库存现金　　180

报经批准后，按财务规定处理，编制会计分录：

借：管理费用　　80

　　其他应收款　　100

　贷：待处理财产损溢——待处理流动资产损溢　　180

【例2-3-4】益农智创生物科技有限公司在财产清查中，盘盈原材料600千克，价值18 000元。

报经批准前，根据实存账存对比表的记录，编制会计分录：

借：原材料　　18 000

　贷：待处理财产损溢——待处理流动资产损溢　　18 000

经查明，这项盘盈材料因计量仪器不准造成生产领用少付多算，所以，经批准冲减本月管理费用，编制会计分录如下：

借：待处理财产损溢——待处理流动资产损溢　　18 000

　贷：管理费用　　18 000

【例2-3-5】在财产清查中，发现购进的甲材料实际库存较账面库存短缺1 500元。

报经批准前，先调整账面余额，编制会计分录如下：

借：待处理财产损溢——待处理流动资产损溢　　1 500

　贷：原材料——甲材料　　1 500

报经批准，如属于定额内的自然损耗，则应作为管理费用，计入本期损益，编制会计分录如下：

借：管理费用　　1 500

　贷：待处理财产损溢——待处理流动资产损溢　　1 500

如果属于管理人员过失造成则应由过失人赔偿，编制会计分录如下：

借：其他应收款——××　　1 500

　贷：待处理财产损溢——待处理流动资产损溢　　1 500

如果属于自然灾害造成的损失应经批准列作营业外支出，编制会计分录如下：

借：营业外支出　　1 500

　贷：待处理财产损溢——待处理流动资产损溢　　1 500

［增值税进项税额处理原则］

（1）因管理不善导致的盘亏、毁损，需转出已抵扣进项税额，计入损失成本。

（2）因自然灾害等不可抗力导致的盘亏、毁损，无须转出已抵扣进项税额，不计入损失成本。

【例2-3-6】益农智创生物科技有限公司在财产清查中，盘亏一台笔记本电脑，其账面价值5 000元，已提折旧4 000元。经领导审批后，直接核销。

报经批准前，先调整账面余额，编制会计分录如下：

借：待处理财产损溢——待处理非流动资产损溢　　1 000

　　累计折旧　　4 000

　贷：固定资产　　5 000

转出不可抵扣的进项税额时：

借：待处理财产损溢——待处理非流动资产损溢　　130

　贷：应交税费——应交增值税（进项税额转出）　　130

报经批准核销时，编制会计分如下：

借：营业外支出——盘亏损失　　1 130

贷：待处理财产损溢——待处理非流动资产损溢　　1 130

【例2-3-7】益农智创生物科技有限公司于20×4年8月30日对企业全部的固定资产进行盘查，盘盈一台五成新的机器设备，该设备同类产品市场价格为120 000元。不考虑相关税费的影响。

该企业的有关会计处理为：

（1）盘盈时

借：固定资产　　120 000

贷：以前年度损益调整　　120 000

企业固定资产价值增加了120 000元，由于盘盈的固定资产不能计入当期损益，所以需要增加期初的留存收益120 000元。原理即“资产=负债+所有者权益”的会计恒等式。

（2）调整留存收益

调整盈余公积=120 000×10%=12 000（元）

借：以前年度损益调整　　12 000

贷：盈余公积——法定盈余公积　　12 000

调整未分配利润=120 000–12 000=108 000（元）

借：以前年度损益调整　　108 000

贷：利润分配——未分配利润　　108 000

【例2-3-8】益农智创生物科技有限公司在财产清查中，查明确实无法收回的应收账款30 000元，经批准作为坏账损失。

坏账损失是指无法收回的应收账款而使企业遭受的损失。按制度规定，在会计核算中对坏账损失的处理采用备抵法，即会计期末按一定比例预先估计可能发生的坏账损失，提取“坏账准备”计入当期损益（资产减值损失），待实际发生损失时，直接冲减“坏账准备”账户。“坏账准备”是资产类的账户，是“应收账款”的抵减账户，用来核算坏账准备的提取和转销情况，贷方登记提取数和收回的已经确认的坏账损失，借方登记实际发生的坏账损失，余额在贷方表示已经提取尚未冲销的坏账。

因此，对于这笔确属无法收回的应收账款，应按照规定的手续审批后，以批准的文件为原始凭证，作坏账损失处理，冲减“坏账准备”账户。编制会计分录如下：

借：坏账准备　　30 000

贷：应收账款　　30 000

企业在财产清查中查明的有关债权、债务的坏账收入或坏账损失，经批准后，直接进行转销，不需要通过“待处理财产损溢”账户核算。

小思考：通过财产清查所发现的财产管理和核算方面存在的问题，应当认真分析研究，以有关的法令、制度为依据进行严肃处理。请你分析一下，如果财产计量不准或管理不善，会对企业造成哪些影响？

【任务实施】

岗位任务	任务解析
1. 对于“银行存款日记账”和“银行对账单”不一致的情况，应如何处理	对于“银行存款日记账”和“银行对账单”不一致的情况，应首先检查是否存在记账错误，排除后，检查是否存在未达账项，如果存在未达账项，则编制银行存款余额调节表调节相符。待未达账项到达后再进行正常账务处理
2. 应收宏达公司的欠款双方记账不符的情况，应如何处理	应收宏达公司的欠款双方记账不符的情况，首先应让对方将转账记录传真至公司，然后再通过银行核对该笔货款是否进入公司银行账户
3. 对于存货账实不符的情况，应如何处理	对于存货账实不符的情况，应首先调整账簿记录，然后调查账实不符原因，如果是收发记录不符造成的，应补齐单据入账，如果属于丢失，则应让责任人赔偿

存货的清查

财产清查方法：知识点测试

课程思政：责任与担当

习研堂

一、固化理论提素质（初级考点简答题）

1. 什么是财产清查？财产清查有什么作用？

2. 财产清查是如何分类的？

3. 如何对现金、银行存款进行清查？可能会出现什么问题？如何解决？

4. 什么是“未达账项”？企业单位能否根据银行存款余额调节表将未达账项登记入账？为什么？

5. 财产清查结果如有差异，在账务上应如何处理？

二、职场技能早养成（初级考点实务题）

1. 某企业现金盘点时发现现金短缺100元，领导审批后按规定进行核销。

要求：编制批准前和批准后的会计分录。

2. 某企业经财产清查，发现盘盈A材料3 200吨。经查明是由于计量上的错误所造成的，按计划成本每吨2元入账。

要求：编制批准前和批准后的会计分录。

3. 某企业经财产清查，发现盘亏B材料100吨，每吨单价200元。经查明，属于定额内合理的损耗有5吨，计1 000元；属于过失人造成的由责任人赔偿40吨，计8 000元；属于自然灾害造成的损失为55吨，计11 000元，由保险公司赔偿6 000元。

要求：编制批准前和批准后的会计分录。

4.某企业在财产清查中，发现盘盈机器设备一台，估计原值为30万元。企业按10%计提盈余公积。不考虑税费影响。

要求：编制盘盈固定资产的会计分录。

5.某企业在财产清查中，发现盘亏机器设备一台，账面原值为280 000元，已提折旧额为100 000元。保险公司赔偿100 000元，资产管理部部长李某赔偿10 000元，赔偿款尚未收到，其他领导审批后核销。

要求：编制批准前和批准后的会计分录。

【专业能力测评】

2.3 财产清查

考核项目		权重	考核内容及评分标准	考核得分		
				自我评价（50%）	小组评价（50%）	综合得分
专业技能	财产清查的作用	5	能够说出财产清查的作用			
	财产清查的种类	5	能够对财产清查进行正确分类			
	货币资金的清查方法	15	会清查盘点现金，编制现金盘点表			
	银行存款的清查方法	15	会与银行对账，会编制银行存款余额调节表			
	实物资产和往来款项的清查方法	20	会进行实物资产和往来款项清查，并对清查结果进行正确的账务处理			
	小计	60	—			
职业素养	职业道德	20	在财产清查过程中，学生应始终坚守职业道德，保证清查结果的客观、真实和公正，不受任何外界因素的影响			
	团队协作	10	财产清查往往涉及企业内部的多个部门，学生应学会与不同部门进行有效沟通和协作，以完成清查任务			
	责任意识	5	通过财产清查的学习，学生能够明白会计工作的严肃性，以及在企业管理中的重要性，从而增强其职业责任感和使命感			
	专业技能	5	学生应掌握财产清查的基本方法和操作流程，能够熟练地进行资产盘点、核对和确认，为未来的会计工作打下坚实的基础			
	小计	40	—			
合计		100				

自研堂

立卷归档——会计档案装订

自研任务	同学们成立的公司，经过3个月的运营，每月编制的会计凭证、登记的账簿、编制的报表到月末是否需要装订成册？请同学们以小组为单位，共同研究会计凭证、账簿、财务报告的装订方式和方法
任务依据	法律依据： 《会计档案管理办法》第六条。下列会计资料应当进行归档：（一）会计凭证，包括原始凭证、记账凭证；（二）会计账簿，包括总账、明细账、日记账、固定资产卡片及其他辅助性账簿；（三）财务会计报告，包括月度、季度、半年度、年度财务会计报告；（四）其他会计资料，包括银行存款余额调节表、银行对账单、纳税申报表、会计档案移交清册、会计档案保管清册、会计档案销毁清册、会计档案鉴定意见书及其他具有保存价值的会计资料
任务解读	会计档案是国家档案的重要组成部分，也是各单位的重要档案，它是对一个单位经济活动的记录和反映，通过会计档案，可以了解每项经济业务的来龙去脉；可以检查一个单位是否遵守财经纪律，在会计资料中有无弄虚作假、违法乱纪等行为；会计档案还可以为国家、单位提供详尽的经济资料，为国家制定宏观经济政策及单位制定经营决策提供参考 会计档案的装订主要包括会计凭证、会计账簿、会计报表及其他文字资料的装订 会计凭证的装订：一般每月装订一次，通常每月会计结账后，打印出来装订成册存档。装订好的凭证按年分月妥善保管归档 会计账簿的装订：会计账簿是按年度装订的，一年装订一次 会计报表的装订：会计报表编制完成及时报送后，留存的报表按月装订成册。小企业可按季装订成册 财务部负责档案管理的人员按照归档范围和归档要求，负责定期将应当归档的会计资料整理立卷，编制会计档案保管清册。当年形成的会计档案，在会计年度终了后，由财务部临时保管一年，再移交档案管理部门保管。因工作需要确需推迟移交的，应当经档案管理部门同意。财务部临时保管会计档案最长不超过三年。临时保管期间，会计档案的保管应当符合公司档案管理的有关规定，出纳人员不得兼管会计档案
任务成果	将手工会计凭证装订成册，按小组提交，每小组上交一本

学研堂

2.4 会计档案

学习目标

素质目标

- 树立诚信意识，培养严谨工作作风。
- 强化保密观念，增强团队协作能力。

知识目标

- 了解会计档案的整理、装订方法。
- 熟悉会计档案的构成内容、会计档案归档要求。
- 熟悉会计档案的借阅和销毁程序。
- 掌握会计档案的保管期限。

能力目标

- 会装订、整理会计凭证、会计账簿和会计报表。
- 能够办理会计档案归档、移交、借阅等工作。

知识导图

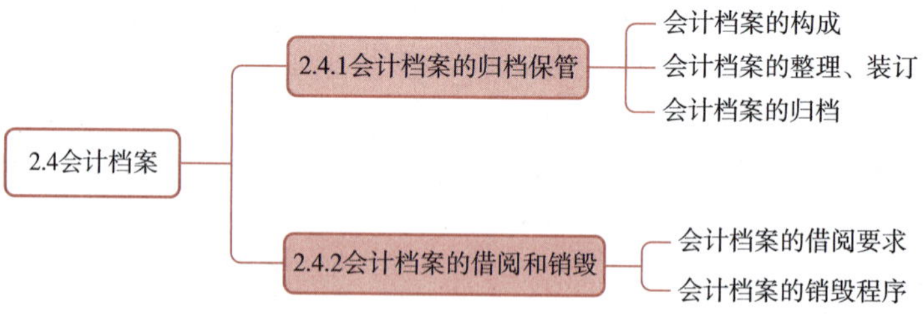

2.4.1　会计档案的归档保管

【岗位任务】

职场情景	今天是小白进入职场实习的第 21 天，小白跟着李会计来到会计档案室，看到满屋的账册后，小白询问李会计这些会计档案是否要永久保存
岗位任务	1. 会计档案的构成包括哪些 2. 会计档案的保管期限是如何规定的 3. 企业档案管理部门保管会计档案的岗位是否属于会计岗位

【知识准备】

会计档案是指单位在进行会计核算等过程中接收或形成的，记录和反映单位经济业务事项的，具有保存价值的文字、图表等各种形式的会计资料，包括通过计算机等电子设备形成、传输和存储的电子会计档案。

一、会计档案的构成

会计档案包括会计凭证类、会计账簿类、会计报告类和其他会计资料四个类别。

（1）会计凭证类，包括原始凭证、记账凭证。

（2）会计账簿类，包括总账、明细账、日记账、固定资产卡片及其他辅助性账簿。

（3）财务报告类，包括月度、季度、半年度、年度财务会计报告。

（4）其他会计资料，包括银行存款余额调节表、银行对账单、纳税申报表、会计档案移交清册、会计档案保管清册、会计档案销毁清册、会计档案鉴定意见书及其他具有保存价值的会计资料。

二、会计档案的整理、装订

（一）会计凭证的整理、装订

会计凭证填写完成后要按月装订成册，在装订时要整齐结实、规范美观。

1. 会计凭证的粘贴要求

在填制完成记账凭证后，要及时将原始凭证与对应的记账凭证粘贴好，粘贴时要整齐、干净，外形美观。

（1）所有票据一般使用胶棒、胶水等，在凭证粘贴单上粘牢左方的票头，把纸张大小相同、票面金额相同的发票粘在一起，纸张小的多张发票，从右至左粘贴到粘贴单上，两张票据不完全重合，便于翻找核对金额。

（2）对于纸张面积大于记账凭证的原始凭证，可按记账凭证的面积尺寸，先自右向左，再自下向上两次折叠。

（3）对于纸张面积过小的原始凭证，一般不能直接装订，可先按一定次序和类别排列，粘贴在凭证粘贴单上。小票应分张排列，同类同金额的单据尽量粘在一起，在一旁注明张数和合计金额。如果是板状票证，可以将票面票底轻轻撕开，厚纸板弃之不用。

（4）原始凭证附在记账凭证后的顺序应与记账凭证所记载的内容顺序一致，不应按原始凭证的面积大小来排序。

经过粘贴整理后的会计凭证，要及时进行汇总装订，防止丢失。

2.会计凭证装订前的检查

会计凭证装订前，要进行细致的检查，防止缺项漏项，保证会计凭证的完整、齐全。凭证装订人员主要进行以下几个方面的检查。

（1）检查会计凭证及其附件是否齐全，编号从小到大是否连续，确保无误。

（2）记账凭证上有关人员（如财务主管、复核、记账、制单等）的印章是否齐全。

（3）每张科目汇总表与所附记账凭证要装订在一起，不准跨月装订。

（4）原始凭证及其附件的面积如果大于记账凭证，应以记账凭证为标准进行折叠，便于翻阅。

（5）凡是有汇总原始凭证的，其所附的原始凭证均属附件，数量过多的原始凭证可以单独装订保管（不包括发票），在封面上注明记账凭证日期、编号、种类，同时在记账凭证上注明原始凭证名称、编号及“附件另订”。

3.会计凭证装订

会计凭证的装订是指把定期整理完毕的会计凭证按照编号顺序，外加封面、封底，装订成册。在封面上，应写明单位名称、年度、月份、专用记账凭证的种类、起讫日期、起讫号数，以及记账凭证的起止页数及张数，并在骑缝处加盖单位财务专用章及会计主管的骑缝图章。记账凭证封面格式如图2–4–1所示。

年　　月份

单位名称	
册数	第　　册　　本月共　　册
起讫编号	自第　　号至第　　号止共计　　张
起讫日期	自　　年　月　日至　　年　月　日

主管会计　　　　装订

图2–4–1　记账凭证封面

会计凭证装订形式分为包角式装订和侧装订，下面以三针引线装订法为例说明凭证的装订方法。

（1）把相关凭证整理整齐，记账凭证封面折叠放在待装订的记账凭证上面，以凭证的右侧为标准对齐，方向与凭证方向一致，用夹子夹紧，如图2–4–2所示。

（2）在凭证左边装订线位置上用装订机分布均匀地打上三个针眼，如图2–4–3所示。

（3）用三针引线装订法装订。装订凭证应使用棉线，两头通过中孔拉紧，实行三眼一线在凭证的背面打结，结扣应是活的，线绳最好在凭证中端系上并放在凭证封皮的里面，如

图2-4-4所示。

（4）把封面向后折叠，将背面的线绳扣粘牢，如图2-4-5所示。

（5）装订成册后，在凭证的脊背上面填写年、月、凭证号、目录号、保管期限等项目，封面上要注明单位名称、年度、月份和起止日期、凭证种类、起止号码等，要在骑缝处加盖单位财务章及会计人员小印章，如图2-4-6所示。

（6）装订好的凭证，如图2-4-7所示。

（二）账簿的整理、装订

年度结账后，除跨年使用的账簿外，其他账簿应按时整理立卷。基本要求如下。

（1）账簿装订前，首先按账簿启用表的使用页数核对各个账户是否相符，账页数是否齐全，序号排列是否连续。

（2）活页账簿装订要求如下。

①保留已使用过的账页，将账页数填写齐全，去除空白页和撤掉账夹，用质地好的纸张做封面、封底，装订成册。

②多栏式活页账、三栏式活页账、数量金额式活页账等不得混装，应按同类业务、同类账页装订在一起。

③在本账的封面上填写好账目的种类，编好卷号，然后由会计主管人员和装订人（经办人）签章。

（3）装订时，按会计账簿封面、账簿启用表、账户目录、该账簿按页数顺序排列的账页、会计账簿装订封底的顺序装订。将活页账簿沿左边的装订孔用棉线系好，在封面上注明单位名称、账簿种类、装订人以及装订日期。

（4）账簿装订后的其他要求如下。

①会计账簿应牢固、平整，不得有折角、缺角、错页、掉页、加空白纸的现象。

②会计账簿的封口要严密，封口处要加盖有关印章。

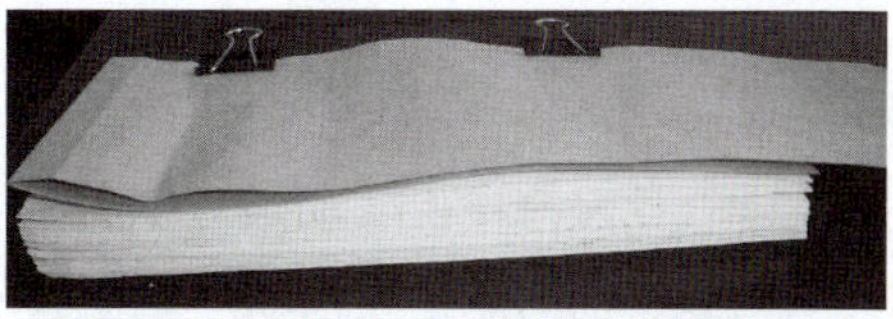

图2-4-2　三针引线装订法步骤（一）

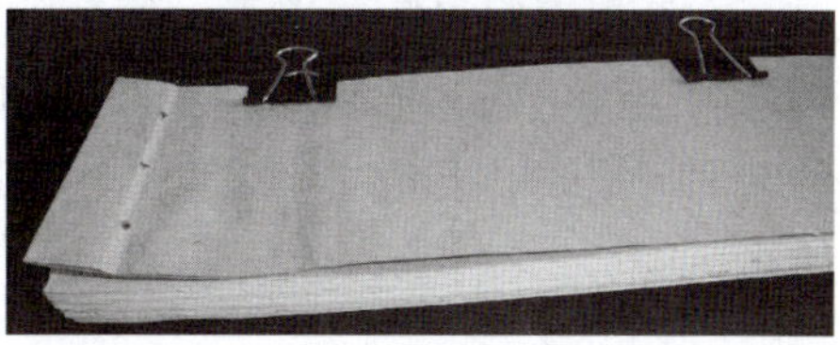

图2-4-3　三针引线装订法步骤（二）

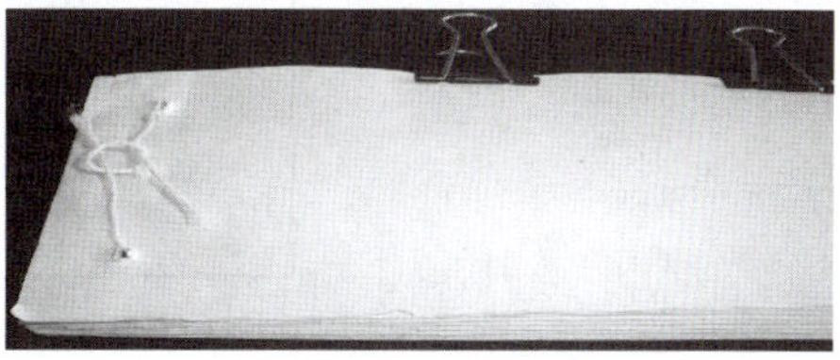

图2-4-4　三针引线装订法步骤（三）

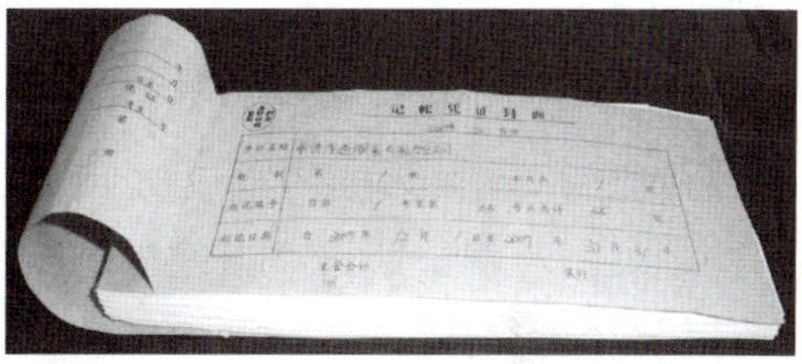

图2-4-5　三针引线装订法步骤（四）

图2-4-6　三针引线装订法步骤（五）

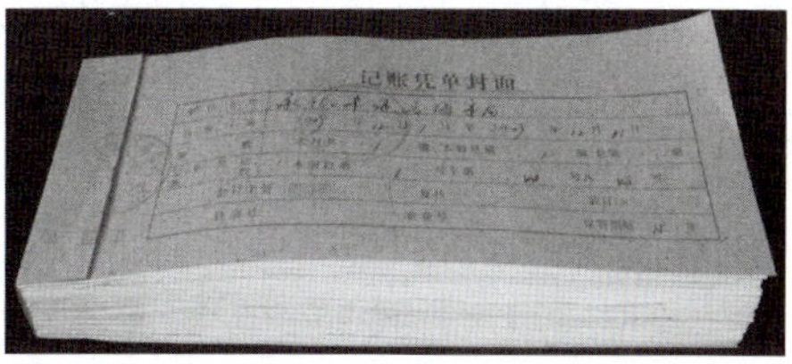

图2-4-7　三针引线装订法步骤（六）

③封面应齐全、平整，并注明所属年度及账簿名称、编号，编号为一年一编，编号顺序为总账、现金日记账、银行存款日记账、各种明细分类账。

④会计账簿按保管期限分别编制卷号，如现金日记账全年按顺序编制卷号；总账、各类明细账、辅助账全年按顺序编制卷号。

（三）财务报表的整理、装订

会计报表编报完成以后，留存的报表按月、季装订成册谨防丢失，会计报表的装订顺序为会计报表封面、会计报表编制说明、按标号顺序排列的各种会计报表、会计报表的封底。报表右上角应该编页号，采用三孔一线方式装订。财务报告封面样式如图2-4-8所示。

财 务 报 告 封 面

单位名称：
报告名称：　　1~3月季报
年　　度：　　2024 年
本报告共　　张自第　页起至第　　页止
负责人：　　经管人：　　保管期限：
全宗号：　　目录号：　　案卷号：

图2-4-8　财务报告封面

三、会计档案的归档

（一）会计档案归档要求

单位的会计机构或会计人员所属机构（以下统称单位会计管理机构）按照归档范围和归档要求，负责定期将应当归档的会计资料整理立卷，装订成册，加具封面、编号，编制会计档案保管清册。

（二）会计档案保管、移交要求

当年形成的会计档案，在会计年度终了后，可由单位会计管理机构临时保管一年，再移交单位档案管理机构保管。未设立档案机构的，应当在会计机构内部指定专人保管。出纳人员不得兼管会计档案。因工作需要确需推迟移交的，应当经单位档案管理机构同意。单位会计管理机构临时保管会计档案最长不超过三年。临时保管期间，会计档案的保管应当符合国家档案管理的有关规定。

单位会计管理机构在办理会计档案移交时，应当编制会计档案移交清册，并按照国家档案管理的有关规定办理移交手续。纸质会计档案移交时应当保持原卷的封装。电子会计档案移交时应当将电子会计档案及其元数据一并移交，且文件格式应当符合国家档案管理的有关规定。特殊格式的电子会计档案应当与其读取平台一并移交。单位档案管理机构接收电子会计档案时，应当对电子会计档案的准确性、完整性、可用性、安全性进行检测，符合要求的才能接收。

单位应当严格按照相关制度利用会计档案，在进行会计档案查阅、复制、借出时履行登记手续，严禁篡改和损坏。

小思考：会计档案归档编号时，应如何进行分类编号？

（三）保存电子会计档案要求

企事业单位内部形成的属于归档范围的电子会计资料在符合一定条件时可以仅以电子形式保存，形成电子会计档案。具体条件如下。

（1）形成的电子会计资料来源真实有效，由计算机等电子设备形成和传输。

（2）使用的会计核算系统能够准确、完整、有效接收和读取电子会计资料，能够输出符合国家标准归档格式的会计凭证、会计账簿、财务会计报表等会计资料，设定了经办、审核、审批等必要的审签程序。

（3）使用的电子档案管理系统能够有效接收、管理、利用电子会计档案，符合电子档案的长期保管要求，并建立了电子会计档案与相关联的其他纸质会计档案的检索关系。

（4）采取有效措施，防止电子会计档案被篡改。

（5）建立电子会计档案备份制度，能够有效防范自然灾害、意外事故和人为破坏的影响。

（6）形成的电子会计资料不属于具有永久保存价值或者其他重要保存价值的会计档案。

满足上面六个规定条件，单位从外部接收的电子会计资料附有符合《中华人民共和国电子签名法》规定的电子签名的，可仅以电子形式归档保存，形成电子会计档案。

（四）会计档案的保管期限

会计档案的保管期限分为永久、定期两类。定期保管期限一般分为10年和30年。会计档案的保管期限，从会计年度终了后的第一天算起。

目前企业会计档案的保管期限如表2-4-1所示。

表2-4-1　企业会计档案保管期限表

序号	档案名称	保管期限	备注
一	会计凭证		
1	原始凭证	30年	
2	记账凭证	30年	
二	会计账簿		
3	总账	30年	
4	明细账	30年	
5	日记账	30年	
6	固定资产卡片	—	固定资产报废清理后保管5年
7	其他辅助性账簿	30年	

续表

序号	档案名称	保管期限	备注
三	财务会计报告		
8	月度、季度、半年度财务会计报告	10 年	
9	年度财务会计报告	永久	
四	其他会计资料		
10	银行存款余额调节表	10 年	
11	银行对账单	10 年	
12	纳税申报表	10 年	
13	会计档案移交清册	30 年	
14	会计档案保管清册	永久	
15	会计档案销毁清册	永久	
16	会计档案鉴定意见书	永久	

小思考：企业预算、计划、制度等文件材料是否属于会计档案？

【任务实施】

岗位任务	任务解析
1. 会计档案的构成包括哪些	会计凭证、会计账簿、会计报表和其他会计核算资料
2. 会计档案的保管期限是如何规定的	10 年，30 年和永久保存
3. 企业档案管理部门保管会计档案的岗位是否属于会计岗位	不属于 如果是财务部的会计档案管理岗位属于会计工作岗位。会计档案正式移交档案管理部门之后，不再属于会计岗位。档案管理部门的人员管理会计档案，不属于会计岗位

会计档案的归档
保管：知识点测试

2.4.2 会计档案的借阅和销毁

【岗位任务】

职场情景	益农智创生物科技有限公司的客户因工作需要需借阅本企业的会计档案，小白带领客户委托人王某来到企业会计档案室，并为其介绍益农智创生物科技有限公司会计档案借阅的相关规定：“本单位人员调阅会计档案，要经会计主管人员同意；外单位人员调阅会计档案，要有介绍信，经会计主管人员或单位领导人批准。批准后要办理相关借阅手续”
岗位任务	1. 企业客户因工作需要需借阅本企业的会计档案，会计档案保管人员得到现任财务处长李某同意后，将部分记账凭证和数本账册借给该业务客户。下列说法不正确的是(　　) A. 会计档案不能借给该客户。因为根据《会计档案管理办法》的规定，各单位保存的会计档案一般不得对外借出 B. 确因工作需要且根据国家有关规定必须借出的，经本单位负责人批准，可以提供会计档案的查阅或复制 C. 确因工作需要且根据国家有关规定必须借出的，查阅或复制会计档案时要办理登记手续 D. 会计档案可以借给该客户，因为根据《会计档案管理办法》的规定，各单位的会计档案可以借出 2. 单位分立后原单位存续的，其会计档案应当如何处理（　　） A. 由其他单位保管 B. 可以销毁 C. 由所在省市的档案管理部门保管 D. 由分立后的存续方统一保管

【知识准备】

会计档案是单位内重要的档案之一，必须严格管理保管。单位应当加强会计档案管理工作，建立和完善会计档案的收集、整理、保管、利用和鉴定销毁等管理制度，采取可靠的安全防护技术和措施，保证会计档案的真实、完整、可用、安全。

一、会计档案的借阅要求

单位保存的会计档案一般不得对外借出。确因工作需要且根据国家有关规定必须借出的，应当严格按照规定办理相关手续。会计档案借用单位应当妥善保管和利用借入的会计档案，确保借入会计档案的安全完整，并在规定时间内归还。

> 小思考：单位的会计档案及其复制件需要携带、寄运或者传输至境外的，应当如何办理？

二、会计档案的销毁程序

单位应当定期对已到保管期限的会计档案进行鉴定，并形成会计档案鉴定意见书。经鉴定，仍需继续保存的会计档案，应当重新划定保管期限；对保管期满，确无保存价值的会计档案，可以销毁。

经鉴定可以销毁的会计档案，应当按照以下程序销毁。

（1）单位档案管理机构编制会计档案销毁清册，列明拟销毁会计档案的名称、卷号、册数、起止年度、档案编号、应保管期限、已保管期限和销毁时间等内容。

（2）单位负责人、档案管理机构负责人、会计管理机构负责人、档案管理机构经办人、会计管理机构经办人在会计档案销毁清册上签署意见。

（3）单位档案管理机构负责组织会计档案销毁工作，并与会计管理机构共同派人员监销。监销人在会计档案销毁前，应当按照会计档案销毁清册所列内容进行清点核对；在会计档案销毁后，应当在会计档案销毁清册上签名或盖章。

（4）电子会计档案的销毁还应当符合国家有关电子档案的规定，并由单位档案管理机构、会计管理机构和信息系统管理机构共同派人员监销。

应当指出的是，保管期满但未结清的债权债务会计凭证和涉及其他未了事项的会计凭证不得销毁，纸质会计档案应当单独抽出立卷，电子会计档案单独转存，保管到未了事项完结时为止。单独抽出立卷或转存的会计档案，应当在会计档案鉴定意见书、会计档案销毁清册和会计档案保管清册中列明。

小思考：单位合并或单位分立的，原会计档案应如何保管？

【任务实施】

岗位任务	任务解析
1. 企业客户因工作需要需借阅企业的会计档案，会计档案保管人员得到现任财务处长李某同意后，将部分记账凭证和数本账册借给该客户，下列说法不正确的是（　　）	【答案】D 根据《会计档案管理办法》第十三条规定，“单位保存的会计档案一般不得对外借出。确因工作需要且根据国家有关规定必须借出的，应当严格按照规定办理相关手续”
2. 单位分立后原单位存续的，其会计档案应当如何处理（　　）	【答案】D 单位分立后，原单位存续的，应当由分立后的存续方统一保管会计档案；其他方可以查阅、复制与其业务相关的会计档案

会计档案的借阅和
销毁：知识点测试

习研堂

一、固化理论提素质（初级考点简答题）

1.会计档案包括哪些内容？
2.会计档案如何整理、装订？
3.会计档案保管有何规定？
4.会计档案移交时需要办理哪些手续？
5.会计档案保管期限是如何规定的？
6.会计档案借阅和销毁有何规定？

二、职场技能早养成（初级考点实务题）

填写企业会计档案保管期限表：

序号	档案名称	保管期限
一	会计凭证	
1	原始凭证	
2	记账凭证	
二	会计账簿	
3	总账	
4	明细账	
5	日记账	
6	固定资产卡片	
7	其他辅助性账簿	
三	财务会计报告	
8	月度、季度、半年度财务会计报告	
9	年度财务会计报告	
四	其他会计资料	
10	银行存款余额调节表	
11	银行对账单	
12	纳税申报表	
13	会计档案移交清册	
14	会计档案保管清册	
15	会计档案销毁清册	
16	会计档案鉴定意见书	

【专业能力测评】

2.4 会计档案

考核项目		权重	考核内容及评分标准	考核得分		
				自我评价（50%）	小组评价（50%）	综合得分
专业技能	会计档案的归档保管	40	会装订、整理会计凭证、会计账簿和会计报表			
	会计档案的借阅和销毁	20	能够办理会计档案归档、移交、借阅等工作			
	小计	60	—			
职业素养	组织纪律	20	服从组长安排，不做与项目无关的事情			
	沟通协作	10	按规定流程进行操作，进行有效沟通			
	工作态度	5	实训积极主动，认真负责			
	工作效率	5	有效利用工具，按时完成布置的工作任务			
	小计	40	—			
合计		100				

第三篇

职场实战锻飞鹰

自研堂

精细管理——开展公司运营

自研任务	益农智创生物科技有限公司要开展公司运营了，你知道作为企业的财务人员，企业资金的筹集渠道有哪些吗？要如何对筹集来的资金进行会计处理
任务依据	制造企业的生产经营活动主要包括筹资、采购、生产、销售和分配等过程，通常表现为资金投入、资金运用和资金退出等过程。企业从事正常的生产经营活动，如建造厂房或购买设备，购买材料物资，支付职工薪酬，偿还到期债务，缴纳税费等，必须拥有一定数量的资金。资金筹集是企业资金运动的起点，也是企业生产经营活动的首要条件 《中华人民共和国公司法》规定了公司的设立、组织形式、股权结构、增资减资等，为公司通过发行股票、债券等方式筹集资金提供了法律框架。企业的资金筹集方式具有多样性，如发行股票、发行债券、银行贷款等，但从性质上来看，企业的资金筹集方式不外乎两种：一种是投资者投入资本，形成企业的所有者权益；另一种是企业借入资金，如向银行等金融机构借入的款项，形成企业的负债 会计核算工作首先就是要根据企业会计准则和相关会计制度的规定，对上述筹资业务进行确认、计量和报告，确保企业筹资业务会计处理的一致性、可比性和透明度。为企业提供详细准确的财务信息，有利于管理者做出更加明智的决策，对于企业实现精细管理、提高效率和竞争力来说至关重要
任务解读	公司运营需要资金的支持，筹资活动则是获取资金的重要途径，公司运营过程中实施精细化管理可以提升公司的整体运营水平，实现更高的运营效益和可持续发展，为公司带来长期的价值和竞争力。因此会计人员要与业务部门合作，制订筹资计划，评估各种融资渠道和方式的优缺点，选择最适合企业的融资方式。根据融资活动的结果，进行会计处理，包括借款的确认、债券发行的核算等 为培养管理思维及树立经济效益的理念和严谨细致、一丝不苟的职业素养，锻炼团队协作、账目准确的工作能力，本任务要求同学们在老师的指导下，5人一组，模拟成立公司财务科，分别扮演制单、复核、出纳、记账和会计主管角色，自行完成筹资业务的账务处理 具体包括：根据原始凭证准确判断筹资业务类型，按照投资者或债权人设置明细账，进行明细分类核算，根据实际出资额、认缴注册资本份额进行会计确认和成本计量，根据不同利息偿付方式计算利息并支付结算，正确填制有关筹资业务的记账凭证
任务成果	完成企业初创时期筹资业务的账务处理，并编制记账凭证

学研堂

3.1 资金筹集业务核算

学习目标

素质目标

- 培养资金合规意识，强化财务核算的规范性与准确性。
- 培养风险敏感度，关注资本结构与偿债能力的平衡。
- 培养职业判断力，合理区分资本化与费用化处理的边界。

知识目标

- 了解投资者与债权人的资金性质差异及法律要求。
- 熟悉初始/追加投资的核算流程与利息处理原则。
- 掌握投入资产核算方法与借款本息核算规则。

能力目标

- 会编制投资者注资和借款业务的原始凭证与记账凭证。
- 会计算并处理不同支付周期的借款利息（按月、按季）。
- 能够独立完成实收资本和短期借款等账户的登记与核对。

知识导图

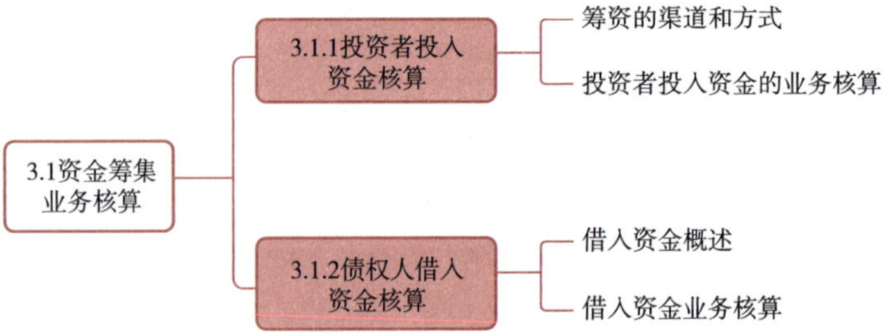

3.1.1 投资者投入资金核算

【岗位任务】

职场情景	益农智创生物科技有限公司在成立初期收到甲公司投入的货币资金 400 000 元，存入银行；收到乙公司投入的固定资产，经评估确认为 200 000 元；收到丙公司投入的专利权，经评估确认为 100 000 元；经营一年以后，丁投资者愿意加入该企业，经协商，企业将注册资本增加到 1 000 000 元，丁出资 500 000 元取得 30% 的股份
岗位任务	1. 请列出投资者甲、乙、丙初始投资的会计分录 2. 请列出投资者丁追加投资的会计分录

【知识准备】

企业要进行生产经营活动，必须具有一定数量的货币资金、固定资产和无形资产。而一定数量的货币资金、固定资产和无形资产从何取得？通过哪些渠道取得？取得数量各是多少？这些业务就是资金筹集业务，筹集生产经营资金是企业生产经营活动顺利开展的保证。

一、筹资的渠道和方式

（一）筹资的渠道

筹资渠道是指筹措资金来源的方向与通道，体现着资金的源泉和流量。企业筹集资金的渠道包括国家财政资金、银行信贷资金、非银行金融机构资金、其他企业资金、民间资金、企业自留资金和外商资金等。

（二）筹资的方式

筹资方式是指企业筹措资金所采取的具体形式，体现着资金的属性，企业筹集资金的方式主要有吸收直接投资、发行股票、银行借款、商业信用、发行债券、发行融资券和租赁筹资等。

企业筹资渠道通常可分为两大类：投资者投入和向债权人借入。

小思考：作为益农智创生物科技有限公司的负责人，公司在筹集资金过程中要考虑哪些因素，遵循哪些原则？

二、投资者投入资金的业务核算

（一）投资者投入资金业务核算的内容

我国公司法规定，设立公司必须有法定的注册资本金，即企业在工商行政管理部门登记的注册资金。企业通过发行股票、吸收直接投资或内部积累等方式来筹集资金，从而构成企业的所有者权益的主要部分。

在我国，投资者投入资金按投资主体不同，可分为国家资本金、法人资本金、个人资本金和外商资本金。投资者可以用货币资金、存货、固定资产、无形资产等形式向企业投资，成为企业的股东。在企业生产经营期内，投资者除依法转让外，不得以任何方式抽回资本金。因此，对投资者投入企业用于经营活动的各种财产物资是投资者投入资金业务核算的主要内容。

（二）主要账户设置

为了核算和监督投资者投入资金业务，企业应设置所有者权益类和资产类两类主要账户，其中主要有实收资本、资本公积、无形资产和银行存款四种。

1. 实收资本

账户类型：所有者权益类账户。

核算内容：核算企业接受投资者投入企业的资本额。

账户结构：贷方核算企业实收资本的增加，借方核算企业实收资本的减少，期末贷方余额表示企业接受投资者投入资本（或股本）的余额，如图3–1–1所示。

明细账户：应按不同的投资者设置明细账户进行明细核算。

说明：图中借方或贷方的期初、期末余额表示该账户如果存在余额时，应在账户中登记的方向。如果没有期初、期末余额则表示该类账户结账后应无余额。其他账户表示的含义相同。

实收资本

	期初余额
企业实收资本的减少	企业实收资本的增加
	期末余额

图3–1–1　实收资本

资本公积

	期初余额
资本公积的减少或转销	资本公积的增加
	期末余额

图3–1–2　资本公积

2. 资本公积

账户类型：所有者权益类账户。

核算内容：核算企业收到投资者出资超出其在注册资本（或股本）中所占的份额以及直接计入所有者权益的利得和损失。

账户结构：贷方核算资本公积的增加，借方核算资本公积的减少或转销，期末贷方余额反映企业资本公积的余额，如图3–1–2所示。

明细账户：应当分别按照“资本溢价”或“股本溢价”“其他资本公积”进行明细核算。

3. 无形资产

账户类型：资产类账户。

核算内容：核算企业无形资产的增减变动情况及其结余情况。

账户结构：借方登记企业购入或自行研发的，以及其他单位投资转入的各种无形资产；贷方登记企业减少的无形资产的成本；期末余额在借方，表示企业所拥有的无形资产的原值，如图3-1-3所示。

明细账户：按照无形资产的类别和项目设置明细账，进行明细分类核算。

4. 银行存款

账户类型：资产类账户。

核算内容：核算企业存入银行和其他金融机构的存款的增减变动情况。

账户结构：借方登记企业存入银行的款项；贷方登记企业提取和支取的存款数额；期末余额在借方，表示企业存款的实有数，如图3-1-4所示。

明细账户：按照开户银行及存款种类、币别分别设置明细账进行明细核算。

无形资产

期初余额	
企业购入或自行研发的，以及其他单位投资转入的各种无形资产	企业减少的无形资产的成本
期末余额	

图3-1-3　无形资产

银行存款

期初余额	
企业存入银行的款项	企业提取和支取的存款数额
期末余额	

图3-1-4　银行存款

（三）投资者投入资金业务核算示例

【例3-1-1】益农智创生物科技有限公司注册成立，接受大华公司投入现金100万元，款项已通过银行转入。

分析：益农智创生物科技有限公司接受投资者投入资金，获得一笔银行存款，故“银行存款”增加，记借方；同时，益农智创生物科技有限公司接受投资者投入的资本增加，即“实收资本”增加，记贷方。益农智创生物科技有限公司会计人员应根据业务内容编制会计分录如下：

借：银行存款　　1 000 000

　　贷：实收资本——大华公司　　1 000 000

【例3-1-2】假设益农智创生物科技有限公司按法定程序报经批准，减少注册资本30万元（其中B公司拥有40%的股份，D公司拥有60%的股份），款项已通过银行存款支付。

分析：益农智创生物科技有限公司减少注册资本的方式是向企业投资者支付一定金

额的银行存款，所以益农智创生物科技有限公司“银行存款”减少，记贷方；同时，企业接受投资者投资的金额相应减少，投资人在益农智创生物科技有限公司的权益相应减少，故应记“实收资本”的借方。益农智创生物科技有限公司会计人员应根据上述业务内容编制如下会计分录：

借：实收资本——B公司　　120 000
　　　　　　——D公司　　180 000
　贷：银行存款　　300 000

【例3-1-3】益农智创生物科技有限公司又接受百盛公司风险投资200万元，其中投入的十台设备双方协议价140万元，设备公允价值150万元，投入的一项产品生产配方作价50万元，双方已经办妥增资手续，不考虑相关税费。

分析：益农智创生物科技有限公司因接受百盛公司的投资而使“实收资本”增加，故应贷记“实收资本”；但由于其投入的资产总价值200万元超过协议价（即产生资本溢价），故超过部分应作为“资本公积”处理。益农智创生物科技有限公司会计人员应根据上述业务内容编制如下会计分录：

借：固定资产　　1 500 000
　　无形资产　　500 000
　贷：实收资本——百盛公司　　1 900 000
　　　资本公积——资本溢价　　100 000

小思考：如果投资者从企业撤出资金，企业该如何进行账务处理？

【任务实施】

岗位任务	任务解析
1. 请列出投资者甲、乙、丙初始投资的会计分录	借：银行存款　400 000 　　固定资产　200 000 　　无形资产　100 000 　贷：实收资本——甲　400 000 　　　　　　——乙　200 000 　　　　　　——丙　100 000
2. 请列出投资者丁追加投资的会计分录	借：银行存款　500 000 　贷：实收资本——丁　300 000 　　　资本公积——资本溢价　200 000

资金筹集业务核算

投资者投入资金业务核算：知识点测试

3.1.2　债权人借入资金核算

【岗位任务】

职场情景	益农智创生物科技有限公司在经营过程中发生以下经济业务： 为缓解资金紧张，向银行借入生产经营资金 100 000 元，年利率 6%，期限 6 个月，每月付息，到期还本，款项已存入银行 为改造一条生产线，向银行借入长期借款 1 000 000 元，期限 3 年，年利率 5%，款项已存入银行
岗位任务	1. 第一笔业务，期限为 6 个月的借款本金的核算 2. 第二笔业务，期限为 6 个月的借款利息的计算和每月支付时的核算 3. 第三笔业务，期限为 6 个月的借款到期归还时的核算 4. 第四笔业务，期限 3 年的借款借入时的核算

【知识准备】

一、借入资金概述

企业在生产经营的过程中，经常需要向银行等金融机构借款以弥补经营资金的不足。借款按其借用期限的长短分为长期借款和短期借款。企业借入的各种借款，须按期支付利息并按期归还。

二、借入资金业务核算

（一）借入资金业务核算的内容

企业自有资金不足以满足企业经营运转需要时，可以通过从银行或其他金融机构借款的方式筹集资金，并按借款协议约定的利率承担支付利息及到期归还借款本金的义务。因此，企业借入资金时，一方面银行存款增加，另一方面负债也相应增加。

（二）主要账户设置

为核算企业因借款而形成的负债，企业应设置“短期借款”和“长期借款”两个账户。还应设置“应付利息”和“财务费用”账户核算应付的借款利息和借款的利息费用。

1. 短期借款

账户类型：负债类账户。

核算内容：核算企业向银行或其他金融机构等借入的期限在1 年以下（含1年）的各种借款。

账户结构：贷方登记从银行或其他金融机构借入的短期贷款本金；借方登记企业归还的借款本金；期末余额在贷方，反映企业尚未偿还的短期借款的本金，如图3–1–5所示。

明细账户：按照借款种类、贷款人和币种进行明细核算。

2. 长期借款

账户类型：负债类账户。

核算内容：核算企业向银行或其他金融机构借入的期限在1 年以上（不含1年）的各项借款（含本金及计提的到期一次还本付息的借款利息）。

账户结构：贷方登记借入长期借款的本金及计提的到期一次还本付息的借款利息；借方登记归还的长期借款本金及利息；本账户期末贷方余额，反映企业尚未偿还的长期借款本金及利息的余额，如图3–1–6所示。

明细账户：按照贷款单位进行明细核算。

短期借款

	期初余额
归还的借款本金	从银行或其他金融机构借入的短期贷款本金
	期末余额

图3–1–5　短期借款

长期借款

	期初余额
归还的长期借款本金及利息	借入长期借款的本金及计提的到期一次还本付息的借款利息
	期末余额

图3–1–6　长期借款

3. 应付利息

账户类型：负债类账户。

核算内容：核算企业按照合同约定应支付的利息，包括短期借款、分期付息到期还本的长期借款、企业债券等应支付的利息。

账户结构：贷方登记应按月预先提取的利息费用；借方登记已支付的利息费用；期末余额在贷方，表示企业已经预提，但尚未支付的利息费用，如图3–1–7所示。

明细账户：按照借款种类、贷款人和币种进行明细核算。

4. 财务费用

账户类型：损益类（费用）账户。

核算内容：核算企业为筹集生产经营所需资金等而发生的筹资费用，包括利息支出（减利息收入）、汇兑差额以及相关的手续费等。

账户结构：借方登记发生的筹资费用；贷方登记发生的利息收入和结转本年利润的金额；期末，应将本账户余额转入“本年利润”账户，结转后本账户应无余额，如图3-1-8所示。

明细账户：按照费用类型进行明细核算。

应付利息

	期初余额
已支付的利息费用	应按月预先提取的利息费用
	期末余额

图3-1-7 应付利息

财务费用

发生的筹资费用	发生的利息收入和结转本年利润的金额

图3-1-8 财务费用

（三）借入资金业务核算示例

1.短期借款业务的核算

【例3-1-4】20×4年1月1日益农智创生物科技有限公司从B银行借入一年期借款10万元，年利率12%，每半年付息一次，到期一次还本。

分析：益农智创生物科技有限公司从B银行借入资金后，银行存款增加，故借记“银行存款”；同时，益农智创生物科技有限公司增加了一项负债，即“短期借款”增加，故应贷记“短期借款”。益农智创生物科技有限公司会计人员应根据上述业务内容编制如下会计分录：

借：银行存款　　100 000

　贷：短期借款——B银行　　100 000

企业借入上述短期借款后，必须承担支付利息的义务。益农智创生物科技有限公司每个月应计提利息费用。对于企业发生的利息费用，应通过“财务费用”账户进行核算。

【例3-1-5】益农智创生物科技有限公司每个月计提利息费用，20×4年6月30日，以银行存款支付银行上半年短期借款利息。

每个月预提的利息费用=100 000×12%/12=1 000（元）

上半年的利息费用100 000×12%×6/12=6 000（元）

分析：企业在月末确认发生的利息费用时，费用增加，应记“财务费用”的借方；同时，确认负债，贷记“应付利息”。6月末以银行存款支付利息时，银行存款减少，应贷记“银行存款”；同时减少负债，借记“应付利息”。益农智创生物科技有限公司会计人员应根据上述业务内容编制如下会计分录：

每个月预提利息费用时：

借：财务费用　　1 000

　贷：应付利息　　1 000

7月到12月计提利息处理同上。

6月末支付利息时：

借：应付利息　　6 000

　贷：银行存款——B银行　　6 000

【例3-1-6】20×4年12月31日，益农智创生物科技有限公司以银行存款归还B银行短期借款本金10万元及下半年利息6 000元。

分析：企业归还借款，则企业负债减少，故应借记“短期借款”；同时，企业还应确认并支付下半年的借款利息，所以还应借记“应付利息”、贷记“银行存款”等账户。益农智创生物科技有限公司会计人员应根据上述业务内容编制如下会计分录：

借：应付利息　　6 000

　　短期借款——B银行　　100 000

　贷：银行存款　　106 000

2. 长期借款业务的核算

【例3-1-7】20×4年12月1日益农智创生物科技有限公司从B银行借入两年期借款100万元，用于生产经营，年利率12%，到期一次还本付息。

分析：企业借入资金，则银行存款增加，应借记“银行存款”；同时，企业也增加了一笔负债，故应贷记“长期借款”。12月31日，企业计算应付利息：

应付利息 = 1 000 000 × 12%/12=10 000（元）

由于该借款是到期一次还本付息，应贷记“长期借款——应计利息”。

益农智创生物科技有限公司会计人员应根据上述业务内容编制如下会计分录：

借：银行存款　　1 000 000

　贷：长期借款——B银行　　1 000 000

借：财务费用　　10 000

　贷：长期借款——应计利息——B银行　　10 000

小思考：债务融资与股权融资有何区别？

【任务实施】

岗位任务	任务解析
1. 第一笔业务，期限为6个月的借款本金的核算	借：银行存款　　100 000 　贷：短期借款　　100 000
2. 第二笔业务，期限为6个月的借款利息的计算和每月支付时的核算	100 000×6%/12=500 借：财务费用　　500 　贷：银行存款　　500

续表

岗位任务	任务解析
3. 第三笔业务，期限为6个月的借款到期归还时的核算	借：短期借款 100 000 贷：银行存款 100 000
4. 第四笔业务，期限3年的借款借入时的核算	借：银行存款 1 000 000 贷：长期借款 1 000 000

负债筹资业务核算

债权人借入资金业务核算：知识点测试

课程思政：0短期借款背后的深意

习研堂

一、固化理论提素质（初级考点简答题）

1. 企业筹集资金的渠道和方式有哪些？
2. 简述投资者投入资金和债权人借入资金的区别与联系。
3. 简述实收资本和资本公积的关系。
4. 简述无形资产账户的核算内容。
5. 简述短期借款与长期借款的区别。
6. 简述不同计息方式短期借款利息的核算。

二、职场技能早养成（初级考点实务题）

1. 所有者投入资金的核算

（1）新股东A市明丽贸易有限公司将300 000元资本金汇入A市ABC服装有限公司账户。

（2）新股东赵斌以缝纫机设备进行投资，开具的增值税专用发票注明设备价款为200 000元，增值税为26 000元，赵斌在公司享有的资本金为220 000元。

（3）长征公司接受长城公司以某项专有技术作为投资，经评估确认价值为80 000元。

2. 向债权人借入资金的核算

（1）企业从银行借入期限为3个月的短期借款250 000元，年利率为6%，到期还本付息，所得借款已存入银行。

（2）企业为了扩建仓库，添置货架和叉车等仓储设备，从银行取得借款200 000元，期限为2年，年利率为7.2%，从下一年起按季度支付利息，借款已存入银行。

以上业务应如何编制会计分录?

自研堂

强国富农——助力合规采购

自研任务	为了满足生产的需要，公司现需采购玉米原材料一批，以小组为单位，请回答下列问题：企业向农业生产者购买玉米，支付 10 000 元，可以抵扣的进项税额是多少？若企业向一般纳税人购进玉米，价税共计支付 10 000 元，可以抵扣的进项税额是多少？会计应如何进行采购业务的核算
任务依据	党的二十大报告中提出“加快建设农业强国，扎实推动乡村产业、人才、文化、生态、组织振兴。全方位夯实粮食安全根基，全面落实粮食安全党政同责，牢牢守住十八亿亩耕地红线” 在税收政策方面，国家对于企业购进农产品给予了一定的税收优惠。特别是当企业直接向农业生产者采购农产品时，往往能享受到更多的税收优惠，这既降低了企业的采购成本，也鼓励了企业更多地与农业生产者建立合作关系。与此同时，向农业生产者采购农产品还有助于提升农民的收入，促进乡村经济的振兴。农民的收入增加，不仅能够改善他们的生活质量，还能够激发他们继续投身农业生产的积极性，从而推动整个农业行业的健康发展
任务解读	本次任务旨在深入了解购进农产品的税收政策，并对比企业向农业生产者购进农产品与向一般纳税人购进农产品的区别。通过对比，不仅可以了解到国家对于农业发展的支持政策，还能理解企业向农业生产者采购的重要性 同时，采购业务涉及企业与供应商之间的交易、企业内部物资流转和资金使用的方方面面，因此，对采购业务进行准确的核算，有助于企业实现精细化管理，更加清晰地了解各项采购活动的成本构成情况，有助于企业实现成本控制、提升竞争力、优化决策等，进而提升企业的整体运营效率和盈利能力
任务成果	完成企业向农业生产者购进农产品及向一般纳税人购进农产品时可抵扣进项税额的计算及采购业务的账务处理

学研堂

3.2 采购业务核算

学习目标

素质目标

- 培养税法遵从意识，强化依法纳税观念。
- 培养成本管控意识，养成精打细算的职业习惯。
- 培养团队协作精神，提升跨岗位协作能力。

知识目标

- 了解固定资产的特征及材料的定义。
- 熟悉农产品采购的税收优惠政策。
- 掌握材料采购成本构成及采购费用的分配方法。
- 掌握固定资产购入（需要安装/不需要安装）的账务处理。
- 掌握材料入库/未入库/款已付/款未付及预付款采购的账务处理。

能力目标

- 会计算材料的采购成本，合理分配共同采购费用。
- 会编制固定资产采购及材料采购的会计分录。
- 能够结合税收政策优化采购决策，降低企业税负成本。

知识导图

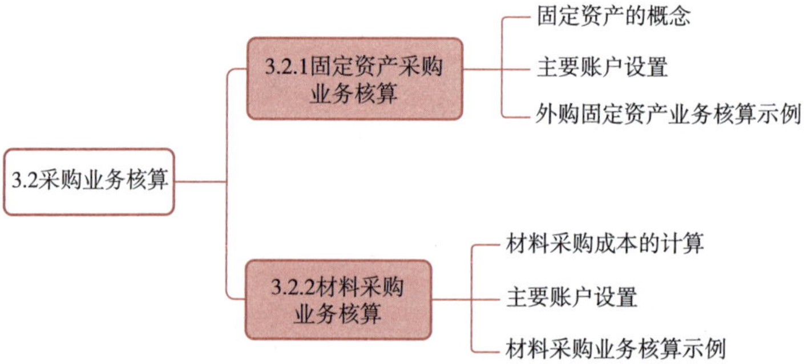

3.2.1　固定资产采购业务核算

【岗位任务】

职场情景	益农智创生物科技有限公司为满足经营的需要，现需购进生产设备 购入生产设备一台，购入后即投入使用，取得增值税专用发票注明价款 1 000 000 万元，增值税税额 130 000 元，全部价款通过银行转账支付 购进需安装的机器设备一台，取得增值税专用发票注明价款 500 000 元，增值税税额 65 000 元，发生安装费 50 000 元，全部价款通过银行转账支付
岗位任务	1. 确定外购固定资产的成本是多少 2. 购入不需要安装固定资产如何核算 3. 购入需要安装固定资产如何核算

【知识准备】

企业筹集到资金后，进而需要购入设备、厂房、材料、工（器）具等以备生产。通过物资采购，企业的财产物资增加了；同时，因采购而支付了相应的存款或承担了相应的负债，导致货币资金的减少或负债的增加。

一、固定资产的概念

固定资产是指为生产产品、提供劳务、出租或经营管理而持有，使用寿命超过一个会计年度的有形资产。具有以下特征：是一种有形资产；持有的目的是为生产产品、提供劳务、出租或经营管理等；使用寿命超过一个会计年度。固定资产按其取得时支付的实际成本作为入账的价值，取得时的实际成本包括买价、进口关税、运杂费、包装费、安装费和保险费等相关费用以及为使固定资产达到预定可使用状态前所发生的一切合理、必要的支出。

固定资产购建业务的核算一般分为两种情况：一种是不需要安装即可投入使用；另一种则需要经过安装、调试后才能投入使用。企业在进行固定资产购建业务核算时，必须准确反映所购建固定资产的实际使用状态和购进成本。

二、主要账户设置

（一）在建工程

账户类型：资产类账户。

核算内容：用来核算企业基建、更新改造等在建工程发生的支出。

账户结构：借方登记企业各项在建工程的实际支出，贷方登记工程达到预定可使用状态时转出的成本，期末余额在借方，反映企业期末尚未达到预定可使用状态的在建工程实际成本，其账户结构如图3-2-1所示。

（二）固定资产

账户类型：资产类账户。

核算内容：用以核算企业持有的固定资产原价。

账户结构：借方登记固定资产原价的增加，贷方登记固定资产原价的减少。期末余额在借方，反映企业期末固定资产的原价，其账户结构如图3-2-2所示。

明细账户：该账户可按固定资产类别和项目进行明细核算。

在建工程

期初余额	
在建工程的实际支出	工程达到预定可使用状态时转出的成本
期末余额	

图3-2-1 在建工程

固定资产

期初余额	
固定资产原价的增加	固定资产原价的减少
期末余额	

图3-2-2 固定资产

（三）应交税费

账户类型：负债类账户。

核算内容：核算企业按照税法规定计算应缴纳的各种税费，主要包括增值税、消费税、企业所得税、个人所得税、资源税、土地增值税、城市维护建设税、教育费附加等。

账户结构：贷方登记按税法规定计提的应交而未交的税费；借记登记实际缴纳的税费；本账户期末贷方余额，反映企业应交但尚未缴纳的税费；期末如为借方余额，反映企业多交或尚未抵扣的税费。在一般纳税人涉及增值税业务时，应设置应交税费——应交增值税明细账户，该账户下又设多个明细账户，即“进项税额”“销项税额”“已交税金”等。“应交税费”和“应交税费——应交增值税”账户结构分别如图3-2-3和图3-2-4所示。由于“应交税费——应交增值税”核算涉及较为复杂的增值税计税问题，本书只涉及其中的“进项税额”和“销项税额”的核算，对账户也只做简单说明。

明细账户：按照应交税费的税种进行明细核算。

说明：账户期初、期末余额中均标明的，表明该类账户期末余额可能在借方也可能在贷方，其他同理。

应交税费

期初余额	期初余额
实际缴纳的税费	按税法规定计提的应交而未交的税费
期末余额	期末余额

图3-2-3 应交税费

应交税费——应交增值税

进项税额	销项税额

图3-2-4 应交税费——应交增值税

三、外购固定资产业务核算示例

（一）购入不需要安装的固定资产

企业购入不需要安装的固定资产，按应计入固定资产成本的金额，借记“固定资产”和“应交税费——应交增值税（进项税额）”账户，贷记“银行存款”等账户。

【例3-2-1】20×4年1月1日，益农智创生物科技有限公司从A公司（一般纳税人）购入生产设备一套，购入后即投入使用。取得增值税专用发票注明价款1 000 000元，增值税税额为130 000元，全部价款转账支付。

分析：本业务涉及“固定资产”“应交税费——应交增值税（进项税额）”和“银行存款”三个账户。固定资产成本增加，应记入“固定资产”账户的借方，同时记入“应交税费——应交增值税（进项税额）”账户的借方；银行存款减少，应记入“银行存款”账户的贷方。应编制的会计分录为：

借：固定资产　　1 000 000
　　应交税费——应交增值税（进项税额）　　130 000
　贷：银行存款　　1 130 000

（二）购入需要安装的固定资产

企业购入需要安装的固定资产，应先通过“在建工程”账户进行核算，待固定资产达到预定可使用状态后再转入固定资产。

【例3-2-2】20×4年1月2日，益农智创生物科技有限公司从B公司购入需要安装的大型生产设备一套，取得增值税专用发票上注明价款5 000 000元，增值税税额为650 000元，全部价款以银行存款支付。

分析：该笔业务中，固定资产购入后需要安装，应先记入“在建工程”账户的借方，同时记入“应交税费——应交增值税（进项税额）”账户的借方，此外还涉及“银行存款”账户，应记入“银行存款”账户的贷方。应编制的会计分录为：

借：在建工程　　5 000 000
　　应交税费——应交增值税（进项税额）　　650 000
　贷：银行存款　　5 650 000

【例3-2-3】接【例3-2-2】，20×4年1月15日，益农智创生物科技有限公司聘请专业人员对设备进行调试安装，发生调试安装费5 000元，用银行存款支付。

分析：1月15日，对【例3-2-2】的在建工程进行安装，本业务涉及“在建工程”和“银行存款”两个账户，应记入“在建工程”账户的借方和“银行存款”账户的贷方。应编制的会计分录为：

借：在建工程　　5 000
　贷：银行存款　　5 000

【例3-2-4】接【例3-2-2】、【例3-2-3】，20×4年1月17日，益农智创生物科技有限公司购进的生产设备达到预定可使用状态，投入使用。

分析：1月17日，在建工程达到预定可使用状态，此时需要将原记入“在建工程”

账户的金额共5 005 000（5 000 000+5 000）元转入“固定资产”账户。应编制的会计分录为：

借：固定资产　　5 005 000
　贷：在建工程　　5 005 000

【任务实施】

岗位任务	任务解析
1. 确定外购固定资产的成本是多少	固定资产成本 =500 000+50 000=550 000 元
2. 购入不需要安装固定资产如何核算	借：固定资产　　1 000 000 　应交税费——应交增值税（进项税额）　　130 000 　贷：银行存款　　1 130 000
3. 购入需要安装固定资产如何核算	①购入时： 借：在建工程　　550 000 　应交税费——应交增值税（进项税额）　　65 000 　贷：银行存款　　615 000 ②安装完毕，达到预定使用状态时，把在建工程转入固定资产 借：固定资产　　550 000 　贷：在建工程　　550 000

固定资产采购的核算

固定资产采购业务核算：知识点测试

课程思政：企业绿色采购的实践与价值

3.2.2　材料采购业务核算

【岗位任务】

职场情景	益农智创生物科技有限公司为满足生产的需要，采购员向供应商甲企业采购一批A材料，取得了增值税专用发票（税率13%），注明材料不含税价款为10 000元，进项税额1 300元，为运输该批材料发生了200元的运费（假设运费不考虑增值税），该批材料已验收入库，款项均已通过银行转账支付

续表

岗位任务	1. 该批A材料的采购成本是多少 2. 取得了增值税专用发票对益农智创生物科技有限公司有何影响 3. 上述采购业务如何进行账务处理

【知识准备】

材料是指企业在生产经营过程中，经过加工改变其形态或者性质，并构成产品主要实体的各种原料以及主要材料、辅助材料。

一、材料采购成本的计算

（一）材料采购成本的构成

材料采购成本是指企业在采购过程中所发生的与材料相关的所有费用，以下是其主要的构成部分。

（1）材料的买价。买价是指在企业购入材料或商品的发票账单上列明的价款，但不包括按规定可以抵扣的增值税进项税额。这是材料采购成本的主要组成部分。

（2）运杂费。包括运输费、装卸费、仓储费、保险费等。这些费用是为了确保材料能够安全、及时地到达企业而产生的。

（3）运输途中的合理损耗。指企业与供应单位或运输部门所签订的合同中规定的合理损耗或必要的自然损耗。

例如，购入甲材料2 000千克，每千克单价5元，验收入库数量为1 990千克，经查验属于合理损耗。材料入库少了10千克，对应的成本是50元，但由于是合理损耗，所以不从总成本中扣除，材料总成本是10 000元（2 000×5），但单位成本提高了，为5.03元/千克（10 000/1 990）。

（4）入库前的挑选整理费用。指购入的材料在入库前需要挑选整理而发生的费用，包括挑选过程中所发生的工资、费用支出和必要的损耗，但要扣除下脚残料的价值。

（5）购入材料负担的税费等。根据国家税法规定，企业还需要为材料采购支付一定的税费，如关税、消费税、不得抵扣的增值税等。

在会计处理中，企业通常会将这些费用归集在一起，计算出材料的总成本，然后根据材料的用途或领用部门进行分配。了解材料采购成本的构成对于会计人员来说非常重要，因为它有助于准确核算企业的成本和费用，为企业的决策提供可靠的信息。

其中第（2）~（5）项为采购费用。

TIPS 采购人员的差旅费用、专设采购机构的经费、市内采购材料的零星运杂费不计入材料的采购成本。

（二）材料采购费用的分配

在采购过程中发生的采购费用，对于可以直接归属于有关材料的直接费用，应直接计入相关材料的采购成本；几种材料共同发生的采购费用，则应采用适当的方法按一定的分配标准分别计入各种材料的采购成本。实际工作中，可根据具体情况选择重量、体积、件数、买价等作为分配标准。分配共同发生的采购费用时，应先计算采购费用分配率，再计算各种材料应负担的采购费用。计算公式如下：

采购费用分配率 = 采购费用总额 ÷ 各种材料的重量（买价）等分配标准之和

某种材料应负担的采购费用 = 该种材料的重量（买价）等分配标准 × 采购费用分配率

例如益农智创生物科技有限公司从宏达公司采购玉米900千克，增值税专用发票上注明的货款为18 000元，购买大豆700千克，增值税专用发票上注明的货款为5 600元；玉米、大豆共发生装卸费800元。假设装卸费以玉米、大豆两种材料的重量作为分配标准，现分配装卸费如下：

分配率=800/（900+700）=0.5（元/千克）

玉米应分配的装卸费=900×0.5=450（元）

大豆应分配的装卸费=700×0.5=350（元）

玉米的采购成本=18 000+450=18 450（元）

大豆的采购成本=5 600+350=5 950（元）

二、主要账户设置

为了核算供应过程中材料采购的发生、贷款的结算以及库存材料储备的形成情况，应设置下列账户。

（一）在途物资

账户类型：资产类账户。

核算内容：核算实际成本法下企业购入正在途中或虽已运达但尚未验收入库的材料的采购成本。

账户结构：借方登记企业购入正在途中或虽已运达但尚未验收入库的材料成本；贷方登记材料入库后转入“原材料”账户的成本；期末余额在借方，表示正在途中或虽已运达但尚未验收入库的材料成本，如图3–2–5所示。

明细账户：按照材料种类进行明细核算。

（二）原材料

账户类型：资产类账户。

核算内容：核算企业库存各种材料的增减变动及其结余情况。

账户结构：在实际成本法下该账户的借方登记已验收入库材料的实际成本；贷方登记发出材料的实际成本；期末余额在借方，表示库存各种材料的实际成本，如图3–2–6所示。

明细账户：按照材料类别、品种和规格设置明细账户，进行明细分类核算。

在途物资

期初余额	
企业购入正在途中或虽已运达但尚未验收入库的材料成本	材料入库后转入“原材料”账户的成本
期末余额	

图3-2-5　在途物资

原材料

期初余额	
已验收入库材料的实际成本	发出材料的实际成本
期末余额	

图3-2-6　原材料

（三）应付账款

账户类型：负债类账户。

核算内容：核算企业因购买材料、商品和接受劳务供应等经营活动应支付的款项。

账户结构：贷方登记因购货而增加的负债；借方登记因偿还货款而减少的负债或无法支付转销的欠款；期末贷方余额表示尚未归还的货款，如图3-2-7所示。

明细账户：按债权人进行明细核算。

（四）应付票据

账户类型：负债类账户。

核算内容：核算企业购买材料、商品和接受劳务等活动而开出并承兑的商业汇票增减变动及其结余，商业汇票包括银行承兑汇票和商业承兑汇票。

账户结构：贷方登记开出并承兑的商业汇票；借记登记到期已支付的商业汇票；期末贷方余额，反映企业尚未到期的商业汇票，如图3-2-8所示。

明细账户：按照债权人名称进行明细核算。

应付账款

	期初余额
因偿还货款而减少的负债或无法支付转销的欠款	因购货而增加的负债
	期末余额

图3-2-7　应付账款

应付票据

	期初余额
到期已支付的商业汇票	开出并承兑的商业汇票
	期末余额

图3-2-8　应付票据

（五）预付账款

账户类型：资产类账户。

核算内容：核算企业按合同规定预付给供应单位的货款的增减变动及其结余。

账户结构：借方登记预付给供应单位的货款和补付的款项；贷方登记收到订购材料物资结算的价款和退回多付的款项；期末借方余额，表示企业实际预付的款项；期末如为贷方余额，表示企业尚未补付的款项，如图3-2-9所示。

明细账户：按照供应单位进行明细核算。

预付账款

期初余额	期初余额
预付给供应单位的货款和补付的款项	收到订购材料物资结算的价款和退回多付的款项
期末余额	期末余额

图3-2-9　预付账款

小思考：企业在经营过程中哪些会计账户既可能出现借方余额，又可能出现贷方余额？

三、材料采购业务核算示例

实际工作中，材料的日常收、发、结存可以根据企业实际情况采用实际成本法或计划成本法进行核算，本书仅以实际成本法为例进行讲解。

（一）材料已经验收入库、款项已经支付

【例3-2-5】20×4年1月2日，益农智创生物科技有限公司从裕粮公司购入大豆一批，增值税专用发票上记载的货款为100 000元，增值税税率为9%，增值税税额为9 000元，另外发生运费1 000元和保险费600元（假设运费和保险费不考虑增值税），全部款项已用转账支票付讫，材料已验收入库。

分析：这项经济业务涉及“原材料”“应交税费”和“银行存款”三个账户。一方面增加了库存材料，应记入“原材料”账户的借方，同时记入“应交税费——应交增值税（进项税额）”账户的借方；其中原材料的入账成本应包括买价及采购费用；另一方面，银行存款减少，应记入“银行存款”账户的贷方。应编制的会计分录为：

借：原材料——大豆　　101 600

　　应交税费——应交增值税（进项税额）　　9 000

　贷：银行存款　　110 600

TIPS

纳税人向农业生产者购进的自产农产品，开具了农产品收购发票或自产农产品销售发票的（该发票指农业生产者销售自产农产品适用免征增值税项目而开具的普通发票）。

【抵扣方式】

自2019年4月1日起，以农产品收购发票或自产农产品销售发票上注明的农产品买价的9%扣除率计算进项税额；纳税人购进农产品用于生产或委托加工

13% 税率货物，按照 10% 扣除率计算进项税额。

【举例说明】

某企业是一般纳税人农产品经销企业，2025 年 1 月从农业生产者处购买农产品，取得了一张农产品收购发票，票面注明农产品买价是 1 000 元，则该张发票可抵扣的进项税额 =1 000×9%=90 元，或 1 000×10%=100 元。

（二）材料已经验收入库、款项尚未支付

【例3-2-6】20×4年1月3日，益农智创生物科技有限公司从宏达公司购进玉米一批，增值税专用发票上标明的货款为30 000元，增值税税额为2 700元。材料已验收入库，款项尚未支付。

分析：该项经济业务的发生，使企业材料采购成本增加了30 000元，由于材料已验收入库，应记入"原材料"账户的借方，增值税进项税额2 700元，应记入"应交税费——应交增值税（进项税额）"账户的借方，同时款项未付表明企业负债增加32 700元，应记入"应付账款"账户的贷方。应编制的会计分录为：

借：原材料——玉米　　30 000

　　应交税费——应交增值税（进项税额）　　2 700

　贷：应付账款——宏达公司　　32 700

【例3-2-7】接【例3-2-6】，1月6日，以银行存款偿还前欠宏达公司购买玉米的货款、税款等32 700元。

分析：该项经济业务的发生，使银行存款和应付账款都减少了32 700元，应分别记入"应付账款"账户的借方和"银行存款"账户的贷方。应编制会计分录为：

借：应付账款——宏达公司　　32 700

　贷：银行存款　　32 700

（三）材料尚未验收入库

【例3-2-8】20×4年1月7日，益农智创生物科技有限公司从佳美公司购入大豆5 000千克，根据增值税专用发票标明大豆每千克6元，计30 000元；增值税税率为9%，税款2 700元，全部价款以银行存款支付，材料尚未到达。

分析：该项经济业务的发生，使企业材料采购成本增加了30 000元，但材料未到达，应记入"在途物资"账户的借方，增值税进项税额2 700元，应记入"应交税费——应交增值税（进项税额）"账户的借方，同时款项已支付，表明企业银行存款减少了32 700元，应记入"银行存款"账户的贷方。应编制会计分录为：

借：在途物资——大豆　　30 000

　　应交税费——应交增值税（进项税额）　　2 700

　贷：银行存款　　32 700

【例3-2-9】接【例3-2-8】，20×4年1月11日，从佳美公司购入的大豆到达企业，用现金支付搬运费1 000元后材料入库。

分析：该笔业务涉及两部分。第一，用现金支付搬运费。搬运费属于材料采购成本的一部分，应记入“在途物资”账户的借方，表示材料成本增加，用现金支付记入“库存现金”账户的贷方。第二，材料到达入库表示在途物资减少，仓库材料增加，应从“在途物资”账户的贷方转入“原材料”账户的借方。应编制会计分录为：

借：在途物资——大豆　　1 000

　贷：库存现金　　1 000

同时，借：原材料——大豆　　31 000

　　　贷：在途物资——大豆　　31 000

（四）以预付款方式购买原材料

【例3-2-10】1月12日，按与裕粮公司签订的合同规定，通过银行预付给裕粮公司大豆的货款30 000元。

分析：该项经济业务中预付的货款一方面使企业的资产增加，另一方面使银行存款减少，属于资产内部一增一减，分别应记入“预付账款”账户的借方和“银行存款”账户的贷方。应编制会计分录为：

借：预付账款——裕粮公司　　30 000

　贷：银行存款　　30 000

【例3-2-11】接【例3-2-10】，1月15日，从裕粮公司购入大豆6 000千克，根据增值税专用发票标明大豆每千克6元，计36 000元；增值税税率为9%，税款3 240元，材料验收入库。根据合同约定，补付货款9 240元。

分析：该项经济业务的发生，使企业材料采购成本增加36 000元，增值税进项税额3 240元，应分别记入“原材料”和“应交税费——应交增值税（进项税额）”账户的借方，同时冲销预付账款，表明企业资产减少39 240元。随后，又补付货款9 240元，应分别记入“预付账款”账户的借方和“银行存款”账户的贷方。应编制会计分录为：

借：原材料——大豆　　36 000

　　应交税费——应交增值税（进项税额）　　3 240

　贷：预付账款——裕粮公司　　39 240

同时，借：预付账款——裕粮公司　　9 240

　　　贷：银行存款　　9 240

【任务实施】

岗位任务	任务解析
1. 该批A材料的采购成本是多少	原材料的采购成本包括买价和采购费用，采购费用包括运杂费、运输途中的合理损耗、入库前的挑选整理费用、购入材料负担的税金（如关税）等 采购成本 =10 000+200=10 200（元）

续表

岗位任务	任务解析
2. 取得了增值税专用发票对益农智创生物科技有限公司有何影响	公司取得增值税专用发票可以抵扣增值税额
3. 上述采购业务如何进行账务处理	借：原材料——A 材料　　10 200 　　应交税费——应交增值税（进项税额）　　1 300 　贷：银行存款　　11 500

材料采购的核算（上）

材料采购的核算（下）

材料采购业务核算：知识点测试

习研堂

一、固化理论提素质（初级考点简答题）

1. 什么是材料采购成本？
2. 材料采购成本具体包括哪些内容？

二、职场技能早养成（初级考点实务题）

资料：A公司系增值税一般纳税人，20×4年12月份发生采购业务如下：

1. 从B公司购入甲材料400千克，单价100元，增值税进项税额为5 200元，该批材料尚未验收入库，开出转账支票支付货款及增值税。

2. 上述甲材料已到达，验收入库。

3. 向C公司购入下列材料，货款及增值税暂欠：

乙材料：2 000千克，单价50元，价款100 000元，增值税13 000元；

丙材料：1 000千克，单价60元，价款60 000元，增值税7 800元。

以银行存款支付乙材料、丙材料共同发生的运输费1 800元（运输费按两种材料的重量比例分摊），材料均未验收入库。

4. 以银行存款支付所欠C公司的款项。

5. 上项乙材料、丙材料已到达，验收入库并按实际成本结转。

6.向D公司购入一台不需要安装的机器设备，取得的增值税专用发票注明设备的买价200 000元，增值税税额26 000元，另支付保险费1 000元，款项均以银行存款支付。

7.购入需要安装的设备一台，取得的增值税专用发票注明设备的买价40 000元，增值税税额5 200元，设备抵达企业后进行安装，取得的增值税专用发票上注明安装费为2 000元，增值税税额180元，相关款项均以银行存款支付。

要求：根据上述经济业务编制会计分录。

自研堂

精准核算——控制生产成本

自研任务	益农智创生物科技有限公司在经过前期筹资，采购经营过程之后，开始进入生产运营阶段，作为财务人员你了解企业的生产过程吗？有关材料、人工、其他耗费在此过程中是如何计算和分配到产品成本中的，会发生哪些相关业务的会计核算呢
任务依据	《企业产品成本核算制度（试行）》中明确了产品成本的定义，即企业在生产产品过程中所发生的材料费用、职工薪酬，以及不能直接计入而按一定标准分配计入的各种间接费用。此外，该制度还规定了企业应当充分利用现代信息技术，编制、执行企业产品成本预算，并对执行情况进行分析、考核，落实成本管理责任制，加强对产品生产事前、事中、事后的全过程控制，以及加强产品成本核算与管理的各项基础工作 生产过程是企业资金周转的第二个阶段。《企业会计准则》对生产成本核算有详细的规定和要求。在生产过程中，一方面生产工人需要借助机器设备对各种原材料进行加工，制造出各种产品，并发生材料消耗的材料费、固定资产磨损的折旧费、生产工人劳动耗费的人工费等；同时，还要发生企业与工人之间的工资结算关系、与有关单位之间的劳务结算关系等。虽然这些费用具有不同的经济用途，发生在生产过程的不同环节，但均需要按照产品的种类进行归集和分配，最终计算出产品的生产成本。在价值形态上，资金形态由储备资金、货币资金等形态转化为生产资金形态；产品完工入库后，资金形态又从生产资金形态转化为成品资金形态
任务解读	精准核算是成本核算的一种深化和提升，成本核算的数据应当精确，尽量减少估算和假设，采用科学的方法进行成本计算，确保成本信息的准确性，以实现成本控制和经济效益的最大化，帮助企业在激烈的市场竞争中取得优势 为培养学生严谨的工作态度，成本管理和树立经济效益的理念，本任务要求同学们在老师的指导下，模拟公司财务部门，扮演成本会计角色，自行完成有关生产成本核算业务的账务处理。掌握各项生产耗费的发生、归集以及分配的账务处理流程 具体包括：了解企业产品的生产过程，收集整理与生产相关的成本数据，包括直接材料、直接人工和制造费用，归集、分配与结转制造费用，进行产品生产有关业务核算，计算并结转本月完工产品成本
任务成果	以工业企业为例，完成企业月末各项生产耗费的发生、归集以及分配业务的账务处理，并编制记账凭证

学研堂

3.3 生产业务核算

学习目标

素质目标

- 培养学生严谨细致的工作态度，确保成本核算真实准确。
- 强化团队协作与全局沟通能力，保障生产流程高效运行。
- 树立职业道德与数据保密意识，践行会计职业社会责任。

知识目标

- 掌握生产业务中直接材料、直接人工及制造费用的归集与分配方法 。
- 理解生产成本核算流程及完工产品与在产品成本的划分原理。
- 熟悉生产业务涉及的会计科目及其核算规则。

能力目标

- 会正确编制生产费用归集、分配及产品完工结转的会计分录。
- 会运用成本核算方法计算产品总成本与单位成本，并编制成本计算单。
- 会结合生产数据分析成本结构，为企业成本控制与决策提供依据。

知识导图

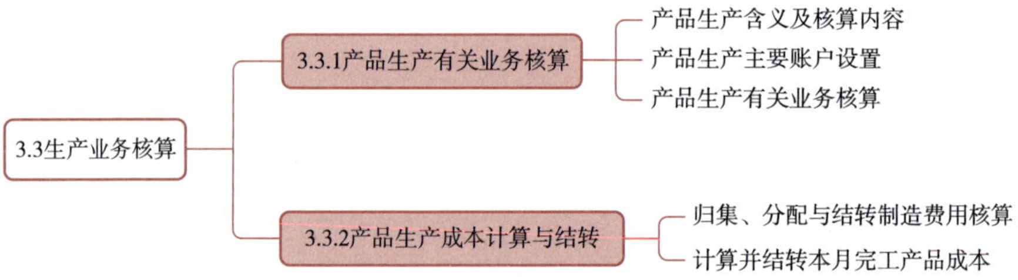

3.3.1　产品生产有关业务核算

【岗位任务】

职场情景	益农智创生物科技有限公司在经营过程中发生以下经济业务： 1. 公司仓库发出材料，共计72 000元，其中，生产产品耗用60 000元，车间一般耗用12 000元 2. 公司分配本月职工工资，共计64 000元，其中，产品生产工人工资40 000元，车间管理人员工资10 000元，行政管理人员工资8 000元，专设销售机构人员工资6 000元
岗位任务	1. 仓库发出材料的会计分录如何编制 2. 分配职工工资的会计分录如何编制

【知识准备】

一、产品生产含义及核算内容

产品生产过程是产品的制造过程，它是工业企业主要经营过程的第二阶段，是工业企业生产的中心环节。在这一过程中，消耗的材料物资，支付职工的工资薪酬，房屋、机器设备等资产的磨损和因经营管理活动发生的各项费用都形成了企业的生产费用。这些生产费用，有的是直接因生产产品而发生的，有的是间接因生产产品而发生的。对于这些费用，必须先按一定的方法进行归集，然后按一定标准进行分配，从而计算出产品的生产成本。因此，生产过程核算的内容主要包括生产费用的发生与归集和产品成本的计算。

二、产品生产主要账户设置

为了核算和监督企业生产经营过程中的耗费情况和产品成本信息，主要设置的账户有“生产成本”“制造费用”“应付职工薪酬”“库存商品”“累计折旧”“管理费用”等。

（一）生产成本

账户类型：成本类账户。

核算内容：核算企业进行产品生产发生的各项生产费用，包括生产各种产品（包括产成品、自制半成品等）、自制材料、自制工具、自制设备等。

账户结构：借方登记生产产品发生的各项直接生产费用和分配转入的制造费用；贷方登记因产品完工入库转出的完工产品成本，即产品完工时，应将完工产品的“生产成本”结转入“库存商品”账户；本账户期末借方余额，反映企业尚未加工完成的在产品的成本，如图3-3-1所示。

明细账户：当企业存在辅助生产部门（如供汽、供水、维修等车间）时，应按照基本生产成本和辅助生产成本进行明细核算。基本生产成本应当分别按照基本生产车间和成本核算对象（如产品的品种、类别、订单、批别、生产阶段等）设置明细账（或成本计算单），并按照规定的成本项目设置专栏。

（二）制造费用

账户类型：成本类账户。

核算内容：核算企业生产车间为生产产品而发生的各项间接费用，如固定资产折旧、职工薪酬、物料消耗、水电支出、停工损失等。

账户结构：借方登记产品生产发生的间接费用和分配转入的辅助生产费用；贷方登记分配转入生产成本或受益对象的金额；月末，企业应将本月累计发生的“制造费用”在不同的产品间进行分配，并将其转入相应的产品“生产成本”账户中去。除季节性的生产性企业外，本账户期末应无余额，如图3–3–2所示。

明细账户：按不同的生产车间和费用项目进行明细核算。

生产成本

期初余额	
生产产品发生的各项直接费用和分配转入的制造费用	因产品完工入库转出的完工产品成本
期末余额	

图3–3–1　生产成本

制造费用

期初余额	
产品生产发生的间接费用和分配转入的辅助生产费用	分配转入生产成本或受益对象的金额
期末余额	

图3–3–2　制造费用

（三）应付职工薪酬

账户类型：负债类账户。

核算内容：核算应付职工薪酬的计提、结算、使用等情况。

账户结构：贷方登记已分配计入有关成本费用项目的应付职工薪酬的数额，借方登记实际发放职工薪酬的数额，包括扣还的款项等；期末贷方余额，反映企业应付未付的职工薪酬，如图3–3–3所示。

明细账户：按照“工资、奖金、津贴和补贴”“职工福利费”“非货币性福利”“社会保险费”“住房公积金”“工会经费和职工教育经费”“带薪缺勤”“利润分享计划”“设定提存计划”“设定受益计划”“辞退福利”等职工薪酬项目设置明细账进行明细核算。

（四）库存商品

账户类型：资产类账户。

核算内容：核算企业库存的各种商品的实际成本（或进价）或计划成本（或售价），包括库存产成品、外购商品、存放在门市部准备出售的商品、发出展览的商品以及寄存在外的商品等。接受来料加工制造的代制品和为外单位加工修理的代修品，在制造和修理完成验收入库后，视同企业的产成品，也通过本账户核算。

账户结构：借方登记实际成本法下完工入库产品成本；贷方登记因出售等原因而减少的库存商品成本；期末借方余额，反映企业库存商品的实际成本（或进价）或计划成本（或售价），如图3–3–4所示。

明细账户：本账户可按库存商品的种类、品种和规格等进行明细核算。

应付职工薪酬	
	期初余额
实际发放职工薪酬的数额，包括扣还的款项等	已分配计入有关成本费用项目的应付职工薪酬的数额
	期末余额

图3-3-3　应付职工薪酬

库存商品	
期初余额	
实际成本法下完工入库产品成本	因出售等原因而减少的库存商品成本
期末余额	

图3-3-4　库存商品

（五）累计折旧

账户类型：资产类账户。

核算内容：核算企业固定资产的累计折旧。

账户结构：贷方登记计提的固定资产折旧；借方登记处置固定资产时，转销的累计折旧金额；期末贷方余额，反映企业固定资产的累计折旧额，如图3-3-5所示。

明细账户：按固定资产的类别或项目进行明细核算。

说明：累计折旧是固定资产的抵减账户，其余额方向在贷方。固定资产账户和累计折旧账户余额相抵后的余额，是固定资产的余值。

（六）管理费用

账户类型：损益类（费用）账户。

核算内容：核算企业行政管理部门为组织和管理生产经营活动而发生的费用，包括企业在筹建期间内发生的开办费、董事会和行政管理部门在企业的经营管理中发生的或者应由企业统一负担的公司经费（包括行政管理部门职工工资及福利费、办公费和差旅费等）、工会经费、董事会费、聘请中介机构费、咨询费（含顾问费）、诉讼费、业务招待费、技术转让费、矿产资源补偿费、研究费用、排污费以及企业行政管理部门发生的固定资产修理费等。

账户结构：借方登记发生的各种费用；贷方登记期末转入“本年利润”账户的费用；期末结转后，本账户无余额，如图3-3-6所示。

明细账户：按费用项目设置明细账，进行明细分类核算。

累计折旧	
	期初余额
处置固定资产时，转销的累计折旧金额	计提的固定资产折旧
	期末余额

图3-3-5　累计折旧

管理费用	
发生的各种费用	期末转入“本年利润”账户的费用

图3-3-6　管理费用

三、产品生产有关业务核算

（一）材料费用核算

【例3-3-1】益农智创生物科技有限公司根据当月领料凭证，编制本月材料耗用汇总表，如表3–3–1所示。

表3–3–1　　　　　　　　　　材料耗用汇总表

材料耗用汇总表

20×4年10月8日

用途	大豆		玉米		材料耗用合计（元）
	数量（千克）	金额（元）	数量（千克）	金额（元）	
制造产品领用：	54 000	135 000	20 000	24 000	159 000
豆油耗用	34 640	86 600	12 000	14 400	101 000
玉米蛋白粉耗用	19 360	48 400	8 000	9 600	58 000
车间一般耗用	7 920	19 800	6 000	7 200	27 000
行政管理部门	14 240	35 600	7 000	8 400	44 000
合计	76 160	190 400	33 000	39 600	230 000

根据材料耗用汇总表，应编制如下会计分录：

借：生产成本——豆油　　101 000
　　　　　　——玉米蛋白粉　　58 000
　　制造费用　　27 000
　　管理费用　　44 000
　贷：原材料——大豆　　190 400
　　　　　　——玉米　　39 600

（二）人工费用核算

【例3–3–2】益农智创生物科技有限公司本月应付工资总额270 000元，其中产品生产人员工资为180 000 元（生产豆油工人工资120 000元，生产玉米蛋白粉工人工资60 000元），车间管理人员工资为40 000元，企业行政管理人员工资为50 000元，公司在进行会计处理时，应编制如下会计分录：

借：生产成本——豆油　　120 000
　　　　　　——玉米蛋白粉　　60 000
　　制造费用　　40 000
　　管理费用　　50 000
　贷：应付职工薪酬——工资　　270 000

【例3–3–3】益农智创生物科技有限公司以银行存款支付职工伙食费、困难补助等各种福利费共计26 400元，其中：豆油生产工人12 000元，玉米蛋白粉生产工人6 000元，车间管理人员福利费2 400元，企业行政管理人员福利费6 000元。

①企业实际支付福利费时：

借：应付职工薪酬——职工福利　　26 400
　贷：银行存款　　26 400

②企业列支福利费时：

借：生产成本——豆油　12 000

　　　　　——玉米蛋白粉　6 000

　　制造费用　2 400

　　管理费用　6 000

　贷：应付职工薪酬——职工福利　26 400

【例3-3-4】根据国家规定的计提标准计算，益农智创生物科技有限公司本月应向社会保险经办机构缴纳职工基本养老保险110 000元，其中应计入基本生产车间生产成本的金额为75 000元（应计入豆油产品成本的为50 000元，应计入玉米蛋白粉产品成本的为25 000元），应计入制造费用的金额为10 000元，应计入管理费用的金额为25 000元。公司在进行会计处理时，应编制的会计分录为：

借：生产成本——豆油　50 000

　　　　　——玉米蛋白粉　25 000

　　制造费用　10 000

　　管理费用　25 000

　贷：应付职工薪酬——社会保险费　110 000

【例3-3-5】益农智创生物科技有限公司根据“工资结算汇总表”结算本月应付职工工资总额286 000元，代扣企业代垫职工家属医药费6 000元，实发280 000元。公司在进行会计处理时，应编制的会计分录为：

①银行提取现金：

借：库存现金　280 000

　贷：银行存款　280 000

②用现金发放工资：

借：应付职工薪酬——工资　280 000

　贷：库存现金　280 000

③代扣医药费：

借：应付职工薪酬——工资　6 000

　贷：其他应收款　6 000

（三）其他消耗业务核算

【例3-3-6】益农智创生物科技有限公司按照期初应计提折旧的固定资产总值和确定的折旧方法相应提取的折旧额为13 300元，其中生产车间所用设备应提取的折旧额为7 800元，行政管理部门所用固定资产应提取的折旧额为5 500元。公司在进行会计处理时，应编制的会计分录为：

借：制造费用　7 800

　　管理费用　5 500

　贷：累计折旧　13 300

【例3-3-7】益农智创生物科技有限公司支付生产车间劳动保护费1 200元，保险费

400元，办公费1 100 元，共计2 700元。款项用银行存款支付。公司在进行会计处理时，应编制的会计分录为：

借：制造费用　　2 700

　贷：银行存款　　2 700

【例3-3-8】采购员李强出差，向财会部门借差旅费2 000元，付给其现金。公司在进行会计处理时，应编制的会计分录为：

借：其他应收款——李强　　2 000

　贷：库存现金　　2 000

【例3-3-9】李强出差回来报销差旅费1 800元，交回现金200元。公司在进行会计处理时，应编制的会计分录为：

借：库存现金　　200

　　管理费用　　1 800

　贷：其他应收款——李强　　2 000

【例3-3-10】益农智创生物科技有限公司分配本月企业制造部门应负担的水电费3 700元，款项已通过银行存款支付。公司在进行会计处理时，应编制的会计分录为：

借：制造费用　　3 700

　贷：银行存款　　3 700

小思考：产品的成本项目包括哪些内容？为什么要为产品成本设置这么严格的明细账？请到网上查找一张登记完整的生产成本明细账理解一下。

【任务实施】

岗位任务	任务解析
1. 仓库发出材料的会计分录如何编制	公司仓库发出材料，共计72 000元，其中，生产产品耗用60 000元，车间一般耗用12 000元 借：生产成本　60 000 　　制造费用　12 000 　贷：原材料　72 000
2. 分配职工工资的会计分录如何编制	公司分配本月职工工资，共计64 000元，其中，产品生产工人工资40 000元，车间管理人员工资10 000元，行政管理人员工资8 000元，专设销售机构人员工资6 000元 借：生产成本　40 000 　　制造费用　10 000 　　管理费用　8 000 　　销售费用　6 000 　贷：应付职工薪酬——工资　64 000

生产业务
核算（上）

产品生产有关
业务核算：知识点测试

课程思政：京东的全球
首个全流程无人仓库

3.3.2　产品生产成本计算与结转

【岗位任务】

职场情景	益农智创生物科技有限公司在经营过程中发生以下经济业务： 1. 公司生产车间发生办公用品费 5 000 元 2. 归集本月制造费用共计 30 000 元，按产品生产工时比例在甲乙产品之间进行分配，其中，甲产品生产工时 3 000 小时，乙产品生产工时 2 000 小时 3. 月末甲、乙产品均已完工并验收入库，其中，甲产品生产成本 150 000 元，乙产品生产成本 120 000 元
岗位任务	1. 生产车间发生办公用品费的会计分录如何编制 2. 如何分配本月制造费用 3. 结转本月制造费用的会计分录如何编制 4. 产品已验收入库的会计分录如何编制

【知识准备】

一、归集、分配与结转制造费用核算

制造费用是产品制造企业为了生产产品和提供劳务而发生的各种间接费用。制造业的各项生产耗费，除生产资料耗费、人工耗费等以外，还会耗费一些其他费用，例如，固定资产折旧费、车间照明电费、水费、保险费、劳动保护费等。这些费用在发生时因暂时无法归入某一特定产品，所以，先按照发生的地点或使用用途进行归集，记入“制造费用”账户中，期末再按照一定的分配标准（如生产工时比例、机器工时比例、生产工人工资比例等）在各种产品之间进行合理分配，将其转入“生产成本”账户中。

【例3-3-11】将【例3-3-1】到【例3-3-10】中发生的制造费用记入“制造费用”总分类账户，如表3-3-2所示，归集的制造费用按生产工人工资比例进行分配，分配表如表3-3-3所示。

表3-3-2　　制造费用总分类账

20×4年10月8日　　单位：元

20×4年		摘要	借方	贷方	借或贷	余额
月	日					
略	略	车间一般耗用材料	27 000		借	27 000
		车间管理人员工资	40 000		借	67 000
		车间管理人员福利费	2 400		借	69 400
		车间管理人员养老保险	10 000		借	79 400
		计提折旧费用	7 800		借	87 200
		劳动保护费	2 700		借	89 900
		支付车间水电费	3 700		借	93 600

制造费用分配率＝制造费用总额 ÷ 生产工人工资总额

＝93 600÷（120 000+60 000）＝0.52

豆油应负担的制造费用＝豆油生产工人工资 × 分配率

＝120 000×0.52＝62 400（元）

玉米蛋白粉应负担的制造费用＝玉米蛋白粉生产工人工资 × 分配率

＝60 000×0.52＝31 200（元）

表3-3-3　　制造费用分配表

产品名称	生产工人工资（元）	分配率	分配金额（元）
豆油	120 000	0.52	62 400
玉米蛋白粉	60 000	0.52	31 200
合计	180 000	—	93 600

根据制造费用分配表进行会计处理时，编制的会计分录为：

借：生产成本——豆油　　62 400

　　　　　　——玉米蛋白粉　　31 200

　贷：制造费用　　93 600

二、计算并结转本月完工产品成本

【例3-3-12】益农智创生物科技有限公司本期生产的豆油、玉米蛋白粉两种产品的生产成本明细分类账见表3-3-4和表3-3-5，其中豆油没有全部完工，产品成本按年初固定数确定，即直接材料15 000元，直接人工费60 000元，制造费用5 000元。玉米蛋白粉月初和月末不计算在产品成本，本月投产全部完工，验收入库装箱。

表3-3-4 豆油生产成本明细分类账

产品名称：豆油 单位：元

20×4年		凭证号	摘 要	直接材料	直接人工	制造费用	合计
月	日						
10	31		期初在产品成本	15 000	60 000	5 000	80 000
		1	生产耗用材料	101 000			101 000
		2	生产工人工资		120 000		120 000
		4	生产工人福利费		12 000		12 000
		5	生产工人养老保险		50 000		50 000
		14	分配制造费用			62 400	62 400
			合计	116 000	242 000	67 400	425 400

表3-3-5 玉米蛋白粉生产成本明细分类账

产品名称：玉米蛋白粉 单位：元

20×4年		凭证号	摘 要	直接材料	直接人工	制造费用	合计
月	日						
10	31	1	生产耗用材料	58 000			58 000
		2	生产工人工资		60 000		60 000
		4	生产工人福利费		6 000		6 000
		5	生产工人养老保险		25 000		25 000
		14	分配制造费用			31 200	31 200
			合计	58 000	91 000	31 200	180 200

根据两种产品生产成本明细分类账，分别编制生产成本计算单，见表3-3-6和表3-3-7。

表3-3-6 豆油生产成本计算单

产品名称：豆油 20×4年10月31日 单位：元

摘要	成本项目			
	直接材料	直接人工	制造费用	合计
月初在产品成本	15 000	60 000	5 000	80 000
本月生产费用	101 000	182 000	62 400	345 400
合计	116 000	242 000	67 400	425 400
完工产品成本	101 000	182 000	62 400	345 400
月末在产品成本	15 000	60 000	5 000	80 000

表 3–3–7　　玉米蛋白粉生产成本计算单

产品名称：玉米蛋白粉　　20×4年10月31日　　单位：元

摘要	成本项目			
	直接材料	直接人工	制造费用	合计
月初在产品成本	0	0	0	0
本月生产费用	58 000	91 000	31 200	180 200
合计	58 000	91 000	31 200	180 200
完工产品成本	58 000	91 000	31 200	180 200
月末在产品成本	0	0	0	0

根据生产成本计算单，益农智创生物科技有限公司在进行会计处理时，应编制的会计分录为：

借：库存商品——豆油　　345 400
　　　　——玉米蛋白粉　　180 200
　贷：生产成本——豆油　　345 400
　　　　——玉米蛋白粉　　180 200

小思考：上述【例 3–3–1】到【例 3–3–12】是一个完整的工业企业成本计算的品种法的应用，你理解品种法的原理了吗？请谈一谈吧！

【任务实施】

岗位任务	任务解析
1. 生产车间发生办公用品费的会计分录如何编制	公司生产车间发生办公用品费 5 000 元 借：制造费用　　5 000 　贷：银行存款　　5 000
2. 如何分配本月制造费用	归集本月制造费用共计 30 000 元，按产品生产工时比例在甲乙产品之间进行分配，其中，甲产品生产工时 3 000 小时，乙产品生产工时 2 000 小时 制造费用分配率 =30 000÷（3 000+2 000）=6 甲产品分配制造费用 =3 000×6=18 000（元） 乙产品分配制造费用 =2 000×6=12 000（元）
3. 结转本月制造费用的会计分录如何编制	借：生产成本——甲产品　　18 000 　　　　——乙产品　　12 000 　贷：制造费用　　30 000

续表

岗位任务	任务解析
4. 产品已验收入库的会计分录如何编制	月末甲、乙产品均已完工并验收入库，其中，甲产品生产成本 150 000 元，乙产品生产成本 120 000 元 借：库存商品——甲产品　　150 000 　　　　　　——乙产品　　120 000 　贷：生产成本——甲产品　　150 000 　　　　　　——乙产品　　120 000

生产业务核算（下）

产品生产成本计算与结转：知识点测试

课程思政：廉洁自律是会计职业声誉的试金石

习研堂

一、固化理论提素质（初级考点简答题）

1. 如何设置产品成本项目？
2. 成本与费用的关系是怎样的？
3. 简述产品生产过程中设置的账户及账户结构。
4. 产品生产过程中主要的核算业务包括哪些？

二、职场技能早养成（初级考点实务题）

1. 产品生产有关业务核算

（1）仓库发出原材料58 000元，其中，产品生产领用43 000元，车间一般耗用15 000元。

（2）公司生产甲产品领用A材料200吨，每吨20元，领用B材料100吨，每吨15元。

（3）公司月末根据工资结算汇总表分配工资，其中，生产工人工资500 000元，车间技术人员工资200 000元，厂部管理人员工资100 000元。

（4）公司某台机器设备的原值为400 000元，预计可使用15年。按照有关规定，该机器设备的残值率为3%，该机器设备的折旧率与折旧额分别是多少？

以上业务应如何编制会计分录？

2. 产品生产成本计算与结转

（1）月末归集本月制造费用合计250 000元，按工时比例分配，其中，甲产品工时3 000小时，乙产品工时2 000小时，月末结转制造费用。

（2）月末结转本月制造费用360 000元，其中，甲产品240 000元，乙产品120 000元。

（3）甲产品全部完工，结转已完工的甲产品生产成本并办理产品入库手续。其中，甲产品共3 440件，生产成本总额为86 000元，其单位成本为25元。

（4）月末，甲乙产品全部完工，其中，甲产品5 000件全部完成，其实际成本为600 000元；乙产品完工1 000件，其实际成本为200 000元，并已验收入库。

以上业务应如何编制会计分录？

自研堂

精细管理——优化销售业务

自研任务	企业的销售业务作为公司收入的主要来源，其会计凭证的处理对于公司的财务管理至关重要。作为财务人员，你知道公司销售业务的基本流程吗？包括哪些环节？各环节中涉及的会计凭证又是怎样的
任务依据	《企业会计准则——基本准则》规定：对于销售业务的会计处理，企业需要编制相关的会计凭证，如销售发票、收款凭证和销售成本结转凭证等，以详细记录销售业务的交易信息，确保销售业务的账务处理完整和准确。此外，企业会计准则还强调了稳健性原则在销售收入确认中的应用，即不应高估收入或低估费用 销售业务涉及的收入、成本、税费等都需要按照会计准则进行准确核算和记录，确保会计信息的真实性和完整性。同时，企业在进行销售业务时，也需要遵守相关的法律法规，如《中华人民共和国增值税法》等，确保销售活动的合法性和合规性 这些规定确保了企业销售业务的会计处理符合法律法规的要求，有利于维护社会主义市场经济秩序，提高会计信息的质量和透明度，对于促进经济的健康发展具有重要意义
任务解读	企业需要按照基本准则的要求，通过填制会计凭证、登记会计账簿来记录销售业务。这些记录应当真实、准确地反映经济业务的发生和结果 为培养学生分析问题、解决问题的能力，使其能够熟练运用会计凭证进行公司销售业务的账务处理，本任务要求同学们全面了解公司销售业务的基本流程，包括合同签订、发货、收款等环节，并明确各环节中涉及的会计凭证类型，根据销售业务的不同阶段，正确编制相关会计凭证 具体包括： （1）填制销售发票、销售出库单等相关单据 （2）编制会计分录，包括销售收入、应收账款、应交税费等科目的借贷方向及金额 （3）登记会计账簿，包括总账、明细账等 （4）进行会计凭证的审核，确保账务处理的正确性
任务成果	完成企业销售业务的账务处理，编制记账凭证

学研堂

3.4
销售业务核算

学习目标

素质目标

- 培养诚信为本的职业操守，树立严谨细致的责任意识。
- 培养遵纪守法的职业准则，恪守精准规范的税法准则。
- 培养团队协作的沟通意识，推动高效协同的跨部门合作。

知识目标

- 了解产品销售和其他销售业务的基本流程及核算意义。
- 熟悉主营业务收入、其他业务收入等账户的结构与用途。
- 掌握销售收入确认、成本结转及税费核算的账务处理方法。

能力目标

- 会编制产品销售和其他销售业务的会计分录。
- 会填制销售收入、成本及相关税费的记账凭证。
- 能够独立完成销售业务从单据审核到账簿登记的全流程核算。

知识导图

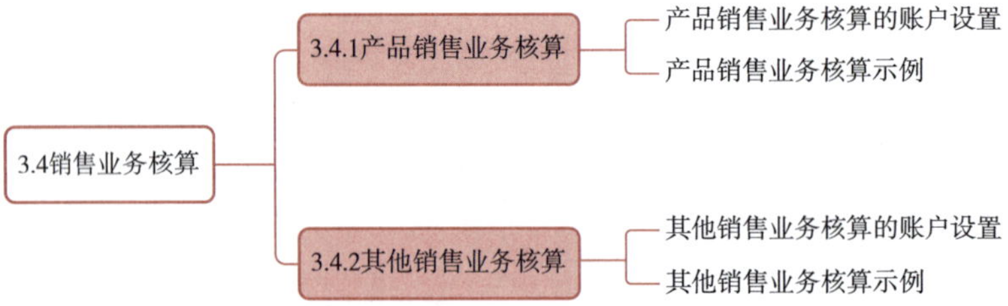

3.4.1　产品销售业务核算

【岗位任务】

职场情景	1. 益农智创生物科技有限公司为了提高销售额，计划在公交车车身上打广告，以达到扩大销售的目的，支付了10 000元的广告费（假设不考虑增值税） 2. 公司销售人员向客户销售一批蔬菜罐头，并开具了增值税专用发票（税率13%）。注明不含税价款为10 000元，销项税额1300元，该批产品已发出，款项已收到，并存入银行。产品的销售成本为6 000元
岗位任务	1. 广告费如何进行账务处理 2. 销售产品取得货币资金应该如何记账？结转销售成本的会计分录如何编制

【知识准备】

企业产品加工完工后，为及时收回资金，就需要将生产的产品销售出去，以保证企业再生产的正常运行。

在销售过程中，一方面取得了销售产品的收入，另一方面还会发生一些销售费用，如销售产品的运输费、装卸费、包装费和广告费等。

一、产品销售业务核算的账户设置

（一）主营业务收入

账户类型：损益类（收入）账户。

核算内容：核算企业确认销售商品、提供劳务等主营业务形成的收入。

账户结构：贷方登记实现的营业收入；借方登记退货冲减的收入和期末将本账户的余额转入“本年利润”账户的金额；结转后本账户应无余额，如图3-4-1所示。

明细账户：按主营业务的种类进行明细核算。

（二）主营业务成本

账户类型：损益类（费用）账户。

核算内容：核算企业确认销售商品、提供劳务等主营业务收入时应结转的成本。

账户结构：借方登记销售产品时发生的主营业务成本；贷方登记退货冲减的主营业务成本和期末将本账户的余额转入“本年利润”账户的金额，结转后本账户应无余额，如图3-4-2所示。

明细账户：按主营业务的种类进行明细核算。

主营业务收入

退货冲减的收入和期末将本账户的余额转入“本年利润”账户的金额	实现的营业收入

图3–4–1　主营业务收入

主营业务成本

销售产品时发生的主营业务成本	退货冲减的主营业务成本和期末将本账户的余额转入“本年利润”账户的金额

图3–4–2　主营业务成本

（三）应收账款

账户类型：资产类账户。

核算内容：核算企业因销售商品，提供劳务等而应收的货款。

账户结构：借方登记企业销售商品、提供劳务产生应收的账款；贷方登记收回的货款或确认的坏账损失；期末余额在借方，表示尚未收回的欠款，如图3–4–3所示。

明细账户：按购货单位或接受劳务单位设置明细账，进行明细分类核算。

（四）应收票据

账户类型：资产类账户。

核算内容：核算企业因销售商品，提供劳务等而收到的商业汇票，包括银行承兑汇票和商业承兑汇票。

账户结构：借方登记企业收到的应收票据的价值；贷方登记票据到期收回的票据账面价值和持有未到期票据向银行贴现的票据账面价值；期末余额在借方，表示尚未到期的应收票据金额，如图3–4–4所示。

明细账户：按照购买方或接受劳务单位设置明细账，进行分类核算。

应收账款

期初余额	
企业销售商品、提供劳务产生应收的账款	收回的货款或确认的坏账损失
期末余额	

图3–4–3　应收账款

应收票据

期初余额	
企业收到的应收票据的价值	票据到期收回的票据账面价值和持有未到期票据向银行贴现的票据账面价值
期末余额	

图3–4–4　应收票据

小思考：哪些账户既可能出现借方余额又可能出现贷方余额？为什么会出现这种情况？

（五）销售费用

账户类型：损益类（费用）账户。

核算内容：核算企业在销售商品过程中发生的各种费用，包括保险费、包装费、展览费和广告费、运输费、装卸费以及为销售本企业商品而专设销售机构（含销售网点、售后服务网点等）的职工薪酬、业务费、折旧费等经营费用。

账户结构：借方登记发生的各种销售费用；贷方登记转入“本年利润”账户的销售费用；期末结转后无余额，如图3–4–5所示。

明细账户：本账户应按照费用项目设置明细账，进行明细分类核算。

销售费用

发生的各种销售费用	转入“本年利润”账户的销售费用

图3–4–5 销售费用

二、产品销售业务核算示例

（一）取得产品销售收入

【例3–4–1】1月20日，益农智创生物科技有限公司将一批玉米蛋白粉售出，售价（价税合计）101 700元，增值税13%，收到款项存入银行。

分析：企业将产品售出，款项也已收到，表明企业营业收入增加、存款增加；在企业营业收入增加的同时，还应同时确认一笔负债（应交税费），故应计算该笔业务应缴纳的增值税并编制分录如下：

销项税额=101 700÷（1+13%）×13%=11 700（元）

主营业务收入=101 700–11 700=90 000（元）

借：银行存款　101 700

　贷：主营业务收入——玉米蛋白粉　90 000

　　应交税费——应交增值税（销项税额）　11 700

【例3–4–2】1月21日，益农智创生物科技有限公司销售一批豆油，发票列明价税合计10 900元（税率9%），收到购货方开出的商业承兑汇票一张，面值10 900元。

借：应收票据　10 900

　贷：主营业务收入——豆油　10 000

　　应交税费——应交增值税（销项税额）　900

【例3–4–3】1月22日，益农智创生物科技有限公司销售给宇通公司蔬菜罐头一批，发票列明不含税金额60 000元，税额7 800元，货款暂未收到。

借：应收账款——宇通公司　67 800

　贷：主营业务收入——蔬菜罐头　60 000

　　应交税费——应交增值税（销项税额）　7 800

【例3–4–4】承上例，1月24日，收到宇通公司前欠货款。

借：银行存款　　67 800

　贷：应收账款——宇通公司　　67 800

（二）产品销售成本结转

【例3-4-5】1月25日，结转上例中蔬菜罐头销售成本50 000元。

分析：企业将库存商品的所有权出让并交付了商品，表明企业库存商品减少、主营业务成本增加，故应编制如下会计分录：

借：主营业务成本——蔬菜罐头　　50 000

　贷：库存商品——蔬菜罐头　　50 000

（三）发生销售费用

【例3-4-6】1月26日，益农智创生物科技有限公司为销售产品，进行广告宣传，以现金支付广告费10 000元，假设不考虑增值税。

分析：企业以现金支付广告费，一方面现金减少，同时销售费用增加，故应编制分录如下：

借：销售费用　　10 000

　贷：库存现金　　10 000

【任务实施】

岗位任务	任务解析
1. 广告费如何进行账务处理	借：销售费用　10 000 　贷：银行存款　10 000
2. 销售产品取得货币资金应该如何记账？结转销售成本的会计分录如何编制	借：银行存款　11 300 　贷：主营业务收入——蔬菜罐头　10 000 　　应交税费——应交增值税（销项税额）　1 300 借：主营业务成本——蔬菜罐头　6 000 　贷：库存商品——蔬菜罐头　6 000

销售业务核算

产品销售业务核算：知识点测试

课程思政：税警联手，阻断虚开黑手

3.4.2　其他销售业务核算

【岗位任务】

职场情景	益农智创生物科技有限公司在经营过程中发生以下经济业务： 公司将积压在仓库的一批原材料出售，开出增值税专用发票，注明原材料不含税价款为 10 000 元，销项税额 1 300 元，款项已收到并存入银行。原材料成本为 7 000 元 月末，公司按照本月应交增值税计提城市维护建设税 700 元，计提教育费附加 300 元，开具转账支票缴纳税款
岗位任务	1. 企业销售材料并结转材料销售成本如何账务处理 2. 计算缴纳企业销售活动应负担的税金及附加

【知识准备】

企业除了主要经营业务活动实现的收入以外，还可能发生一些其他经济业务，如销售材料、出租固定资产、出租无形资产、出租包装物等，这些业务取得的收入就是其他业务收入。

月末，企业还应当根据国家有关税法的规定，计算缴纳企业销售活动应负担的税金及附加。

一、其他销售业务核算的账户设置

（一）其他业务收入

账户类型：损益类（收入）账户。

核算内容：核算企业确认的除主营业务活动以外的其他经营活动实现的收入，包括出租固定资产、出租无形资产、出租包装物、销售材料、用材料进行非货币性资产交换（非货币性资产交换具有商业实质且公允价值能够可靠计量）或债务重组等实现的收入。

账户结构：贷方登记其他经营活动实现的收入；借方登记期末将本账户的余额转入“本年利润”账户的金额；结转后本账户应无余额，如图3–4–6所示。

明细账户：按其他业务收入种类进行明细核算。

（二）其他业务成本

账户类型：损益类（费用）账户。

核算内容：核算企业确认的除主营业务活动以外的其他经营活动所发生的成本，包括销售材料的成本、出租固定资产的折旧额、出租无形资产的摊销额、出租包装物的成本或摊销额等。企业确认发生其他业务成本时，借记本账户；期末，将本账户余额转入“本年利润”账户时，贷记本账户；结转后本账户无余额。

账户结构：借方登记发生的其他业务成本；贷方登记期末将本账户的余额转入“本年利润”账户的金额，结转后本账户应无余额，如图3–4–7所示。

其他业务收入

期末将本账户的余额转入“本年利润”账户的金额	其他经营活动实现的收入

图3-4-6　其他业务收入

其他业务成本

发生的其他业务成本	期末将本账户的余额转入“本年利润”账户的金额

图3-4-7　其他业务成本

（三）税金及附加

账户类型：损益类（费用）账户。

核算内容：核算企业经营活动发生的消费税、城市维护建设税、资源税、教育费附加、房产税、土地使用税、车船税、印花税等相关税费。

账户结构：借方登记按规定计算确定与经营活动相关的税费；贷方登记期末将本账户余额转入“本年利润”账户的金额；结转后本账户应无余额，如图3-4-8所示。

明细账户：本账户应按照费用项目设置明细账，进行明细分类核算。

税金及附加

按规定计算确定与经营活动相关的税费	期末将本账户余额转入“本年利润”账户的金额

图3-4-8　税金及附加

二、其他销售业务核算示例

（一）取得其他销售收入

【例3-4-7】1月30日，益农智创生物科技有限公司将购进的一批时间较长的原材料售出，价税合计11 300元（税率13%），收到对方开具转账支票一张，已办理进账手续。

分析：企业通过材料销售业务，取得了货款及增值税税款，并实现一笔其他业务收入，同时还产生一笔应纳税负债（应交税费），故应计算该笔业务应缴纳的增值税并编制分录如下：

销项税额=11 300 ÷（1+13%）× 13%=1 300（元）

借：银行存款	11 300	
贷：其他业务收入		10 000
应交税费——应交增值税（销项税额）		1 300

（二）结转其他业务成本

【例3-4-8】1月31日，结转上例中出售材料的成本6 000元。

分析：企业将库存材料的所有权出让并交付了材料，表明企业库存材料减少、其他业务成本增加，故应编制如下会计分录：

借：其他业务成本	6 000	
贷：原材料		6 000

（三）负担相关税费

【例3-4-9】1月31日，经计算，企业当期应计提的城市维护建设税4 000元，教育费附加1 000元。

分析：企业因销售产品必须承担相应的纳税义务，由此而产生的费用增加记入本账户的借方，同时确认相应的负债（应交税费）增加，故应编制分录如下：

借：税金及附加　　5 000
　贷：应交税费——应交城市维护建设税　　4 000
　　　应交税费——应交教育费附加　　1 000

【例3-4-10】1月31日，用银行存款缴纳上例税款。

借：应交税费——应交城市维护建设税　　4 000
　　应交税费——应交教育费附加　　1 000
　贷：银行存款　　5 000

【任务实施】

岗位任务	任务解析
1. 企业销售材料并结转材料销售成本如何账务处理	借：银行存款　　11 300 　贷：其他业务收入　　10 000 　　　应交税费——应交增值税（销项税额）　　1 300 借：其他业务成本　　7 000 　贷：原材料　　7 000
2. 计算缴纳企业销售活动应负担的税金及附加	借：税金及附加　　1 000 　贷：应交税费——应交城市维护建设税　　700 　　　应交税费——应交教育费附加　　300 缴纳税款时： 借：应交税费——应交城市维护建设税　　700 　　应交税费——应交教育费附加　　300 　贷：银行存款　　1 000

其他销售业务核算：
知识点测试

习研堂

一、固化理论提素质（初级考点简答题）

1. 简述主营业务收入账户的核算内容。
2. 简述主营业务收入和其他业务收入的区别。
3. 简述主营业务成本和其他业务成本的区别。
4. 简述销售过程业务核算的主要任务。
5. 简述本节设置的主要账户的结构。

二、职场技能早养成（初级考点实务题）

1. 产品销售业务核算

（1）向物好美商场销售婴儿车50台，单价480元/台，多功能儿童车80辆，单价580元/辆，增值税税率13%，税额9 152元，价税合计79 552元，款项已存入银行。

（2）向物好美商场销售婴儿车100台，单价480元/台，多功能儿童车120辆，单价580元/辆，增值税税率13%，税额15 288元，价税合计132 888元，款项暂时未收。

（3）收到物好美商场所欠货款132 888元，存入银行。

（4）用银行存款支付黑龙江电视台广告费30 000元（假设不考虑增值税）。

（5）结转主营业务成本138 860元，其中婴儿车51 300元，多功能儿童车87 560元。

2. 其他销售业务核算

（1）出售原材料钢棒4吨，单价15 000元/吨，增值税税率13%，税额7 800元，价税合计67 800元，全部款项存入银行。

（2）结转已售原材料成本52 907.68元。

（3）经计算，企业当期应计提的城市维护建设税5 690元，教育费附加2 340元。

自研堂

细节管控——梳理其他业务

自研任务	通过核算内容的界定，需要明确主营业务与其他业务的区别，了解企业其他业务的核算内容，掌握其他业务的会计处理
任务依据	《企业会计准则》规定：营业外收入和营业外支出是核算与企业日常经营活动无关的各项利得和损失，不影响营业利润。营业外收入和营业外支出是企业财务成果的组成部分。在企业的“利润表”中，营业外收入和营业外支出需单独列示 属于企业营业外收入的款项应及时入账，不准留作“小家当”或进行其他不符合制度规定的开支。企业营业外收入的核算在“营业外收入”账户下进行，也可在该账户下按各种不同的收入项目进行明细核算 营业外支出是指除主营业务成本和其他业务成本等以外的各项非营业性支出，如罚款支出、捐赠支出、非常损失等。为此，要设置“营业外支出”账户对这部分内容进行核算 根据《财政总会计制度》，其他业务核算内容应当及时清理结算，不得长期挂账。通过审阅摘要说明其业务内容，看其是否记有不属于“其他应收款”账户核算范围的各种应收和暂付款项；是否有应向职工收取的各种垫付款项；是否有长期挂账现象；是否有将其他应收款违规转销的情况等
任务解读	精准核算其他业务，梳理企业往来是提升企业资金周转率的重要一环，通过清理其他应收款，可以增加企业流动资产，盘活企业现金流；通过清查其他应付款，可以减少企业负债，增加速动比率，增强企业信誉，提升企业形象，促进企业健康有序的发展 其他业务的核算，主要核算其他应收款、其他应付款，营业外收入、营业外支出。它的核算不是企业经济活动杂乱的归集场，因此不能将企业无法区分的各种经济业务全部归属于其他业务，故需要学生从管理会计的角度出发，结合实际具体分析企业的其他业务核算内容和范围，培养学生细节控制、理实结合的实践能力，以及操作规范的职业习惯 借此，依据益农智创生物科技有限公司的业务背景，完成如下账务处理 1. 根据企业经营活动，明确其他业务的核算范围 2. 根据各种支出取得的原始凭单，编制相关分录 3. 根据经济活动，编制相关会计分录
任务成果	建议 4~5 人合作，组建益农智创生物科技有限公司财务团队，共同完成其他业务的核算，并编制相关会计分录

学研堂

3.5 其他业务核算

学习目标

素质目标

- 培养规范操作意识，严谨处理其他应收/应付款业务的核算与核对。
- 培养风险防范观念，识别营业外收支的异常与合规性。
- 培养职业审慎性，合理区分日常与非日常业务的核算边界。

知识目标

- 了解其他应收/应付款和营业外收支的核算范围及常见类型。
- 熟悉其他应收/应付款和营业外收支账户的账户设置和账务处理流程。
- 掌握其他应收/应付款和营业外收支的核算规则与会计分录编制方法。

能力目标

- 会填制其他应收/应付款和营业外收支业务的原始凭证与记账凭证。
- 能够独立完成其他应收/应付款和营业外收入与支出的账务登记及期末结转。
- 能够结合实际案例分析非日常收支对企业利润的影响，并提出管理建议。

知识导图

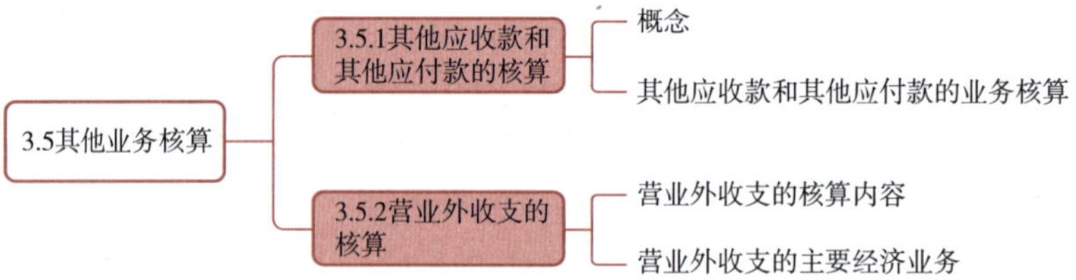

3.5.1　其他应收款和其他应付款的核算

【岗位任务】

职场情景	益农智创生物科技有限公司，在20×4年发生如下经济业务： 1. 为职工王某垫付应由其本人支付的水电费2 000元，通过银行存款支付 2. 以短期租赁方式为专设销售机构租入汽车1辆，每月租金10 000元，租期三个月，到期支付
岗位任务	1. 请编制为职工垫付水电费的会计分录 2. 请编制应付租入汽车租金的会计分录

【知识准备】

在企业经济业务的核算内容中，除了上述资金筹集业务、采购业务、生产过程业务、销售过程业务，还会发生一些其他经济业务。比如，各种赔款，企业收取的罚款，应收的出租包装物的租金，应向职工收取的各种垫付款，应付租入包装物租金、存入保证金（如收取的出租、出借包装物押金）等业务。企业的这些经济活动应通过设置其他应收款、其他应付款账户进行核算。

一、概念

（一）其他应收款

其他应收款是企业除应收票据、应收账款、预付账款、应收股利和应收利息以外的其他各种应收及暂付款项。

其他应收款主要包括以下内容。

（1）应收的各种赔款、罚款，如因企业库存现金盘亏而应向保险公司收取的赔偿款等。

（2）应收的出租包装物的租金。

（3）应向职工收取的各种垫付款项，如为职工垫付的水电费、应由职工负担的医药费、房租费等。

（4）存出保证金，如租入包装物暂付的押金。

（5）其他各种应收、暂付款项。

（二）其他应付款

其他应付款是指企业除应付票据、应付账款、预收账款、应付职工薪酬、应交税费、应付利息、应付股利等以外的其他各项应付、暂收的款项，如应付租入包装物租金、存入保证金（如收取的出租、出借包装物押金）等。

二、其他应收款和其他应付款的业务核算

（一）其他应收款和其他应付款业务核算的内容

“其他应收款”账户，用来核算企业除应收票据、应收账款、预付账款、应收股利等经营活动以外的其他各种应收、暂付的款项。

“其他应付款”账户，用来核算企业除应付票据、应付账款、预收账款、应付职工薪酬、应付利息、应交税费等经营活动以外的其他各项应付、暂收的款项。

（二）主要账户设置

为了核算和监督企业其他应收款和其他应付款的增减变动，企业应设置“其他应收款”“其他应付款”账户。

1. 其他应收款

账户类型：资产类账户。

核算内容：为了核算和监督企业其他应收款的增减变动及其结存情况。

账户结构：借方登记企业发生的其他各种应收、暂付款项，贷方登记收回或转销的各种应收、暂付款项；期末借方余额，反映企业尚未收回的其他应收款，如图3–5–1所示。

明细账户：按照其他应收款的项目和对方单位（或个人）设置明细账，进行明细分类核算。

2. 其他应付款

账户类型：负债类账户。

核算内容：为了核算和监督企业其他应付款的增减变动及其结存情况。

账户结构：贷方登记企业发生的其他各种应付、暂收款项；借方登记偿还或转销的各种应付、暂收款项；期末贷方余额，反映企业尚未支付的其他应付款项，如图3–5–2所示。

明细账户：按照其他应付款的项目和对方单位（或个人）设置明细账，进行明细分类核算。

其他应收款

期初余额	
发生的其他各种应收、暂付款项	收回或转销的各种应收、暂付款项
期末余额	

图3–5–1　其他应收款

其他应付款

	期初余额
偿还或转销的各种应付、暂收款项	发生的其他各种应付、暂收款项
	期末余额

图3–5–2　其他应付款

（三）其他应收款和其他应付款业务核算示例

【例3–5–1】益农智创生物科技有限公司20×4年1月5日采购一批材料，在采购过程中发生了材料毁损（材料尚未入库）。按照保险合同的规定，A保险公司应向益农智创生物科技有限公司支付赔偿损失10 000元，赔偿款尚未收到。20×4年1月20日收到A保险

公司支付的赔偿款10 000元，款项已存入银行。

分析：益农智创生物科技有限公司采购材料过程中发生材料毁损，故“在途物资”减少，保险公司对毁损材料赔偿，故“其他应收款”增加，应编制如下会计分录：

20×4年1月5日，确认应收A保险公司赔偿款时：

借：其他应收款——A保险公司　　10 000

　贷：在途物资　　10 000

分析：益农智创生物科技有限公司收到保险公司赔款，故“银行存款”增加，“其他应收款”减少，应编制如下会计分录：

20×4年1月20日，收到A保险公司支付的赔偿款时：

借：银行存款　　10 000

　贷：其他应收款——A保险公司　　10 000

【例3-5-2】益农智创生物科技有限公司，从20×4年4月1日起，以经营租赁方式租入管理用办公设备一批，每月租金8 000元，按季支付，20×4年6月30日，公司以银行存款方式支付应付租金24 000元，不考虑相关税费。

分析：益农智创生物科技有限公司为管理部门租入办公设备，20×4年4月30日，计提应付租金，故“管理费用”增加，“其他应付款”增加，应编制如下会计分录：

20×4年4月30日，计提应付租金：

借：管理费用　　8 000

　贷：其他应付款　　8 000

20×4年5月31日，计提应付租金，同上：

借：管理费用　　8 000

　贷：其他应付款　　8 000

20×4年6月30日，计提应付租金，同上：

借：管理费用　　8 000

　贷：其他应付款　　8 000

分析：益农智创生物科技有限公司，为管理部门租入办公设备，20×4年6月30日，以银行存款方式支付租金，因此，“银行存款”减少，“其他应付款”减少，应编制如下会计分录：

借：其他应付款　　24 000

　贷：银行存款　　24 000

【任务实施】

岗位任务	任务解析
1. 请编制为职工垫付水电费的会计分录	借：其他应收款——王某　　2 000 　贷：银行存款　　2 000

续表

岗位任务	任务解析
2. 请编制应付租入汽车租金的会计分录	借：销售费用　　10 000 　贷：其他应付款　　10 000

其他应收、应付款业务核算：知识点测试

课程思政：往来管控，规范核算

3.5.2 营业外收支的核算

【岗位任务】

职场情景	益农智创生物科技有限公司，在 20×4 年发生如下经济业务： 公司属于创新创业型企业，符合国家创新创业建设项目，取得了政府创新创业补助 50 000 元 为了回馈社会，每年向红十字会捐赠 10 000 元 如果你是益农智创生物科技有限公司的核算会计，你将如何核算上述经济业务
岗位任务	1. 请编制取得政府补助的会计分录 2. 请编制捐赠支出的会计分录

【知识准备】

一、营业外收支的核算内容

“营业外收入”账户，用来核算企业发生的除营业利润以外的收益，主要包括债务重组利得、与企业日常活动无关的政府补助、盘盈利得、捐赠利得（企业接受股东或股东的子公司直接或间接的捐赠，经济实质属于股东对企业的资本性投入的除外）等。

“营业外支出”账户，用来核算企业发生的除营业利润以外的支出，主要包括债务重组损失、公益性捐赠支出、非常损失、盘亏损失、非流动资产毁损报废损失等。

二、营业外收支的主要经济业务

（一）主要账户设置

为了核算和监督企业发生的与日常活动无关的各种利得和损失，需要设置“营业外收入”“营业外支出”账户。

1. 营业外收入

账户类型：损益类账户。

核算内容：核算和监督营业外收入的取得和结转情况。

账户结构：贷方登记企业确认的营业外收入金额；借方登记企业减少的营业外收入的金额；期末余额结转入“本年利润”，结转后无余额，如图3-5-3所示。

明细账户：按照营业外收入项目进行明细核算。

2. 营业外支出

账户类型：损益类账户。

核算内容：核算和监督营业外支出的取得和结转情况。

账户结构：借方登记企业确认的营业外支出金额；贷方登记企业减少的营业外支出的金额；期末余额结转入“本年利润”，结转后无余额，如图3-5-4所示。

明细账户：按照营业外支出项目进行明细核算。

营业外收入

企业减少的营业外收入的金额	企业确认的营业外收入金额
	期末无余额

图3-5-3　营业外收入

营业外支出

企业确认的营业外支出金额	企业减少的营业外支出的金额
期末无余额	

图3-5-4　营业外支出

（二）营业外收支核算示例

1. 营业外收入的核算

【例3-5-3】益农智创生物科技有限公司20×4年4月1日清理往来账目，由于债权单位已破产清查，故核销无法清偿的债务8 000元，不考虑其他因素。

分析：益农智创生物科技有限公司核销债务，因而“应付账款”减少，“营业外收入”增加，故应编制如下会计分录：

借：应付账款　　8 000

　贷：营业外收入　　8 000

2. 营业外支出的核算

【例3-5-4】益农智创生物科技有限公司20×4年5月1日缴纳税收滞纳金3 000元，款项通过银行存款支付，不考虑其他因素。

分析：益农智创生物科技有限公司缴纳罚款，因而“银行存款”减少，“营业外支出”增加，故应编制如下会计分录：

借：营业外支出　　3 000

　贷：银行存款　　3 000

【任务实施】

岗位任务	任务解析
1. 请编制取得政府补助的会计分录	借：银行存款　　50 000 　贷：营业外收入　　50 000
2. 请编制捐赠支出的会计分录	借：营业外支出　　10 000 　贷：银行存款　　10 000

营业外收支的核算

营业外收支业务核算：知识点测试

习研堂

一、固化理论提素质（初级考点简答题）

1. 简述其他应收款和应收账款的区别。
2. 简述其他应付款和应付账款的区别。
3. 简述营业外收入和营业收入的区别。
4. 简述营业外支出的核算内容。

二、职场技能早养成（初级考点实务题）

1. 20×4年1月2日，企业收回为职工垫付的房租40 000元。
2. 20×4年1月3日，企业从应付职工薪酬中代扣个人负担的社会保险费25 000元。
3. 20×4年1月4日，企业支付税收滞纳金10 000元。
4. 20×4年1月5日，盘亏现金1 000元，经审议后，由出纳人员赔偿。

自研堂

持续发展——平衡利润分配

自研任务	益农智创生物科技有限公司通过一个会计年度的生产经营，发生了生产经营费用，缴纳了各项税金，获得了产品销售收入，取得销售货款。作为财务人员，你知道如何计算公司的利润吗？获得的利润如何进行分配？分配利润时需要编制哪些会计分录
任务依据	《企业会计准则》规定，收入 - 费用 = 利润。制造企业从资金筹集开始，依次经过供应过程、生产过程、销售过程后，将收入与为取得收入而发生的成本费用进行配比，计算确定生产经营成果。收入大于费用支出的部分为利润，反之为亏损 《中华人民共和国公司法》规定，公司在分配利润前，必须先弥补以前年度的亏损。如果有盈利，则应按照公司法和公司章程规定提取法定盈余公积金、任意盈余公积金，再根据董事会决定分配股利，公司的利润分配方案通常需要经过股东会或股东大会的审议和批准 公司利润的分配必须按照法定顺序进行，不能违反法律规定。同时，公司应当保护债权人的利益，确保分配利润不会影响公司的偿债能力
任务解读	企业的财务成果，在会计上称为利润 获取利润是企业生产经营的主要目的之一，是企业生存发展的必要条件。企业获取利润包括开源和节流。开源就是不断提高企业产品的竞争力，不断扩大市场占有率，增加销售额；节流就是要有效地控制成本费用，因此，人们把成本称为利润的第一源泉 会计期末，企业利润的核算业务包括计算利润和分配利润两项内容。财务人员需要根据经营期间的收入和费用计算利润，编制利润表。公司董事会再根据经营实际确定是否向股东分配利润
任务成果	请按小组，以工业企业为例，完成企业月末利润形成与利润分配业务的会计分录

学研堂

3.6

财务成果核算

学习目标

素质目标

➢ 培养数据严谨性，强化财务成果核算的精准性与真实性。
➢ 培养合规思维，严格遵守利润分配的法律规范与公司章程。
➢ 培养全局观念，理解利润留存与企业可持续发展的关联性。

知识目标

➢ 了解利润的形成流程与分配的法定顺序。
➢ 熟悉损益类账户的结转方法及核心账户。
➢ 掌握利润的计算与分配的具体核算步骤。

能力目标

➢ 会编制利润结转的会计分录和利润表基础数据。
➢ 能够独立完成损益类账户的期末结转与核对。
➢ 能够结合企业案例设计利润分配方案。

知识导图

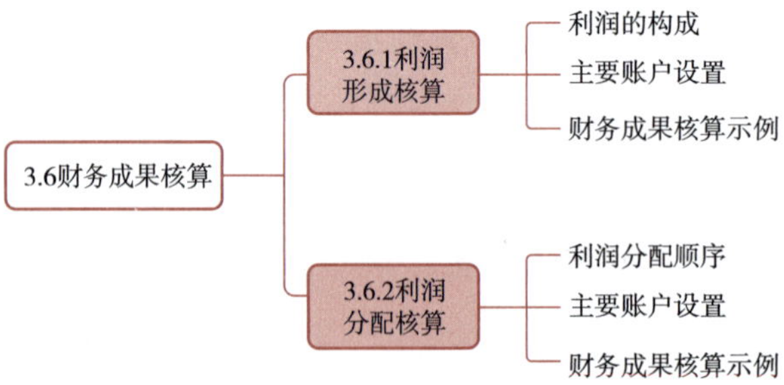

3.6.1　利润形成核算

【岗位任务】

<table>
<tr>
<td>职场情景</td>
<td>
益农智创生物科技有限公司经过一年经营，运营效果良好，期末收到对外投资分得的利润 5 000 元，款项已收存银行
12 月月末损益类账户余额如下：
单位：元
<table>
<tr><td>主营业务收入</td><td>610 000</td><td>贷方</td></tr>
<tr><td>税金及附加</td><td>16 000</td><td>借方</td></tr>
<tr><td>销售费用</td><td>1 000</td><td>借方</td></tr>
<tr><td>其他业务收入</td><td>10 000</td><td>贷方</td></tr>
<tr><td>其他业务成本</td><td>8 000</td><td>借方</td></tr>
<tr><td>主营业务成本</td><td>500 000</td><td>借方</td></tr>
<tr><td>管理费用</td><td>25 208</td><td>借方</td></tr>
<tr><td>投资收益</td><td>5 000</td><td>贷方</td></tr>
<tr><td>财务费用</td><td>500</td><td>借方</td></tr>
<tr><td>营业外收入</td><td>10 000</td><td>贷方</td></tr>
<tr><td>营业外支出</td><td>20 000</td><td>借方</td></tr>
</table>
公司准备在年末继续扩大经营规模，转型为有限责任公司，为了吸引风险投资者，公司需要规范财务核算，准确核算公司利润
作为会计人员你知道企业利润构成项目有哪些吗？你知道如何结转本年利润吗？按 12 月利润总额 25% 计提所得税（不考虑纳税调整）
</td>
</tr>
<tr>
<td>岗位任务</td>
<td>
1. 进行收到投资收益业务的核算
2. 正确计算企业的营业利润、利润总额和净利润
3. 将各损益类账户期末余额结转入“本年利润”账户
4. 进行净利润形成业务的核算
</td>
</tr>
</table>

【知识准备】

企业的财务成果是指企业的净利润（或净亏损），它是衡量企业经营管理的主要综合性指标。进行财务成果核算的一个重要任务，就是正确计算企业在一定会计期间内的盈亏。而正确计算盈亏的关键在于正确计算每一个会计期间的收入与费用。企业的收入来源除了营业收入外，还包括营业外收入、投资收益和计入当期损益的公允价值变动净收益等；企业的费用，不仅包括为取得营业收入而发生的各种耗费，还包括营业外支出、所得税费用和资产减值损失等。

一、利润的构成

1. 营业利润

营业利润 = 营业收入 – 营业成本 – 税金及附加 – 销售费用 – 管理费用 – 财务费用 – 信用减值损失 – 资产减值损失 ± 公允价值变动损益 ± 投资收益 ± 资产处置损益

其中：

营业收入 = 主营业务收入 + 其他业务收入

营业成本 = 主营业务成本 + 其他业务成本

2. 利润总额

利润总额 = 营业利润 + 营业外收入 – 营业外支出

3. 净利润

净利润 = 利润总额 – 所得税费用

企业实现的净利润，要按照国家有关规定进行分配，如提取法定盈余公积、任意盈余公积、向投资者分配利润（或弥补亏损）等。

因此，确定企业实现的净利润和对净利润进行分配构成了企业财务成果业务核算的主要工作内容。

二、主要账户设置

为了核算和监督企业利润的来源和去向，需要设置“本年利润”“所得税费用”“投资收益”账户。

（一）本年利润

账户类型：所有者权益类账户。

核算内容：核算企业本期实现的净利润（或发生的净亏损）。

账户结构：贷方登记期末从“主营业务收入”“其他业务收入”“营业外收入”以及“投资收益”（投资净收益）等账户转入的数额；借方登记期末从“主营业务成本”“税金及附加 ”“其他业务成本”“销售费用”“管理费用”“财务费用”“营业外支出”“所得税费用”以及“投资收益”（投资净损失）等账户转入的数额。年度终了，应将本年收入和支出相抵后结出本年实现的净利润（即贷方余额），转入“利润分配——未分配利润”账户的贷方；如为净亏损（即借方余额），转入“利润分配——未分配利润”账户的借方；结转后，本账户应无余额，如图3–6–1所示。

明细账户：无。本账户采用专用的“借贷双方多栏式”明细账。

（二）所得税费用

账户类型：损益类（费用类）账户。

核算内容：核算企业确认的应从当期利润总额中扣除的所得税费用。

账户结构：借方登记企业按税法规定的应纳税所得额计算的应纳所得税额和当期增加的递延所得税负债、当期减少的递延所得税资产；贷方登记企业会计期末转入“本年利润”账户的所得税额和当期增加的递延所得税资产、当期减少的递延所得税负债；结转后本账户应无余额，如图3–6–2所示。

明细账户：按“当期所得税费用”“递延所得税费用”设置明细账，进行明细核算。

本年利润	
期末从“主营业务成本”“税金及附加”“其他业务成本”“销售费用”“管理费用”“财务费用”“营业外支出”“所得税费用”以及“投资收益”（投资净损失）等账户转入的数额	期末从“主营业务收入”“其他业务收入”“营业外收入”以及“投资收益”（投资净收益）等账户转入的数额

图3–6–1　本年利润

所得税费用	
按税法规定的应纳税所得额计算的应纳所得税额和当期增加的递延所得税负债、当期减少的递延所税资产	企业会计期末转入“本年利润”账户的所得税额和当期增加的递延所得税资产、当期减少的递延所得税负债

图3–6–2　所得税费用

（三）投资收益

账户类型：损益类账户。

核算内容：核算企业确认的对外投资收益或投资损失。

账户结构：贷方登记取得的投资收益或期末投资净损失的转出数；借方登记发生的投资损失和期末投资净收益的转出数；无论发生的是投资收益还是投资损失，都要结转到“本年利润”账户，期末结转后，本账户无余额，如图3–6–3所示。

明细账户：按照投资项目设置明细账。本账户适合采用“三栏式”明细账，也可以采用“借贷双方多栏式”明细账。

投资收益	
发生的投资损失和期末投资净收益的转出数	取得的投资收益或期末投资净损失的转出数

图3–6–3　投资收益

三、财务成果核算示例

为了掌握财务成果的形成和利润分配的步骤和要点，假定益农智创生物科技有限公司下列经济业务均发生在12月份。

（一）投资收益的核算

【例3–6–1】益农智创生物科技有限公司投资A公司，11月10日A公司宣告分配利润，益农智创生物科技有限公司本期应分得利润3 400元。12月15日取得投资利润3 400元，存入银行。该公司在进行会计处理时，编制的会计分录为：

A公司宣告分配利润时：

借：应收股利　　3 400
　贷：投资收益　　3 400

益农智创生物科技有限公司收到利润时：

借：银行存款　　3 400
　贷：应收股利　　3 400

（二）结转本年利润的核算

根据前述生产过程及销售过程的经济业务汇总出益农智创生物科技有限公司12月月末损益类账户余额如下表所示。

单位：元

主营业务收入	730 000	贷方
税金及附加	28 000	借方
销售费用	11 200	借方
其他业务收入	20 000	贷方
其他业务成本	12 000	借方
主营业务成本	455 020	借方
管理费用	132 300	借方
投资收益	3 400	贷方
营业外收入	20 000	贷方
营业外支出	15 000	借方

【例3-6-2】12月31日，将上述损益类账户中收入类账户余额转入“本年利润”账户。该公司进行会计处理时，编制的会计分录为：

借：主营业务收入　　730 000
　　其他业务收入　　20 000
　　投资收益　　3 400
　　营业外收入　　20 000
　贷：本年利润　　773 400

【例3-6-3】12月31日，将上述损益类账户中成本费用类账户余额转入“本年利润”账户。该公司进行会计处理时，编制的会计分录为：

借：本年利润　　653 520
　贷：主营业务成本　　455 020
　　　其他业务成本　　12 000
　　　税金及附加　　28 000
　　　管理费用　　132 300
　　　销售费用　　11 200
　　　营业外支出　　15 000

【例3-6-4】确定本月的利润总额和应纳所得税。假定该公司无纳税调整项目，即应纳税所得额等于利润总额。

利润总额=773 400−653 520=119 880（元）

应纳所得税=119 880×25%＝29 970（元）

根据计算得出本月应纳所得税，该公司进行会计处理时，编制的会计分录为：

借：所得税费用　29 970

　贷：应交税费——应交所得税　29 970

【例3-6-5】12月31日，将“所得税费用”账户余额转入“本年利润”账户，该公司进行会计处理时，编制的会计分录为：

借：本年利润　29 970

　贷：所得税费用　29 970

小思考：利润由哪些层次构成？利润的形成如何进行账务处理？

【任务实施】

岗位任务	任务解析
1. 进行收到投资收益业务的核算	借：银行存款　5 000 　贷：投资收益　5 000
2. 正确计算企业的营业利润、利润总额和净利润	营业利润＝主营业务收入610 000＋其他业务收入10 000＋投资收益5 000－主营业务成本500 000－税金及附加16 000－其他业务成本8 000－销售费用1 000－管理费用25 208－财务费用500=74 292（元） 利润总额＝营业利润＋营业外收入10 000－营业外支出20 000=64 292（元） 净利润＝利润总额64 292－所得税费用16 073=48 219（元） 所得税费用＝应纳税额＝利润总额64 292×所得税税率（25%）=16 073（元）（不考虑纳税调整）
3. 将各损益类账户期末余额结转入“本年利润”账户	（1）结转收入类账户 借：主营业务收入　610 000 　　其他业务收入　10 000 　　投资收益　5 000 　　营业外收入　10 000 　贷：本年利润　635 000 （2）结转费用类账户 借：本年利润　570 708 　贷：主营业务成本　500 000 　　　税金及附加　16 000 　　　其他业务成本　8 000 　　　销售费用　1 000 　　　管理费用　25 208 　　　财务费用　500 　　　营业外支出　20 000

续表

岗位任务	任务解析
4. 进行净利润形成业务的核算	企业依据本期利润总额 64 292（635 000–570 708）元，计算并结转本期所得税费用（所得税税率为 25%，应税所得额与会计利润相等） 所得税费用 = 64 292×25%=16 073（元） 借：所得税费用　　16 073 　贷：应交税费——应交所得税　　16 073 将“所得税费用”账户余额结转“本年利润”账户，其账务处理如下 借：本年利润　　16 073 　贷：所得税费用　　16 073 综上所述，该企业本期实现利润总额为 64 292 元，减去所得税费用 16 073 元，剩余 48 219 元为本期实现的净利润

利润形成的核算

利润形成业务的核算：知识点测试

3.6.2　利润分配核算

【岗位任务】

职场情景	益农智创生物科技有限公司，20×4 年全年实现净利润 300 万元，当年年末按照净利润的 10% 计提法定盈余公积；同时，向股东宣告分配现金股利 100 万元
岗位任务	1. 请编制结转全年实现净利润的会计分录 2. 请编制提取法定盈余公积的会计分录 3. 请编制应付股利的会计分录 4. 请编制结转未分配利润的会计分录

【知识准备】

一、利润分配的顺序

依据2024年7月1日起开始实施的《中华人民共和国公司法》的规定，公司分配当年税后利润时，应当提取利润的10%列入公司法定盈余公积，如果公司以前年度发生亏损的，在依照规定提取法定盈余公积之前，应当先用当年利润弥补亏损。公司从税后利润中提取法定盈余公积后，经股东会或者股东大会决议，还可以从税后利润中提取任意盈余公积。公司弥补亏损和提取盈余公积后所余税后利润，可向投资者分配利润。

（一）提取盈余公积

提取盈余公积对于企业的长期发展具有重要意义，它可以增强企业的资金实力和抗风险能力，同时也有助于提高企业的信誉和竞争力。盈余公积是企业从税后利润中提取的积累资金，用于弥补亏损、扩大生产经营或转增资本等。

根据《中华人民共和国公司法》等相关法律法规，企业必须按照一定比例提取法定盈余公积和任意盈余公积。法定盈余公积按照税后利润的10%提取，当法定盈余公积累计金额达到企业注册资本的50%以上时，可以不再提取。任意盈余公积则是由企业自行决定提取比例和用途的盈余公积。

（二）向投资者分配利润

向投资者分配利润是企业利润分配的重要环节之一。企业需要按照相关法律法规和公司章程的规定，以公平、公正、合法的方式进行利润分配，确保投资者得到应有的回报。

二、主要账户设置

为了核算和监督企业利润去向，需要设置“利润分配”“应付股利”“盈余公积”账户。

（一）利润分配

账户类型：所有者权益类账户。

核算内容：核算企业利润的分配（或亏损的弥补）和历年分配（或弥补）后的积存余额。

账户结构：借方登记按规定实际分配的利润数或年终时从“本年利润”账户的贷方转来的全年亏损总额；贷方登记年终时从“本年利润”账户借方转来的全年实现的净利润总额；年终贷方余额表示历年积存的未分配利润，如为借方余额，则表示历年积存的未弥补亏损。利润分配后，要将“利润分配”账户所属其他明细账户借方的余额转入本账户的“未分配利润”明细账户进行对冲，结转后，本账户除“未分配利润”明细账户外，其他明细账户无余额，如图3–6–4所示。

明细账户：应当分别按“提取法定盈余公积”“提取任意盈余公积”“应付现金股利或利润”“转作股本的股利”“盈余公积补亏”和“未分配利润”等设置明细账，进行明细核算。

（二）应付股利

账户类型：负债类账户。

核算内容：核算企业根据股东大会或类似机构审议确定分配的现金股利或利润。

账户结构：贷方登记根据通过的股利或利润分配方案计算的应支付的现金股利或利润；借方登记实际支付的金额。期末贷方余额，反映企业应付未付的现金股利或利润，如图3–6–5所示。

明细账户：应按投资者名称设置明细账，进行明细分类核算。

利润分配

期初余额	期初余额
按规定实际分配的利润数或年终时从“本年利润”账户的贷方转来的全年亏损总额	年终时从“本年利润”账户借方转来的全年实现的净利润总额
期末余额	期末余额

图3-6-4　利润分配

应付股利

	期初余额
实际支付的金额	应支付的现金股利或利润
	期末余额

图3-6-5　应付股利

（三）盈余公积

账户类型：所有者权益类账户。

核算内容：核算企业从净利润中提取的盈余公积增减变动。

账户结构：贷方登记从净利润中提取的法定盈余公积和任意盈余公积；借方登记盈余公积的使用，如转增资本、弥补亏损等；期末贷方余额，表示企业按照规定提取的盈余公积余额，如图3-6-6所示。

明细账户：应当分别按“法定盈余公积”“任意盈余公积”设置明细账，进行明细分类核算。

盈余公积

	期初余额
盈余公积的使用，如转增资本、弥补亏损等	从净利润中提取的法定盈余公积和任意盈余公积
	期末余额

图3-6-6　盈余公积

三、财务成果核算示例

为了掌握利润分配的步骤和要点，假定益农智创生物科技有限公司下列经济业务均发生在12月份。

1. 结转净利润

假定20×4年12月月初益农智创生物科技有限公司“本年利润”账户的账面余额为500 000元（贷方），为了反映利润分配的步骤和会计分录，假定该公司以前年度既无亏损，也无未分配利润。

承【例3-6-4】可计算全年的净利润为：

全年的净利润=1月至11月的净利润+12月份的净利润

=500 000+（119 880-29 970）

= 589 910（元）

【例3-6-6】12月31日，将全年净利润转入“利润分配——未分配利润”账户。该公司进行会计处理时，编制的会计分录为：

借：本年利润　　589 910

贷：利润分配——未分配利润 589 910

2. 提取盈余公积

【例3–6–7】12月31日，按国家相关规定提取盈余公积，其中法定盈余公积按净利润的10%提取。该公司在进行会计处理时，编制的会计分录为：

借：利润分配——提取法定盈余公积 58 991

贷：盈余公积——法定盈余公积 58 991

3. 向投资者分配利润

【例3–6–8】12月31日，根据协议或合同以及董事会等权力机构的决定，向投资人分配利润100 000元。该公司进行会计处理时，编制的会计分录为：

借：利润分配——应付现金股利或利润 100 000

贷：应付股利 100 000

4. 结转未分配利润

【例3–6–9】12月31日，将上述利润分配的明细分类账户提取法定盈余公积和应付现金股利或利润的余额转入“利润分配——未分配利润”明细分类账户，进而确定出企业未分配利润的实际数额，留待以后年度进行分配。该公司进行会计处理时，编制的会计分录为：

借：利润分配——未分配利润 158 991

贷：利润分配——提取法定盈余公积 58 991

——应付现金股利或利润 100 000

益农智创生物科技有限公司年末未分配利润的数额为：

“利润分配——未分配利润”账户贷方数额－借方数额=589 910–158 991

=430 919（元）

【任务实施】

岗位任务	任务解析
1. 请编制结转全年实现净利润的会计分录	借：本年利润 3 000 000 贷：利润分配——未分配利润 3 000 000
2. 请编制提取法定盈余公积的会计分录	借：利润分配——提取法定盈余公积 300 000 贷：盈余公积——法定盈余公积 300 000
3. 请编制应付股利的会计分录	借：利润分配——应付现金股利或利润 1 000 000 贷：应付股利 1 000 000
4. 请编制结转未分配利润的会计分录	借：利润分配——未分配利润 1 300 000 贷：利润分配——提取法定盈余公积 300 000 ——应付现金股利或利润 1 000 000

利润分配的核算

利润分配业务的核算：知识点测试

习研堂

一、固化理论提素质（初级考点简答题）

1. 为了核算和监督企业利润的来源和去向，需要设置哪些账户？
2. 简述企业财务成果业务核算的主要工作内容。
3. 企业在一定会计期间的净利润由哪些部分构成？
4. 总结企业利润分配的顺序。

二、职场技能早养成（初级考点实务题）

企业20×4年12月31日结账前有关账户的余额如下：

1. “本年利润”账户贷方余额为60 000元。

2. “利润分配”账户贷方余额为65 000元，其所属“未分配利润”明细账户的贷方余额为65 000元，其他明细账户无余额。

要求：编制以下经济业务的会计分录。

（1）根据应纳税所得额计算并结转本期应交所得税，企业适用的所得税税率为25%。

（2）将“本年利润”的余额结转入“利润分配”账户。

（3）按本年税后利润的10%计提法定盈余公积。

（4）按本年税后利润的40%向投资者分配利润。

（5）将“利润分配”所属的其他明细分类账户余额结转入“利润分配——未分配利润”账户。

第四篇

编制报表技能精

自研堂

成果总结——分析经营业绩

自研任务	本课程的学习已经接近尾声，你创建的公司已经经营了一个学期，具体经营业绩如何？资产是否增加？公司是否盈利？这些需要通过财务报表来进行体现。请同学们总结自己公司的经营情况
任务依据	《企业会计准则第 30 号——财务报表列报》 第二条 财务报表是对企业财务状况、经营成果和现金流量的结构性表述。财务报表至少应当包括下列组成部分： （一）资产负债表； （二）利润表； （三）现金流量表； （四）所有者权益（或股东权益，下同）变动表； （五）附注。 财务报表上述组成部分具有同等的重要程度。 第四条 企业应当以持续经营为基础，根据实际发生的交易和事项，按照《企业会计准则——基本准则》和其他各项会计准则的规定进行确认和计量，在此基础上编制财务报表。 第七条 除现金流量表按照收付实现制原则编制外，企业应当按照权责发生制原则编制财务报表。 第十三条 企业应当在财务报表的显著位置至少披露下列各项： （一）编报企业的名称。 （二）资产负债表日或财务报表涵盖的会计期间。 （三）人民币金额单位。 （四）财务报表是合并财务报表的，应当予以标明
任务解读	企业经营情况的好坏最终是通过财务报表来反映的。通过财务报表可以了解企业拥有多少资产、欠多少债务、净资产是多少；在经营期间内产生了多少收入、发生了多少费用、净利润是多少；在经营期间内收入了多少现金、支出了多少现金，现金从哪里来、付到哪里去；在经营期间内所有者权益是增加还是减少、是如何变动的等信息。这些问题我们在资产负债表、利润表和现金流量表中可以找到答案
任务成果	按小组提交一份公司运营情况的资产负债表、利润表和现金流量表

学研堂

4.1 财务报表常识

学习目标

素质目标

- 培养细致分类、严谨审慎的专业态度。
- 养成合规编制、客观公正的职业操守。

知识目标

熟悉财务报表编制遵循的基本准则。
掌握财务报表按不同维度的分类方式。

能力目标

会依照规范对财务报表科学分类。
能够解读会计报表的编制要求。

知识导图

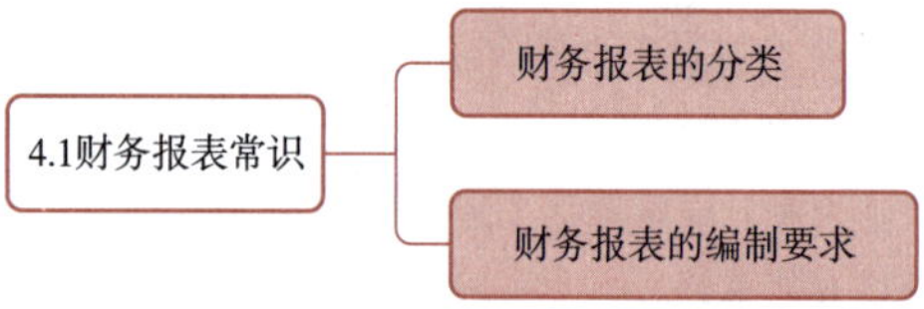

【岗位任务】

职场情景	财务报表能够反映企业的财务状况、经营成果和现金流量。投资者对目标企业进行投资、银行对企业进行贷款等都是通过企业的财务报表来进行分析决策的。通过财务报表可以了解企业的资产、债务规模，可以分析其偿债能力、发展能力、盈利能力、运营能力等
岗位任务	1. 企业的财务报表包括哪些 2. 财务报表是如何分类的 3. 编制财务报表有什么要求

【知识准备】

财务报表是指企业对外提供的反映企业某一特定日期的财务状况和某一会计期间的经营成果、现金流量等会计信息的文件。

财务报表是对企业财务状况、经营成果和现金流量的结构性表述。一套完整的财务报表至少应当包括“四表一注”，即资产负债表、利润表、现金流量表、所有者权益（或股东权益，下同）变动表以及报表附注。

一、财务报表的分类

财务报表可以按照不同的标准进行分类。

1. 按财务报表的编制时间分类

按财务报表的编制时间不同分为年度财务报表和中期财务报表。年度财务报表是指按日历年度所涵盖的会计期间所编报的报表，即从1月1日至12月31日的报告。中期财务报表是以短于一个完整会计年度的报告期间为基础编制的财务报表，包括月报、季报和半年报。其中，月报要求简明扼要、及时；年报要求揭示完整、反映全面；季报在会计信息的详细程度方面，介于月报和年报之间。

2. 按财务报表的编报主体分类

按财务报表的编报主体不同分为个别财务报表和合并财务报表。个别财务报表是由企业在自身会计核算基础上对账簿记录进行加工而编制的财务报表，它主要用以反映企业自身的财务状况、经营成果和现金流量情况；合并财务报表是以母公司和子公司组成的企业集团为会计主体，根据母公司和所属子公司的财务报表，由母公司编制的综合反映企业集团财务状况、经营成果及现金流量的财务报表。

3. 按财务报表的服务对象分类

按财务报表的服务对象不同分为外部财务报表和内部财务报表。外部财务报表是企业定期向外部报告使用者（潜在投资者、贷款人、供应商和其他债权人、顾客、政府机构、社会公众等）报送的财务报表，这类报告是按企业会计准则编制的，有统一规定的格式和信息指标体系；内部财务报表是为了适应企业内部经营者管理的需要而编制的，一般不对外公开，因此不需要统一规定的格式。

4.按财务报表反映财务活动的方式分类

按财务报表反映财务活动的方式不同分为静态财务报表和动态财务报表。静态财务报表是指反映企业特定时点上有关资产、负债和所有者权益情况的财务报表，一般应根据有关账户的“余额”填列，如资产负债表；动态财务报表是指反映企业一定时期内资金耗费和收回情况以及经营成果的财务报表，一般应根据有关账户的“发生额”填列，如利润表。

二、财务报表的编制要求

编制和提供财务报表的最终目的是达到社会资源的合理配置，因此，财务报表所提供的信息应能真实、公允地反映企业的财务状况、经营成果和现金流量。因此，在我国，编制财务报表的基本要求是便于理解、真实可靠、相关可比、内容完整和编报及时。

1.便于理解

可理解性是指财务报表提供的财务信息可以为使用者所理解。企业对外提供的财务报表是为了供广大阅读者使用，以提供企业过去、现在和未来的财务信息资料，为投资者、债权人以及潜在的投资者和债权人提供决策所需的经济信息，因此，编制的财务报表应清晰易懂。如果提供的财务报表晦涩难懂，不可理解，使用者就不能做出可靠的判断，所提供的财务报表也毫无用途。

2.真实可靠

会计首先是一个信息系统，如实反映编表单位经济活动情况是信息的基本要求。对外提供的财务报表主要是满足不同的使用者对信息资料的要求，便于使用者根据所提供的财务信息做出决策、判断，因此，财务报表所提供的数据必须做到真实可靠。如果财务报表所提供的财务信息不真实可靠，甚至是虚假的信息资料，这样的财务报表不仅不能发挥会计应有的作用，反而会由于错误的信息，导致报告的使用者对企业财务状况做出相反的结论，使其决策失误。

3.相关可比

相关可比是指财务报表提供的财务信息必须与使用者的决策需要相关并且具有可比性。如果财务报表提供的信息资料能够使使用者了解过去、现在或未来事项的影响及其变化趋势，并为使用者提供有关的可比信息，则可以认为财务报表提供的财务信息相关可比。

4.内容完整

为方便报表的阅读、理解和汇总，企业应当按照会计准则所规定的财务报表格式和内容，根据登记完整、核对无误的会计账簿记录和其他有关资料编制财务报表。凡是会计准则要求提供的财务报表，各企业必须全部编制报送，不得漏编、漏报；对于应当填列的报表指标，不论是表内的项目还是表外的补充资料，必须全部填列，不得少列、漏列，更不可随意取舍。

5. 编报及时

财务报表必须在规定的期限内编制完成，以便报告阅读者及时了解情况，发现问题。为此，各个企业平时就应做好记账、算账和对账工作，做到日清月结，在任何情况下都不能为赶编财务报表而提前结账。月度财务报表，应当于月度终了后6天内（节假日顺延，下同）对外提供；季度财务报表应当于季度终了后15天内对外提供；半年度财务报表应当于半年度结束后60天内（相当于两个连续的月份）对外提供；年度财务报表应当于年度终了后5个月内对外提供。

企业对外提供的财务报表应当依次编定页数，加具封面，装订成册，加盖公章。封面上应当注明企业名称、企业统一代码、组织形式、地址、报表所属年度或者月份、报出日期，并由企业负责人和主管会计工作的负责人、会计机构负责人（会计主管人员）签名并盖章；设置总会计师的企业，还应当由总会计师签名并盖章。

小思考：企业每个月向税务局申报纳税时需要编制报送哪些财务报表？

【任务实施】

岗位任务	任务解析
1. 企业的财务报表包括哪些	一套完整的财务报表至少应当包括“四表一注”，即资产负债表、利润表、现金流量表、所有者权益（或股东权益，下同）变动表以及报表附注
2. 财务报表是如何分类的	按财务报表的编制时间不同分为年度财务报表和中期财务报表。按财务报表的编报主体不同分为个别财务报表和合并财务报表。按财务报表的服务对象不同分为外部财务报表和内部财务报表。按财务报表反映财务活动的方式不同分为静态财务报表和动态财务报表
3. 编制财务报表有什么要求	财务报表的编制要求包括便于理解、真实可靠、相关可比、内容完整和编报及时

财务报表认知

财务报表认知：知识点测试

课程思政：编制虚假财务报告被处罚

自研堂

资产统计——编制资产负债表

自研任务	你在创立公司时，与股东共同向公司投资，形成了公司的资产，在经营过程中举债经营，形成了公司的资产，经营产生的利润也形成了公司的资产，现在需要你根据公司的运营结果，编制公司的资产负债表
任务依据	企业会计准则第30号——财务报表列报 第十六条 资产和负债应当分别流动资产和非流动资产、流动负债和非流动负债列示。 第二十八条 资产负债表中的所有者权益类应当包括所有者权益的合计项目。 第二十九条 资产负债表应当列示资产总计项目，负债和所有者权益总计项目。 资产负债表是反映企业在某一特定日期财务状况的会计报表。它是根据“资产＝负债＋所有者权益”这一会计恒等式，按照一定的分类标准和顺序，把企业在特定日期的资产、负债、所有者权益等项目予以适当编排，并对日常工作中形成的大量数据进行高度浓缩整理后编制而成的
任务解读	资产负债表为会计上相当重要的财务报表，其重要功用在于表现企业的经营状况。即会计期初公司运用这些资产开展经营活动，会计期末要通过资产负债表来检查运营情况，资产是增加了还是减少了？哪些资产增加了？哪些资产减少了？什么原因增加了？什么原因减少了？增减变动的原因是否合理？有哪些需要改进的？通过报表中各项要素的对比分析发现问题，查找原因，不断改进，不断提高企业的经营水平，促使企业不断发展壮大
任务成果	按小组提交一份公司的资产负债表，并简要分析资产的增减变动情况，撰写一份资产负债表分析报告

学研堂

4.2 资产负债表

学习目标

素质目标

- 培养严谨细致的工作作风，确保资产负债表数据精准、逻辑严密。
- 塑造客观公正的职业操守，维护资产负债表信息真实可靠、合规合法。
- 提升创新应变的思维品质，灵活运用资产负债表知识解决实际财务问题。

知识目标

- 了解资产负债表在企业日常运营和决策中的实际作用和应用场景。
- 熟悉资产负债表结构和格式。
- 掌握各类资产、负债和所有者权益项目的填列方法、编制要点和实践规范。

能力目标

- 会熟练运用各项目填列方法，准确、规范地填列资产负债表项目数据。
- 能够独立完成资产负债表的编制工作，依据其作用进行有效财务分析，为决策提供可靠依据。

知识导图

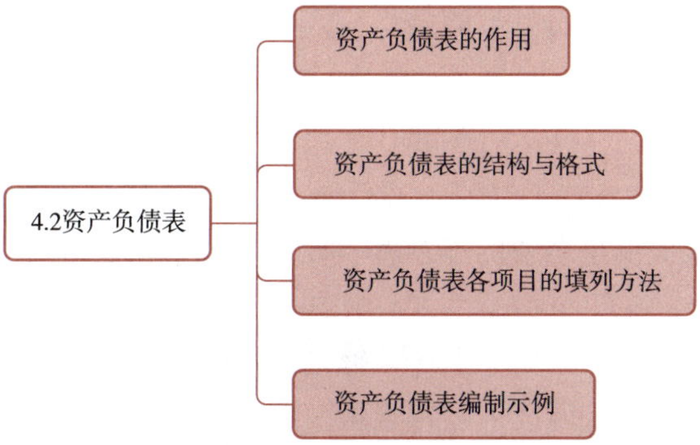

【岗位任务】

<table>
<tr><td>职场情景</td><td>益农智创生物科技有限公司 20×4 年 12 月 31 日有关科目余额见下表：

科目余额表
20×4 年 12 月 31 日　　单位：万元
<table><tr><th>科目</th><th>借方科目余额</th><th>贷方科目余额</th></tr><tr><td>应收账款</td><td>100</td><td>20</td></tr><tr><td>预收账款</td><td>30</td><td>40</td></tr><tr><td>坏账准备</td><td></td><td>0.5</td></tr><tr><td>库存商品</td><td>50</td><td></td></tr><tr><td>生产成本</td><td>10</td><td></td></tr><tr><td>存货跌价准备</td><td></td><td>0.1</td></tr><tr><td>固定资产</td><td>100</td><td></td></tr><tr><td>累计折旧</td><td></td><td>10</td></tr></table></td></tr>
<tr><td>岗位任务</td><td>请根据科目余额表，计算公司 20×4 年 12 月 31 日资产负债表中应收账款、预收账款、存货和固定资产应列示的金额</td></tr>
</table>

【知识准备】

资产负债表是反映企业在某一特定日期财务状况的会计报表。它是根据“资产=负债+所有者权益”这一会计恒等式，按照一定的分类标准和顺序，把企业在特定日期的资产、负债、所有者权益等项目予以适当编排，并对日常工作中形成的大量数据进行高度浓缩整理后编制而成的。

资产负债表可提供的信息有：①流动资产实有情况的信息，包括货币资金、应收及预付款项、交易性金融资产和存货等的信息。②非流动资产实有情况的信息，包括债权投资、其他债权投资、长期股权投资、固定资产、无形资产等的信息。③流动负债的信息，包括短期借款、交易性金融负债、应付及预收款项等的信息。④非流动负债的信息，包括长期借款、应付债券、长期应付款等的信息。⑤所有者权益的信息，包括实收资本、盈余公积和未分配利润等的信息。

一、资产负债表的作用

资产负债表总括地提供了企业的经营者、投资者和债权人等各方面所需要的信息，其具体作用如下。

（1）通过资产负债表可以了解企业所掌握的经济资源及其分布的情况，经营者可据此分析企业资产分布是否合理，以改进经营管理，提高管理水平。

（2）通过资产负债表可以了解企业资金的来源渠道和构成，投资者和债权人可据此分析企业所面临的财务风险，以监督企业合理使用资金。

（3）通过资产负债表可以了解企业的财务实力、短期偿债能力和支付能力，投资者和债权人可据此做出投资和贷款的正确决策。

（4）通过对前后期资产负债表的对比分析，可了解企业资金结构的变化情况，经营者、投资者和债权人可据此掌握企业财务状况的变化趋势。

二、资产负债表的结构与格式

我国企业资产负债表的格式采用账户式结构，将资产负债表分为左右两方，它是根据“资产=负债+所有者权益”这一会计等式，依照一定分类标准和顺序对资产、负债和所有者权益进行适当分类、汇总、排列后编制而成的。左方反映企业所拥有的全部资产，按流动性强弱排列。右方反映企业的负债和所有者权益，上部分为负债项目，按负债偿还期限长短排列，下部分为所有者权益项目，一般按权益来源的先后排列。

根据会计等式的基本原理，左方的资产总额等于右方的负债和所有者权益的总额，即资产负债表左方和右方平衡。

（一）资产的排列顺序

1.流动资产

流动资产包括在一年或超过一年的一个经营周期以内可以变现或耗用、售出的全部资产。在资产负债表上排列为：货币资金、交易性金融资产、应收票据、应收账款、预付款项、应收利息、其他应收款、存货、一年内到期的非流动资产等。

2.非流动资产

非流动资产包括变现能力在一年或超过一年的一个经营周期以上的资产。在资产负债表上排列为：债权投资、其他债权投资、长期应收款、长期股权投资、投资性房地产、固定资产、在建工程、工程物资、固定资产清理、生产性生物资产、油气资产、无形资产、开发支出、商誉、长期待摊费用、递延所得税资产等。

（二）负债的排列顺序

1.流动负债

流动负债包括偿还期在一年以内的全部负债。在资产负债表上排列顺序为：短期借款、交易性金融负债、应付票据、应付账款、预收款项、应付职工薪酬、应交税费、应付利息、应付股利、其他应付款、一年内到期的非流动负债等。

2.非流动负债

非流动负债包括偿还期在一年或超过一年的一个经营周期以上的债务。在资产负债表上排列顺序为：长期借款、应付债券、长期应付款、专项应付款、预计负债、递延所得税负债等。

（三）所有者权益的排列顺序

所有者权益包括所有者投资、企业在生产经营过程中形成的盈余公积和未分配利润。在资产负债表上的排列顺序为：实收资本、资本公积、盈余公积和未分配利润等。

通过账户式资产负债表，可以反映资产、权益之间的内在关系，即“资产=负债+所有者权益”。一般企业的资产负债表基本格式如表4-2-1所示。

表4-2-1 资产负债表

会企01表

编制单位：　　　　＿＿年＿＿月＿＿日　　　　单位：元

资产	期末余额	上年年末余额	负债和所有者权益（或股东权益）	期末余额	上年年末余额
流动资产：			流动负债：		
货币资金			短期借款		
交易性金融资产			交易性金融负债		
衍生金融资产			衍生金融负债		
应收票据			应付票据		
应收账款			应付账款		
应收款项融资			预收款项		
预付款项			合同负债		
其他应收款			应付职工薪酬		
存货			应交税费		
合同资产			其他应付款		
持有待售资产			持有待售负债		
一年内到期的非流动资产			一年内到期的非流动负债		
其他流动资产			其他流动负债		
流动资产合计			流动负债合计		
非流动资产：			非流动负债：		
债权投资			长期借款		
其他债权投资			应付债券		
长期应收款			其中：优先股		
长期股权投资			永续债		
其他权益工具投资			租赁负债		
其他非流动金融资产			长期应付款		
投资性房地产			预计负债		
固定资产			递延收益		
在建工程			递延所得税负债		
生产性生物资产			其他非流动负债		
油气资产			非流动负债合计		
使用权资产			负债合计		
无形资产			所有者权益（或股东权益）:		
开发支出			实收资本（或股本）		
商誉			其他权益工具		
长期待摊费用			其中：优先股		
递延所得税资产			永续债		
其他非流动资产			资本公积		
非流动资产合计			减：库存股		
			其他综合收益		

续表

资产	期末余额	上年年末余额	负债和所有者权益（或股东权益）	期末余额	上年年末余额
			专项储备		
			盈余公积		
			未分配利润		
			所有者权益（或股东权益）合计		
资产总计			负债和所有者权益（或股东权益）总计		

三、资产负债表各项目的填列方法

资产负债表的各项目均需填列“期末余额”和“上年年末余额”两栏。其中“上年年末余额”栏内各项数字，应根据上年年末资产负债表的“期末余额”栏内所列数字填列。“期末余额”栏主要有以下几种填列方法。

1.根据总账科目的余额直接或汇总填列

如“短期借款”“资本公积”等项目，根据“短期借款”“资本公积”各总账科目的余额直接填列；有些项目则需根据几个总账科目的期末余额计算填列，如“货币资金”项目，需根据“库存现金”“银行存款”“其他货币资金”三个总账科目的期末余额的合计数填列。

2.根据有关明细科目的余额计算填列

如“应付账款”项目，需要根据“应付账款”和“预付账款”两个科目所属的相关明细科目的期末贷方余额计算填列；“预付款项”项目，需要根据“应付账款”科目和“预付账款”科目所属的相关明细科目的期末借方余额减去与“预付账款”有关的坏账准备贷方余额计算填列；“一年内到期的非流动资产”“一年内到期的非流动负债”项目，需要根据相关非流动资产和非流动负债项目的明细科目余额计算填列。

【例4-2-1】益农智创生物科技有限公司20×4年12月31日结账后有关科目余额如表4-2-2所示。

表4-2-2　　单位：万元

总账科目	明细科目	借方余额		贷方余额	
		总账科目	明细科目	总账科目	明细科目
应收账款		800			
	——甲公司		1 000		
	——乙公司				200
预收账款				5 000	
	——丙公司				7 000
	——丁公司		2 000		
坏账准备				100	

假设此处坏账准备均为应收账款计提。

要求：计算20×4年12月31日资产负债表中应收账款和预收款项的金额。

【解析】

企业“应收账款”的实际金额为应收账款明细账借方金额加上预收账款明细账借方金额的合计，报表中还要扣除坏账准备。“应收账款”在资产负债表中的金额为：1 000+2 000−100=2 900（万元）。

“预收账款”的实际金额为应收账款明细账贷方金额加上预收账款明细账贷方金额的合计。“预收款项”在资产负债表中的金额为：200+7 000=7 200（万元）。

【例4-2-2】益农智创生物科技有限公司20×4年12月31日结账后有关科目余额如表4-2-3所示。

表4-2-3　　单位：万元

总账科目	明细科目	借方余额		贷方余额	
		总账科目	明细科目	总账科目	明细科目
应付账款				6 000	
	——甲公司				8 000
	——乙公司		2 000		
预付账款		3 000			
	——丙公司		4 000		
	——丁公司				1 000

要求：计算20×4年12月31日资产负债表中应付账款和预付款项应列示的金额。

【解析】

企业“预付账款”的实际金额为预付账款明细账借方金额加上应付账款明细账借方金额的合计。“预付账款”在资产负债表中的金额为：2 000+4 000=6 000（万元）。

“应付账款”的实际金额为应付账款明细账贷方金额加上预付账款明细账贷方金额的合计。“应付账款”在资产负债表中的金额为8 000+1 000=9 000（万元）。

3.根据总账科目和明细科目的余额分析计算填列

如“长期借款”项目，应根据“长期借款”总账科目余额扣除“长期借款”科目所属的明细科目中将在资产负债表日起一年内到期，且企业不能自主地将清偿义务展期的长期借款后的金额填列。

【例4-2-3】益农智创生物科技有限公司20×4年12月31日长期借款情况如表4-2-4所示。

表4-2-4　　单位：万元

借款起始日期	借款期限（年）	金额
20×3年1月1日	3	100
20×4年1月1日	5	200
20×4年6月1日	4	150

“长期待摊费用”科目的期末余额为100万元，将于一年内摊销的数额为50万元。

要求：计算20×4年12月31日资产负债表中“长期借款”“一年内到期的非流动负债”“长期待摊费用”“一年内到期的非流动资产”应列示的金额。

【解析】

20×4年12月31日资产负债表中“长期借款”项目金额为200+150=350（万元）。

20×4年12月31日资产负债表中“一年内到期的非流动负债”项目100万元。

20×4年12月31日资产负债表中的“长期待摊费用”项目金额为100−50 =50（万元）。

该企业20×4年12月31日资产负债表中的“一年内到期的非流动资产”项目为50万元。

4.根据有关科目余额减去其备抵科目余额后的净额填列

如资产负债表中的“应收账款”“长期股权投资”等项目，应根据“应收账款”“长期股权投资”等科目的期末余额减去“坏账准备”“长期股权投资减值准备”等科目余额后的净额填列；“固定资产”项目，应根据“固定资产”科目期末余额减去“累计折旧”“固定资产减值准备”“固定资产清理”科目余额后的净额填列；“无形资产”项目，应根据“无形资产”科目期末余额减去“累计摊销”“无形资产减值准备”科目余额后的净额填列。

【例4-2-4】益农智创生物科技有限公司20×4年12月31日有关科目余额如表4-2-5所示。

表4-2-5　　单位：万元

科目	借方科目余额	贷方科目余额
长期股权投资	200	
长期股权投资减值准备		6
投资性房地产	1 000	
投资性房地产累计折旧		450
投资性房地产减值准备		150
固定资产	1 000	
累计折旧		90
固定资产减值准备		200
在建工程	220	
在建工程减值准备		20
无形资产	488	
累计摊销		48.8
无形资产减值准备		93

要求：计算该企业20×4年12月31日资产负债表中“长期股权投资”“投资性房地产”“固定资产”“在建工程”和“无形资产”应该填列的金额。

【解析】

该企业20×4年12月31日资产负债表中的

"长期股权投资"项目金额=200-6=194（万元）

"投资性房地产"项目金额=1 000-450-150=400（万元）

"固定资产"项目金额=1 000-90-200=710（万元）

"在建工程"项目金额=220-20=200（万元）

"无形资产"项目金额=488-48.8-93=346.2（万元）

5.综合运用以上各种方法分析填列

如资产负债表中的"存货"项目，需根据"材料采购""在途物资""原材料""生产成本""库存商品""发出商品""委托加工物资""周转材料""材料成本差异"等总账科目期末余额的分析汇总数，再减去"存货跌价准备"备抵科目余额后的净额填列。

【例4-2-5】益农智创生物科技有限公司采用实际成本核算存货，20×4年12月31日有关科目余额如表4-2-6所示。

表4-2-6　　单位：万元

科目	借方科目余额	贷方科目余额
在途物资	100	
原材料	2 600	
周转材料	200	
库存商品	5 000	
发出商品	300	
委托代销商品	400	
生产成本	1 000	
劳务成本	50	
存货跌价准备		400
受托代销商品	123	
受托代销商品款		123

【解析】

该企业20×4年12月31日资产负债表中的

"存货"项目金额=100+2 600+200+5 000+300+400+1 000+50-400+123-123=9 250（万元）

四、资产负债表编制示例

【例4-2-6】益农智创生物科技有限公司20×4年年末有关科目余额资料如表4-2-7所示。

表 4-2-7　　　　账户余额表　　　　单位：元

账户名称	借方余额	贷方余额	账户名称	借方余额	贷方余额
库存现金	70 000		短期借款		235 000
银行存款	250 000		应付票据		220 000
其他货币资金	205 000		应付账款		500 000
交易性金融资产	25 000		预收账款		20 000
应收票据	35 000		应付职工薪酬		135 000
应收股利	35 000		应付股利		120 000
应收利息	10 000		应交税费		45 000
应收账款	356 000		其他应付款		35 000
坏账准备		6 000	长期借款		500 000
预付账款	60 000		实收资本		1 500 000
其他应收款	10 000		资本公积		89 000
原材料	350 000		盈余公积		256 000
库存商品	165 000		利润分配		125 000
生产成本	185 000				
债权投资	350 000				
长期股权投资	140 000				
长期股权投资减值准备		20 000			
固定资产	2 000 000				
累计折旧		650 000			
在建工程	120 000				
无形资产	90 000				
	4 456 000	676 000			3 780 000

说明：

以上资料中有三个账户，经查明应在列表时按规定予以调整：在“应收账款”账户中有明细账贷方余额10 000元；在“应付账款”账户中有明细账借方余额20 000元；在“预付账款”账户中有明细账贷方余额5 000元。

现编制该企业资产负债表，如表4-2-8所示。

表4-2-8　　　　资产负债表

会企01表

编制单位：益农智创生物科技有限公司　　　20×4年12月31日　　　单位：元

资产	期末余额	上年年末余额	负债和所有者权益（或股东权益）	期末余额	上年年末余额
流动资产：		略	流动负债：		略
货币资金	525 000		短期借款	235 000	
交易性金融资产	25 000		交易性金融负债		
衍生金融资产			衍生金融负债		
应收票据	35 000		应付票据	220 000	
应收账款	360 000		应付账款	525 000	

续表

资产	期末余额	上年年末余额	负债和所有者权益（或股东权益）	期末余额	上年年末余额
应收款项融资			预收款项	30 000	
预付款项	85 000		合同负债		
其他应收款	55 000		应付职工薪酬	135 000	
存货	700 000		应交税费	45 000	
合同资产			其他应付款	155 000	
持有待售资产			持有待售负债		
一年内到期的非流动资产			一年内到期的非流动负债		
其他流动资产			其他流动负债		
流动资产合计	1 785 000		流动负债合计	1 345 000	
非流动资产：			非流动负债：		
债权投资	350 000		长期借款	500 000	
其他债权投资			应付债券		
长期应收款			其中：优先股		
长期股权投资	120 000		永续债		
其他权益工具投资			租赁负债		
其他非流动金融资产			长期应付款		
投资性房地产			预计负债		
固定资产	1 350 000		递延收益		
在建工程	120 000		递延所得税负债		
生产性生物资产			其他非流动负债		
油气资产			非流动负债合计	500 000	
使用权资产			负债合计	1 845 000	
无形资产	90 000		所有者权益（或股东权益）：		
开发支出			实收资本（或股本）	1 500 000	
商誉			其他权益工具		
长期待摊费用			其中：优先股		
递延所得税资产			永续债		
其他非流动资产			资本公积	89 000	
非流动资产合计	2 030 000		减：库存股		
			其他综合收益		
			专项储备		
			盈余公积	256 000	
			未分配利润	125 000	
			所有者权益（或股东权益）合计	1 970 000	
资产总计	3 815 000		负债和所有者权益（或股东权益）总计	3 815 000	

说明：

（1）将“库存现金”“银行存款”“其他货币资金”科目余额合并列入货币资金项目（70 000+250 000+205 000=525 000），共计525 000元。

（2）将坏账准备项目6 000元从应收账款项目中减去；将应收账款明细账中的贷方余额10 000元列入预收账款项目。计算结果，应收账款项目的账面价值为360 000元（356 000−6 000+10 000=360 000）；预收账款项目为30 000元（20 000+10 000=30 000）。

（3）将应付账款明细账中的借方余额20 000元列入预付账款项目；将“预付账款”账户明细账中的贷方余额5 000元列入应付账款项目。计算结果，预付账款项目的余额为85 000元（60 000+20 000+5 000=85 000），应付账款项目的余额为525 000元（500 000+20 000+5 000=525 000）。

（4）将“原材料”“库存商品”“生产成本”，即其他存货账户余额合并为存货项目（350 000+165 000+185 000=7 000 000），共计700 000元。

（5）从“长期股权投资”账户中减去“长期股权投资减值准备”20 000元，长期股权投资项目的余额为120 000元（140 000−20 000=120 000）。

（6）其余各项目按账户余额表数字直接填入报表。

小思考：资产负债表中哪些项目的计算是特殊的？

【任务实施】

岗位任务	任务解析
请根据科目余额表，计算公司20×4年12月31日资产负债表中应收账款、预收账款、存货和固定资产应列示的金额	应收账款＝应收账款借方＋预收账款借方－坏账准备 =100+30−0.5=129.5（万元） 预收账款＝应收账款贷方＋预收账款贷方 =20+40=60（万元） 存货＝库存商品＋生产成本－存货跌价准备 =50+10−0.1=59.9（万元） 固定资产=100−10=90（万元）

资产负债表的编制

资产负债表
知识点测试

课程思政：
司库体系

学研堂

4.3 利润表

学习目标

素质目标

- 恪守经营成果如实反映，筑牢财务信息真实底线。
- 严循会计准则规范编制，夯实报表编制标准根基。
- 关联利润战略双向驱动，深植业财协同价值理念。

知识目标

- 了解利润表在财务报告体系中的功能、作用与结构特点。
- 熟悉利润表项目分类逻辑，熟悉各金额栏次的填列依据。
- 掌握利润表项目的计算规则，掌握特殊项目的处理要求。

能力目标

- 会依据账簿数据填写利润表各项目，并核对表内计算关系确保勾稽平衡。
- 会调整暂时性税会差异项目，能够处理营业外收支等非常规业务填列。
- 能结合利润表数据解读企业盈利能力，并提出利润表信息披露优化建议。

知识导图

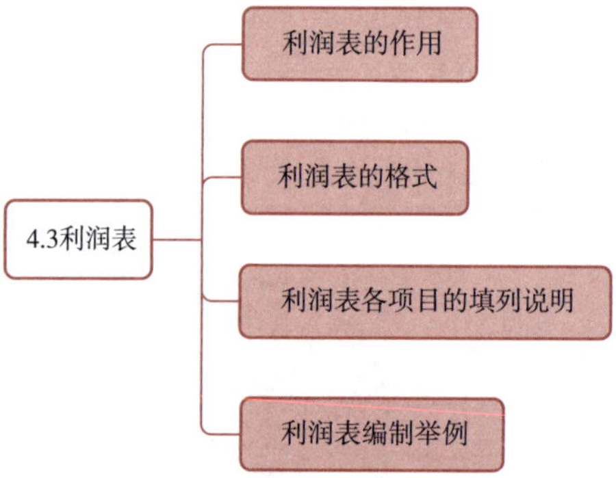

【岗位任务】

职场情景

益农智创生物科技有限公司20×4年度部分损益类科目累计发生额见下表。

损益类科目累计发生额表

单位：元

科目名称	借方发生额	贷方发生额
主营业务收入		370 000
其他业务收入		70 000
投资收益		30 000
营业外收入		40 000
主营业务成本	222 000	
其他业务成本	30 000	
税金及附加	2 000	
销售费用	10 000	
管理费用	43 000	
财务费用	17 000	
资产减值损失	1 000	
营业外支出	9 800	
所得税费用	25 000	

岗位任务

根据损益类科目累计发生额表，计算该公司20×4年度利润表中营业收入、营业成本、营业利润、利润总额和净利润

【知识准备】

利润表是反映企业在一定会计期间经营成果的报表。该表以“收入－费用＝利润”会计等式为依据，将一定会计期间（如年度、季度、月份）的收入与其同一会计期间相关的费用进行配比，据以计算出企业一定时期的净利润（或净亏损）。

利润表可以提供的信息有以下几种。

（1）企业在一定时期内取得的全部收入和利得，包括营业收入、投资收益和营业外收入。

（2）企业在一定时期内发生的全部费用和损失，包括营业成本、销售费用、管理费用、财务费用和营业外支出。

（3）全部收入、利得与费用、损失相抵后计算出企业一定时期内实现的利润（或亏损）总额。

一、利润表的作用

通过利润表可以了解企业利润（或亏损）的形成情况，据以分析、考核企业经营目标

及利润计划的执行结果，分析企业利润增减变动的原因，以促进企业改善经营管理，不断提高管理水平和盈利水平；通过利润表可以评比对企业投资的价值和报酬，判断企业的资本是否保全；根据利润表提供的信息可以预测企业在未来期间的经营状况和盈利趋势。

二、利润表的格式

常见的利润表格式一般有单步式和多步式两种，我国现行的利润表采用多步式结构。

多步式利润表的结构主要包括以下几部分内容。

（1）以营业收入为基础，减去营业成本、税金及附加、销售费用、管理费用、财务费用、资产减值损失，加（或减）公允价值变动收益、加（或减）投资收益，计算出营业利润。

（2）以营业利润为基础，加上营业外收入、减去营业外支出，计算出利润总额。

（3）以利润总额为基础，减去所得税费用，计算出净利润。

多步式利润表的具体格式如表4-3-1所示。

表4-3-1　多步式利润表

会企02表

编制单位：　　20×4年度　　单位：元

项目	本期金额	上期金额
一、营业收入		（略）
减：营业成本		
税金及附加		
销售费用		
管理费用		
财务费用		
资产减值损失		
加：公允价值变动收益（损失以“-”号填列）		
投资收益（损失以“-”号填列）		
其中：对联营企业和合营企业的投资收益		
二、营业利润（亏损以“-”号填列）		
加：营业外收入		
减：营业外支出		
其中：非流动资产处置损失		
三、利润总额（亏损总额以“-”号填列）		
减：所得税费用		
四、净利润（净亏损以“-”号填列）		

续表

项 目	本期金额	上期金额
五、其他综合收益的税后净额		
六、综合收益总额		
七、每股收益		
（一）基本每股收益		
（二）稀释每股收益		

三、利润表各项目的填列说明

利润表同时提供“本期金额”和“上期金额”的资料，其中“上期金额”栏根据上年度利润表各项目的数字填列；“本期金额”栏内各项数字，应当按照各损益类科目的本期发生额分析填列。具体方法如下。

（1）“营业收入”项目。反映企业经营主要业务和其他业务所确认的收入总额。本项目应根据“主营业务收入”和“其他业务收入”科目的发生额分析填列。

【例4-3-1】益农智创生物科技有限公司20×4年度“主营业务收入”科目的贷方发生额为6 000万元，借方发生额为1 000万元（系11月份发生的购买方退货），“其他业务收入”科目的贷方发生额为100万元。

要求：计算该企业20×4年度利润表中“营业收入”项目金额。

【解析】

该企业20×4年度利润表中“营业收入”项目金额=（6 000–1 000）+100=5 100（万元）

（2）“营业成本”项目。反映企业经营主要业务和其他业务所发生的成本总额。本项目应根据“主营业务成本”和“其他业务成本”科目的发生额分析填列。

【例4-3-2】益农智创生物科技有限公司20×4年度“主营业务成本”科目的借方发生额为2 000万元，贷方发生额为700万元（系11月份发生的购买方退货），“其他业务成本”科目的借方发生额为50万元。

要求：计算该企业20×4年度利润表中的“营业成本”项目金额。

【解析】

该企业20×4年度利润表中的“营业成本”项目金额=（2 000–700）+50=1 350（万元）

（3）“税金及附加”项目。反映企业经营业务应负担的消费税、城市维护建设税、资源税、土地增值税和教育费附加等。本项目应根据“税金及附加”科目的发生额分析填列。

（4）“销售费用”项目。反映企业在销售商品过程中发生的包装费、广告费等费用和为销售本企业商品而专设的销售机构的职工薪酬、业务费等经营费用。本项目应根据“销售费用”科目的发生额分析填列。

（5）“管理费用”项目。反映企业为组织和管理生产经营活动发生的管理费用。本项目应根据“管理费用”科目的发生额分析填列。

（6）“财务费用”项目。反映企业筹集生产经营所需资金等而发生的筹资费用。本项目应根据“财务费用”科目的发生额分析填列。

（7）“资产减值损失”项目。反映企业根据资产减值等准则计提各项资产减值准备所形成的损失。本项目应根据“资产减值损失”科目的发生额分析填列。

（8）“公允价值变动收益”项目。反映企业应当计入当期损益的资产或负债公允价值变动收益。本项目应根据“公允价值变动损益”科目的发生额分析填列，如为净损失，本项目以“–”号填列。

（9）“投资收益”项目。反映企业以各种方式对外投资所取得的收益。本项目应根据“投资收益”科目的发生额分析填列，如为投资损失，本项目以“–”号填列。

（10）“营业利润”项目。反映企业实现的营业利润。如为亏损，本项目以“–”号填列。

（11）“营业外收入”项目。反映企业发生的与经营业务无直接关系的各项收入。本项目应根据“营业外收入”科目的发生额分析填列。

（12）“营业外支出”项目。反映企业发生的与经营业务无直接关系的各项支出。本项目应根据“营业外支出”科目的发生额分析填列。

（13）“利润总额”项目。反映企业实现的利润总额。如为亏损，本项目以“–”号填列。

（14）“所得税费用”项目。反映企业应从当期利润总额中扣除的所得税费用。本项目应根据“所得税费用”科目的发生额分析填列。

（15）“净利润”项目。反映企业实现的净利润。如为亏损，本项目以“–”号填列。

（16）“每股收益”项目。包括基本每股收益和稀释每股收益两项指标，反映普通股或潜在普通股已公开交易的企业，以及正处在公开发行普通股或潜在普通股过程中的企业每股收益信息。

（17）“其他综合收益的税后净额”项目。反映企业根据《企业会计准则》规定未在损益中确认的各项利得和损失扣除所得税影响后的净额。

（18）“综合收益总额”项目。反映企业净利润与其他综合收益的合计金额。

四、利润表编制举例

【例4–3–3】益农智创生物科技有限公司20×4年度有关损益类科目本年累计发生净额如表4–3–2所示，假设该公司不存在未在损益中确认的利得和损失。

表4–3–2　　益农智创生物科技有限公司20×4年度损益类科目累计发生额　　单位：元

科目名称	借方发生额	贷方发生额
主营业务收入		370 000
投资收益		30 250
营业外收入		40 000
主营业务成本	222 000	

续表

科目名称	借方发生额	贷方发生额
税金及附加	2 000	
销售费用	13 000	
管理费用	43 700	
财务费用	17 084	
资产减值损失	1 335	
营业外支出	9 800	
所得税费用	24 999	

益农智创生物科技有限公司根据上述资料编制20×4年度的利润表，如表4-3-3所示。

表4-3-3　　利润表

会企02表

编制单位：益农智创生物科技有限公司　　20×4年度　　单位：元

项 目	本期金额	上期金额
一、营业收入	370 000	（略）
减：营业成本	222 000	
税金及附加	2 000	
销售费用	13 000	
管理费用	43 700	
财务费用	17 084	
资产减值损失	1 335	
加：公允价值变动收益（损失以"-"号填列）		
投资收益（损失以"-"号填列）	30 250	
其中：对联营企业和合营企业的投资收益		
二、营业利润（亏损以"-"号填列）	101 131	
加：营业外收入	40 000	
减：营业外支出	9 800	
其中：非流动资产处置损失		
三、利润总额（亏损总额以"-"号填列）	131 331	
减：所得税费用	24 999	
四、净利润（净亏损以"-"号填列）	106 332	
略		

小思考：利润表编制过程中应注意哪些问题？

【任务实施】

岗位任务	任务解析
根据损益类科目累计发生额表，计算该公司 20×4 年度利润表中营业收入、营业成本、营业利润、利润总额和净利润	营业收入 = 主营业务收入 + 其他业务收入 =370 000+70 000=440 000（元） 营业成本 = 主营业务成本 + 其他业务成本 =222 000+30 000=252 000（元） 营业利润 = 营业收入 – 营业成本 + 投资收益 – 税金及附加 – 销售费用 – 管理费用 – 财务费用 – 资产减值损失 =440 000–252 000+30 000–2 000–10 000–43 000–17000–1 000 =145 000（元） 利润总额 = 营业利润 + 营业外收入 – 营业外支出 =145 000+40 000–9 800=175 200（元） 净利润 = 利润总额 – 所得税费用 =175 200–25 000=150 200（元）

利润表的编制

利润表：知识点测试

课程思政：胜通集团虚增利润119亿元财务造假舞弊案

习研堂

一、固化理论提素质（初级考点简答题）

1. 根据会计准则，企业的财务报表有哪些？
2. 编制财务报表应遵循哪些基本要求？
3. 资产负债表有什么作用？
4. 简述资产负债表的结构及编制方法。
5. 简述利润表的作用。
6. 简述利润表的结构及编制方法。

二、职场技能早养成（初级考点实务题）

1. 资产负债表主要项目的填列

益农智创生物科技有限公司20×4年12月31日的有关资料如下：

（1）科目余额表（单位：元）：

科目余额表

科目名称	借方余额	贷方余额
库存现金	10 000	
银行存款	57 000	
应收票据	60 000	
应收账款	80 000	
预付账款		30 000
坏账准备——应收账款		5 000
原材料	70 000	
周转材料	10 000	
发出商品	90 000	
材料成本差异		55 000
库存商品	100 000	
交易性金融资产	2 000	
固定资产	800 000	
累计折旧		300 000
在建工程	40 000	
无形资产	150 000	
短期借款		10 000
应付账款		70 000
预收账款		10 000
应付职工薪酬	4 000	
应交税费		13 000
长期借款		80 000
实收资本		500 000
盈余公积		200 000
未分配利润		200 000

（2）债权债务明细科目余额：

应收账款明细资料如下：

应收账款——A公司　　借方余额100 000元

应收账款——B公司　　贷方余额20 000元

预付账款明细资料如下：

预付账款——C公司　　借方余额20 000元

预付账款——D公司　　贷方余额50 000元

应付账款明细资料如下：

应付账款——E公司　　贷方余额100 000元

应付账款——F公司　　借方余额30 000元

预收账款明细资料如下：

预收账款——G公司　　贷方余额40 000元

预收账款——H公司　　借方余额30 000元

（3）长期借款共2笔，均为到期一次性还本付息。金额及期限如下：

①从工商银行借入30 000元（本利和），20×5年6月到期。

②从建设银行借入50 000元（本利和），20×6年11月到期。

要求：填制益农智创生物科技有限公司20×4年12月31日的资产负债表中的有关项目。

资产负债表

编制单位：　　　　20×4年12月31日　　　　单位：元

资产	期末余额	负债和所有者权益	期末余额
流动资产：		流动负债：	
货币资金	（　）	短期借款	10 000
交易性金融资产	2 000	应付账款	（　）
应收票据	60 000	预收款项	（　）
应收账款	（　）	应付职工薪酬	–4 000
预付款项	（　）	应交税费	13 000
存货	（　）	一年内到期的非流动负债	（　）
流动资产合计	519 000	流动负债合计	259 000
固定资产	500 000	非流动负债：	（　）
在建工程	40 000	长期借款	（　）
无形资产	150 000	非流动负债合计	（　）
非流动资产合计	690 000	负债合计	（　）
		所有者权益：	
		实收资本	500 000
		盈余公积	200 000
		未分配利润	200 000
		所有者权益合计	900 000
资产总计	1 209 000	负债和所有者权益总计	1 209 000

2. 利润表的编制

益农智创生物科技有限公司所得税税率为25%，该公司20×4年11月份的利润表如下表所示。

利润表（简表）

编制单位：益农智创生物科技有限公司 20×4年11月 单位：元

项目	本期金额	本年累计金额
一、营业收入	略	1 289 600
减：营业成本		885 400
税金及附加		21 700
销售费用		18 500
管理费用		40 900
财务费用		2 000
资产减值准备		3 500
二、营业利润（损失以“–”号填列）		317 600
加：营业外收入		1 400
减：营业外支出		3 000
三、利润总额（损失以“–”号填列）		316 000
减：所得税费用		79 000
四、净利润（亏损以“–”号填列）		237 000

益农智创生物科技有限公司12月份发生以下经济业务：

（1）对外销售甲商品1 000件，单价135元，增值税税率为13%，收到对方开来的一张金额为157 950元的商业汇票。

（2）经批准处理财产清查中的账外设备一台，估计原价10 000元，七成新。

（3）计算分配本月应付职工工资共计45 000元，其中管理部门30 000元，专设销售机构人员工资15 000元。

（4）计提本月办公用固定资产折旧1 200元。

（5）结转已销售的1 000件甲商品的销售成本87 000元。

（6）将本月实现的损益结转至“本年利润”账户。

要求：根据上述资料，完成下列益农智创生物科技有限公司20×4年利润表的编制。

利润表（简表）

编制单位：益农智创生物科技有限公司 20×4年度 单位：元

项目	本期金额	上年金额
一、营业收入	（1）	略
减：营业成本	972 400	

续表

项目	本期金额	上年金额
税金及附加	21 700	
销售费用	33 500	
管理费用	（2）	
财务费用	2 000	
资产减值准备	3 500	
二、营业利润（损失以“–”号填列）	（3）	
加：营业外收入	8 400	
减：营业外支出	3 000	
三、利润总额（损失以“–”号填列）	（4）	
减：所得税费用	（5）	
四、净利润（亏损以“–”号填列）	（6）	

【专业能力测评】

第四篇　编制报表技能精

考核项目		权重	考核内容及评分标准	考核得分		
				自我评价（50%）	小组评价（50%）	综合得分
专业技能	利润表基本概念的理解	10	能够准确解释利润表的定义和目的			
	利润表的结构和内容	10	能够列举并解释利润表中常见的项目和金额的计算方法			
	利润表的编制方法	15	掌握利润表编制的基本步骤和流程			
	利润表的分析与应用	10	掌握利润表分析的基本方法和技巧，如趋势分析、结构分析、比率分析等			
	利润表与会计准则的关系	15	理解会计准则在利润表编制中的应用和影响			
	小计	60	—			

续表

<table>
<tr><th colspan="2" rowspan="2">考核项目</th><th rowspan="2">权重</th><th rowspan="2">考核内容及评分标准</th><th colspan="3">考核得分</th></tr>
<tr><th>自我评价（50%）</th><th>小组评价（50%）</th><th>综合得分</th></tr>
<tr><td rowspan="5">职业素养</td><td>组织纪律</td><td>20</td><td>服从组长安排，不做与项目无关的事情</td><td></td><td></td><td></td></tr>
<tr><td>沟通协作</td><td>10</td><td>按规定流程进行操作，进行有效沟通</td><td></td><td></td><td></td></tr>
<tr><td>工作态度</td><td>5</td><td>实训积极主动，认真负责</td><td></td><td></td><td></td></tr>
<tr><td>工作效率</td><td>5</td><td>有效利用工具，按时完成布置的工作任务</td><td></td><td></td><td></td></tr>
<tr><td>小计</td><td>40</td><td>—</td><td></td><td></td><td></td></tr>
<tr><td colspan="2">合计</td><td>100</td><td></td><td></td><td></td><td></td></tr>
</table>

参考文献

[1]孔德兰.会计基础[M].4版.北京：高等教育出版社，2023.

[2]刘蕾，柯霜.基础会计[M].2版.北京：高等教育出版社，2022.

[3]李占国.基础会计[M].5版.北京：高等教育出版社，2022.

[4]正保会计网校.初级会计实务[M].4版.北京：高等教育出版社，2023.